河湟史地探研

丁柏峰 著

青海人民出版社

图书在版编目（CIP）数据

河湟史地探研/丁柏峰著.--西宁：青海人民出版社，2022.6

ISBN 978-7-225-06362-1

Ⅰ.①河… Ⅱ.①丁… Ⅲ.①历史地理—青海—文集 Ⅳ.①K924.4-53

中国版本图书馆 CIP 数据核字（2022）第 093320 号

河湟史地探研

丁柏峰　著

出 版 人	樊原成
出版发行	青海人民出版社有限责任公司 西宁市五四西路 71 号　邮政编码：810023　电话：（0971）6143426（总编室）
发行热线	（0971）6143516/6137730
网　　址	http://www.qhrmcbs.com
印　　刷	青海新华民族印务有限公司
经　　销	新华书店
开　　本	890mm×1240mm　1/32
印　　张	12.125
字　　数	280 千
版　　次	2022 年 6 月第 1 版　2022 年 6 月第 1 次印刷
书　　号	ISBN 978-7-225-06362-1
定　　价	50.00 元

版权所有　侵权必究

前 言

　　河湟地区是黄土高原和青藏高原的接壤之地,是中原地区与边远少数民族地区的过渡地带,也是农业文化与草原文化的接合部。在历史的演进中,河湟地区各种文化碰撞交融,汉族、藏族、蒙古族、土族、回族、撒拉族等各民族文化建构出河湟文化多元鼎立与兼容并包的文化特质。本书是作者研究河湟地区历史地理的成果汇总,收录了已经发表的26篇学术论文。按内容分为"地理环境与历史演进""区域开发与经济发展""地方民族与文化"三编。

目录

MU　LU

第一编　地理环境与历史演进　001
　自然地理分区与青海游牧社会的历史演进　002
　区位地理与青海古代游牧社会的历史演进　015
　从考古学材料分析青海游牧社会起源　030
　简论吐谷浑西迁之后与慕容鲜卑的历史分野　047
　简论7—9世纪唐与吐蕃对青海的争夺和开发　064
　地理环境与青藏关系历史发展述评　079
　民国时期湟水流域的主要气象灾害及其原因　104

第二编　区域开发与经济发展 　119
　柳湾遗址与河湟古代文明探索　120
　简论羌人对青海农牧业发展的开拓地位　132
　丝绸之路青海道的初辟
　　——先秦时期青海交通状况探赜　143

丝绸之路青海道历史发展述评　　　　　　　155
简论唃厮啰政权时期青海的经济开发　　　　167
明代对河湟地区的经营及其效果　　　　　　181
青海省农牧业分界线形成的历史考察　　　　191
历史时期青海城镇体系发展轨迹探赜　　　　211
明清时期河湟地区土地利用方式变革探赜　　231

第三编　地方民族与文化　　　　　　　　　255

河湟文化圈的形成历史与特征　　　　　　　256
丝绸之路青海道与河湟民族走廊的形成　　　267
经行"吐谷浑路"的西行求法僧侣　　　　　283
藏传佛教在丝绸之路青海道沿线的传播与发展　291
藏传佛教寺院与甘青地方艺术的发展　　　　315
清代甘青地区藏传佛教寺院高僧的史志创作　327
《艽野尘梦》文史价值述评　　　　　　　　336
土族的生命周期调查
　　——青海互助县东沟乡大庄村调查报告　350
一个土族村庄的人口发展轨迹
　　——青海省互助县东沟乡大庄村的田野调查报告　368

第一编　地理环境与历史演进

自然地理分区与青海游牧社会的历史演进

青海省位于青藏高原的东北部,是青藏高原的重要组成部分。全省东西长约1200公里,南北宽约800公里,面积72万多平方公里。这里地域辽阔,地势高峻,除湟水、黄河谷地和柴达木盆地海拔为2000—3000米外,大部分地区海拔在3000—4500米。本省内部自然条件复杂多样,地域差异十分明显著,自然资源分布也极不均衡,历史时期分布在这里的不同民族对自然条件和自然资源的改造利用方式也因时地而异。目前,学术界通常将青海划分为东部季风大区、西北部干旱大区以及南部高寒大区三个综合自然地理单元。这三个大区的地理环境要素,无论是气候、水文、地质、地貌还是土壤、生物等均有明显的地域差异,因而在青海古代游牧社会的历史演进过程中发挥了不同的作用,也为青海历史刻上了不同的印痕。

一

"东部季风大区位于青海东部,东北部冷龙岭为界与甘肃省相邻,东至甘肃省,南至黄南山地中部麦秀、夏琼、夏德日、直亥、扎马日根、格拉玛等,西至青海湖盆地西部的阿木尼克山、南部的青海南山,向北部沿海北州和海西州的界线,经祁连鹿场至省界。面积5.8万平方公里,占全省总面积的8.06%。"[1] 这一地区是青海省自然条件最为优越的地区,在地貌上呈现"四山夹三谷"的岭谷相间格局,从北向南依次是:冷龙岭—大通河谷地—达坂山—湟水谷地—拉脊山—黄河谷地—黄南山地。谷底周围的山脉海拔多在4000米左右,除少数山顶常年积雪外,大都有牧草生长,是优良的牧场。河谷两岸均有较宽的阶地,气候温暖,土壤肥沃,是省内开垦最早也是最主要的农业区。

东部季风大区内最重要的地理单元是横跨黄河、湟水、大通河三流域的河湟地区。河湟古称湟中,位于青藏高原东部,是青藏高原与黄土高原的边缘地带。这里是本省海拔最低的地区,地表覆盖着深厚的黄土层,土壤中还有较多的松软的沙质成分,既不板结也不渗漏,因受东部季风的影响,降水较多,自然条件适宜农耕,是青海省最重要的农业区。从区位地理角度来看,河湟地区东结陇右,南通四川盆地,是与河西走廊、西域联系的中间地带,也是古代中原政权与西部民族政权反复争夺的边缘地带。[2]

由于河湟地区这种无可替代的自然、区位优势,青海历史演进的主线主要在这一地区展开,对青海游牧社会尤其是游牧社会与中央政权的关系影响极为深远。

河湟地区是黄河流域人类活动最早的地区之一，据考古发掘观之，早在新石器时代河湟地区就出现了卡约文化、马家窑文化和齐家文化等较为发达的原始文明。其中，马家窑文化是新石器时代的晚期文化，以风采卓异的彩陶器具为基本特征，其彩陶数量之多，制作之精美，冠诸远古文化之首。地处河湟谷地腹部的乐都柳湾遗址文化遗存分布最为密集，共出土彩陶17000余件，是中国乃至世界上罕见的彩陶集中出土地。河湟各地出土文物除彩陶以外，还有石镰、石刀、骨铲等收割工具和挖掘工具，并有石磨盘、石磨棒、石杵等谷物加工工具。到马家窑文化晚期马厂类型时，为死者陪葬粮食的现象便已十分普遍，"在一半以上的马厂墓葬中都有容积较大的装有粮食（粟）的粗陶瓮作为随葬品"[3]。这些考古资料证明，早在三四千年前，河湟先民就繁衍生息在这片美丽富饶的土地上，而且过着定居的农业生活。大量研究认为，这些远古文化是由生息于青藏高原最古老的民族羌人所创造，史前羌人的高度文明和非凡贡献，得到了许多当代学者的高度评价。

在大多数马家窑文化遗址中也都发现了一些动物遗骨，这些动物有驯养的猪、狗、牛、羊、鸡，以及野生的鹿、羚羊、野猪等等。因此，狩猎与蓄养在他们的生计中也很重要。[4]到了约当公元前2200—1700年的齐家文化时期，河湟地区的定居农业开始发生一个令人费解的变化：畜牧业开始取代农业逐渐成为先民最主要的生计门类。在考古学上的表现是，随葬品中羊角的数量开始超过猪骨，人们流行以小件的铜器随葬，陶器既小又少。[5]对于这种变化，学术界目前普遍认为有两大原因，一方面是公元前2100—1000年全球气候干冷化，使得原始农业受到打击；另一方面，由于马家窑时期以来长期的农业定居生活，造成河湟地区人口扩张与资源分配不平均。[6]而这种变化在齐家文化之后变得相当急剧。约在公元前1700年到公元前600年左右,在考古序列上辛店文化与卡约文化取代了齐家文化。辛店文化中出土最多的动物遗骨是羊骨,羊成为当时最重要的驯养家畜,而且房屋居址明显减少,随葬的陶器又比齐家文化小得多。到了较晚的卡约文化时期,在马家窑、半山、马厂、齐家文化中常见的房屋居址几乎完全消失。目前,青海发现的唯一卡约文化居址是湟源的莫不拉遗址,而考古发掘证据表明这是个游牧人群过冬的居址。[7]这些考古学研究成果表明,卡约文化时期,河湟地区的人几乎已完全脱离了定居农业生活。[8]秦始皇二十六年(前221年)统一全国,"并天下为三十六郡",[9]河湟之地属陇西郡管辖。至西汉武帝时期,开始"征伐四夷,开地广境,北却匈奴,西逐诸羌"[10]。河湟一带是当时汉军北击匈奴的军事重地。武帝元鼎六年(前111年),李息、徐自为的大军进占湟水流域,"始置护羌校尉,持节统领焉",[11]开始对羌人行使管辖权,并通过筑城置亭,移民拓边等措施,使汉族势力渗透到河湟。神爵元年(前61年),西汉在赵充国平羌胜利的基础上,接受了赵充国的屯田之策,开始大规模有组织地移民屯田,将中原地区先进的农耕技术与文化传入河湟谷地,将河湟地区纳入中央封建王朝的郡县体系之中。此后,汉族逐渐成为河湟地区社会经济文化发展的主导力量和社会舞台上的主要角色。

公元3世纪到6世纪,除去西晋短暂的统一之外,华夏大地陷入纷扰不已的封建割据斗争中。而此时,河湟地区由于东汉后期数次羌人起义,汉族人口大量减少,郡县属民大幅度向东收缩,为其他民族移入这一地区创造了条件。乘中原动荡之机,崛起于北方的鲜卑等民族经过长途跋涉,迁徙到这里,纷纷割据称雄,建立政权。

西晋后期迁入青海的辽东慕容鲜卑吐谷浑，经过各种形式的兼并，联合以羌族为主体的其他民族，建立了地跨千里的吐谷浑政权。鲜卑秃发部在河湟谷地建立了南凉政权。此外，这时对河湟地区产生影响的还有前凉、后凉、西凉、北凉、西秦等割据势力。这些政权时而在互相利用中发展，时而又在兼并战争中削弱。时战时和，时降时仇。这种纷繁复杂的交往关系，以及在各民族迁徙过程中形成的交错杂居，使这些割据政权统辖下的汉、匈奴、鲜卑、氐、羌、柔然等民族，共同走向融合。

隋统一全国后，在河湟设鄯、廓二州。唐袭隋制，进一步开发河湟，鄯州（治所在今青海乐都）成为陇右节度使的驻节之地，汉族人口不断攀升，盛唐时河湟汉族农耕人口已达到5万人以上。[12]龙朔三年（663年）吐蕃并灭吐谷浑，唐蕃双方以河湟地区为前沿展开对峙，在八九十年间屡战屡和，农牧业经济遭受严重破坏。安史之乱后，甘青唐军悉数东调，边防空虚，吐蕃势力乘势东进，陇右、河西各地尽入吐蕃统治。在上百年吐蕃统治和强迫同化政策下，河湟地区的汉人大量融入吐蕃之中。吐蕃"每得华人，其无能者，使充所在的役使，辄黥其面；粗有文艺者，则涅其臂，以候赞普之命；得华人补为吏者，则呼为舍人，可则以晓文字，将以为知汉书舍人"[13]。河湟地区汉人"衣胡服习胡语"，在吐蕃强制之下普遍吐蕃化了。一直到唐大中五年（851年），沙州张议潮起义成功，收复河西、河湟等十一州归。"去年中国养子孙，今著毡裘学胡语"，"汉儿学得胡儿语，却向城头骂汉人"，[14]这些唐人诗句真实反映了晚唐时河湟一带民族交流与融合的历史现象。

宋代，河湟吐蕃建立了唃厮啰政权（1032—1104年），在中国11世纪的历史舞台上扮演了极为重要的角色。唃厮啰政权共传6主，前后存在百余年，是臣属于宋的一个地方政权，双方始终互相依存，友好相处，为河湟地区营造了一个相对稳定的和平环境。唃厮啰政权灭亡后，其部众与汉人、党项人杂居于河湟。他们长期共同生活，相互交往、通婚，汉藏交融的现象均较为普遍，呈现出民族融合双向进行的特征。

蒙元立国后，在进军河湟的过程中不仅把大批蒙古人带到了这一地区，还迫使西亚地区大批信仰伊斯兰教的色目人迁居河湟。这些措施最终催生出回、撒拉、土、东乡、保安等诸多新的民族共同体。明王朝建立后，对河湟地区极为重视，大力兴办军屯和民屯，汉族移民达到历史高峰，据有关文献记载，明中期河湟汉族人口达到约25万，成为这一地区的主导民族，汉文化也成为主流文化。[15]至清代，河湟地区已形成汉文化、藏传佛教文化、伊斯兰文化三大文化系统并存，汉、藏、回、蒙古、撒拉、土、东乡、保安等近十余种民族文化杂陈的多元鼎立，兼容并包的文化格局。

二

"西北部干旱大区面积25.5万平方公里，约占全省总面积的35.4%，位于青海省西北部，西、西北部为祁曼塔格山东段—阿尔金山—祁连山地，分别与新疆、甘肃相邻；东部与东部季风大区毗连；南与南部高寒大区相接。"[16]地貌单元包括柴达木盆地、茶卡盆地及阿尔金山、中西祁连山等周围山地。以今天的行政区划而论，包括海西蒙古族藏族自治州全境、海南藏族自治州南部。

这一大区内对青海游牧社会历史影响最为深远的地理单元是被阿尔金山、祁连山和昆仑山环绕的柴达木盆地。该地区地势自西北向东南倾斜，海拔在 2600—3300 米之间。"盆地西北部属典型的荒漠地带，分布着流动沙丘、垄岗状风蚀丘和下面覆盖着红柳、梭梭的灌丛沙堆；东南部分布着许多高原湖泊和盐沼泽，属荒漠草原景观。"在盆地周围广泛分布着山前洪积扇与戈壁滩，中部为湖积平原，洪积扇下部与湖积平原交接处散布着绿洲，主要的绿洲有格尔木、德令哈、都兰、香日德、诺木洪，有许多耕地、可耕荒地、林地和草场。其中现有草场面积达 14588 万亩，占青海省草场总面积的 25.1%，占盆地总面积的 28.39%。其中，可利用的草场达 10647 万亩。[17] 这种独特的地理状况，为历史时期的游牧民族提供了纵横驰骋的辽阔舞台。

柴达木地区很早就有人类活动。这里先后发现了多处以诺木洪文化为代表的古代文化遗址，尤其是塔里他里哈遗址证明早在三千年以前这里就有较为发达的畜牧业生产。绝大多数学者认为，独具风格的诺木洪文化应是羌族中的一支所创造的。羌族，是可知的柴达木盆地的最早的居民。[18] 根据目前的考古学材料看，西周时期，居住在盆地内的羌族过着以畜牧业和农业为主的定居生活，这种定居生活大约在西周以后维持了一个较长的时期。

西汉时期，青海东部地区正式纳入了全国统一的郡县制体系之内。但是，远处青海西部的柴达木地区在行政体制上并未发生大的变化，并没有同河湟地区一道成为西汉王朝的一个组成部分。因此，谭其骧先生主编的《中国历史地图册》上对西汉时期的柴达木地区未做明确的区划界定。

南北朝时期，吐谷浑人移牧青海，建立起一个"止于枹罕暨甘松，南界昂城、龙涸，从洮水西南极白兰数千里中，逐水草，庐帐而居，以肉为粮"[19] 的庞大政权。白兰，即今柴达木一代，吐谷浑立国三百余年，对这一地区产生了重大影响。

吐蕃崛起以后，于唐咸亨元年（670年）正式控制了原吐谷浑牧地，柴达木盆地亦处于其控制之下。吐蕃政权绵延200余年，对柴达木的社会历史发展也影响颇大。北宋时吐蕃政权业已崩溃，这时河湟唃厮啰政权的势力范围向西延伸到了柴达木盆地。据李远的《青唐录》记载，"自青唐西行四十里至林金城，城去青海善马三日可到。海广数百里，其水咸不可食，自凝为盐，其色青。中有岛，广十里……海西地皆平衍，无垄断，其人善逐水草，以牧放射猎为生，多不粒食，至此百铁堠，高丈余，羌云：以此识界。自铁堠西皆黄沙，无人居，西行逾两周，即入回纥、于阗界"[20]。

公元1028年西夏攻破甘州后，原居住于甘州一带的甘州回鹘约有数万人越祁连山南下投奔唃厮啰政权，另有二十余万人西走沙州，史称这些人为撒里畏兀儿又称"黄头回纥"。《宋会要辑稿》中记述这些人的活动区域为"其地西界阿尔金山两侧，东限山（祁连山）海（西海）之间"，也就是柴达木盆地的西部、北部、西北部以及沙州以西以南地区。元代，蒙古人进入青海，"元封宗室卜烟帖木儿为宁王镇之"[21]。

明清时期是柴达木地区民族分布格局最终形成的一个关键时期。明王朝建立以后，镇守这里的蒙古宁王于明洪武七年（1374年）六月归附明朝。明朝在原宁王辖地设置安定等卫，改封宁王为安定王，其辖境"广袤千里，去甘肃一千五百里。东抵罕东，西距天可里，北迤瓜沙州，南界吐蕃"[22]。天可里，即今新疆境内之天山；瓜州即安西；沙州即敦煌；罕东当时在今西宁西北三百里。从这一记载可以看出，安定王封地与宁王镇守之地的范围大抵相仿，即今柴达木盆地和甘青交叉地带。

明朝除安定卫统辖区域涉及柴达木盆地以外，当时设置的"塞外四卫"中，阿端卫与曲先卫的统辖区域也涉及了柴达木盆地。但由于明武宗正德时期，东蒙古亦不剌、阿尔秃厮等部移牧柴达木，塞外四卫相继残破，这里成为东蒙古游牧之地。对此，《明史》当中有非常详细的记载。

"正德时，蒙古大酋亦不剌、阿尔秃厮侵据青海，纵掠邻境，安定遂残破，部众散亡。"

阿端卫，"迄正统朝，数入贡，后不知所终"。

"正德七年，蒙古酋亦不剌，阿尔秃厮窜居青海，曲先为所蹂躏，部族窜徙，其卫遂亡。"

"正德中，蒙古大酋入青海，罕东亦遭蹂躏，其众遂衰。"[23]

嘉靖三十年（1551年）至万历末年（1619年）的68年间内，东蒙古土默特部俺答汗为寻找新的领地而数度进入西海，占据原四卫之地，并留部落二十九支驻牧柴达木盆地，成为这里的实际控制者。明崇祯十年（1637年），厄鲁特蒙古之和硕特部在其首领固始汗率领下，乘明王朝镇压农民起义和抵制清军入侵无暇西顾之际，袭据青海。自此，包括喀木、卫藏、柴达木盆地等在内的辽阔地域成为西蒙古部落的驻牧之所。清雍正初年（1723年）清廷平定了罗卜藏丹津武装叛乱后，于雍正三年（1725年）对青海蒙古各部实行插旗划界，将其分为蒙古二十九旗。具体为：今黄南州有四旗、海南州有五旗、海北有十二旗、海西有八旗，这种状况一直维持到民国时期。其中海西的八个旗分别是：和硕特西前旗、和硕特西后旗及和硕特北左末旗，这三个旗分布在今乌兰县东部茶卡、铜普、赛什克一带，即柴达木盆地的东部地区；和硕特北左旗，和硕特北右旗，这两个旗分布在今乌兰县西部德令哈至马海、安西以南一带，即活动于柴达木盆地的东部和中部偏东北地区；和硕特右后旗、和硕特西左后旗，这两个旗分布在今都兰县东部，即今柴达木盆地东南部地区；和硕特西右中旗，分布在今都兰县西部的诺木洪以及格尔木、乌图美仁，尕斯一带，即柴达木盆地的南部和西部地区。[24]

三

"南部高寒大区是指昆仑山以南的高原，平均海拔4500米以上，行政区划包括今果洛，玉树州全境，黄南和海南州南部及海西州唐古拉山乡。面积40.7万平方公里，占全省总面积的56.52%。"[25] 这一区域范围内可可西里山、巴颜喀拉山、阿尼玛卿山等山脉与河谷相间交错，山脉相对高差不大，山体浑圆，河谷宽浅；昆仑山与唐古拉山之间分布着冰川和常年冻土地带。东部阿尼玛卿山高耸入云，终年积雪，黄河干流受其阻挡，向东延伸，绕过此山脉，再折回西北，在青海、四川、甘肃三省交界处形成了一个S形大拐弯，史籍当中称为河曲地区。青南高原雨雪丰沛，起伏平缓，多湖泊草场，古代吐鲁番与中原内地的联系，主要道路都选择穿过这一地区域。

南部高寒大区，由于海拔高，热量严重不足，广泛分布高寒草原。吐蕃崛起以前，这一地区在史籍上几乎没有记载。吐蕃崛起，势力东进以后，这一地区基本上一直是藏族游牧集团的势力范围。最具代表性的是清代的玉树四十族以及三果洛藏族部落。

南部高寒大区中比较特殊的地理单元是河曲地区。这一段黄河干流呈S形，分别有胡鲁乌苏结博河、巴克戈尔什河、呼呼乌苏河、查卜恰河、乌兰河等河流注入。两岸水草甘美，宜农宜牧，而且这一地区位于青藏高原东部边缘，东行不远，越过甘肃境内洮河就是黄土高原，因此历史时期这里是一个多民族往来汇聚的地方，呈现出与本大区其他地区不同的历史演进轨迹。[26]

河曲地区出产良马，总体而言是牧区，但在当地留下了很多古代垦田的遗迹，说明历史上这里并不总是由游牧民族主导。隋唐时期，曾在河曲广置烽戍，并广开屯田以防不虞。元代，这里属宣政院管辖的吐蕃等处宣慰司辖地，明代以莽剌川（今芒拉河）为界，将河曲地区一分为二，东北部分划归陕西行省以农业经营为主，西南部分划归朵甘思宣慰司，以安置蒙古游牧各部。清代仍沿袭这样的划分，反映出河区地区农、牧经营的混合与分划。正是这种宜耕宜牧的自然环境使河曲地区也成为农耕政权与游牧政权争夺的一个焦点。

法国人文地理学家白吕纳认为"一地的位置、地形、地质构造和气候都可以解释一个民族的历史"[27]。地理环境是人类赖以生存的自然基础，也是从事生产活动以及获取生产资料和生活资料的源泉。"不同的公社在各自的自然环境中，找到不同的生产资料和生活资料。因此，他们的生产方式、生活方式和产品，也就各不相同。"[28]青海游牧社会研究是地方史研究中一个重要而持久的课题。在这一课题研究中只有真正了解青海地理的特点与内涵才能得出正确的结论。

注释：

[1][16][25] 张忠孝：《青海地理》，青海人民出版社2004年版，第209页，第210页，第212页。

[2][26] 李孝聪：《中国区域历史地理》，北京大学出版社2004年版，第28页，第28页。

[3] 青海省文物管理处考古队、中国科学院考古研究所青海队：《青海乐都柳湾原始社会墓地反映出的主要问题》，《考古》1976年第

6期。

[4][6][8] 王明珂：《华夏边缘：历史记忆与族群认同》，社会科学文献出版2006年版，第61页，第64页，第64页。

[5] 青海省文物考古队：《青海互助土族自治县总寨、齐家、辛店文化墓葬》，《考古》1986年第4期。

[7] 高东陆、许淑珍：《青海湟源莫不拉卡约文化遗址发掘简报》，《考古》1990年第11期。

[9] 司马迁：《史记》，卷5《秦本纪》，中华书局1959年版，第220页。

[10][11] 范晔：《后汉书》，卷87《西羌传第七十七》，中华书局1965年版，第2876页，第2877页。

[12][15] 彭措：《西北汉族河湟支系的形成及认为特征》，《青海民族学院学报》1999年第4期。

[13] 赵璘：《因话录》卷4，《谭可则》，上海古籍出版社1979年版，第41页。

[14] （清）彭定求：《全唐诗》，卷633《河湟有感》，延边人民出版社2004年版，第3932页。

[17] 张嘉选：《柴达木开发史》，兰州大学出版社1991年版，第14页。

[18] 崔永红、张得祖、杜长顺主编：《青海通史》，青海人民出版社2002年版，第19页。

[19] （北齐）魏收撰：《魏书》，卷110《吐谷浑传》，中华书局1974年版，第2233页。

[20] 杨建新主编：《古西行记》，宁夏人民出版社1987年版，第171页。

[21][23] （清）张廷玉：《明史》，卷330《西域二》，中华书局

1974年版,第8850页,第8864页。

[22]《明太祖实录》卷90,洪武七年六月壬戌,台北"中央"研究院历史语言研究所影印校勘本1966年版,第1586—1587页。

[24]朱普选:《青海蒙古族盟旗制度研究》,《青海民族学院学报》2006年第1期。

[27]转引自陶克涛:《毡乡春秋》,内蒙古出版社1997年版,第221页。

[28]马克思:《资本论》第1卷,中国社会科学出版社1983年版,第355页。

原载于《青海师范大学学报》(哲学社会科学版)2011年第5期

区位地理与青海古代游牧社会的历史演进

美国历史地理学家哈特向曾主张历史地理学的研究焦点是区域差异，即地球表面上各个景观的嵌合。他强调对区域差异的事实作出解释，这种区域差异不仅仅是某些事物在地方与地方之间的差异，而且包括每个地方地理现象的总体组合与任何其他地方地理现象总体组合之间的差异。[1] 中国历史地理学家侯仁之先生也指出，"在区域历史地理写作中，根据纵向研究或地理演进的方法论，如何通过一系列不同时代的地理剖面，有效地进行区域描述，在我国还是一个有待验证的问题"[2]。按照侯仁之先生的思路，通过区域性的专题研究，提供地理学上的透视，与政区沿革地理有机地结合起来，探寻不同历史时期区域自然和人文地理学的剖面，就能够建立一种全新的学术框架。在青藏高原区域史研究领域，青海游牧社会的生成、演进是一个重要而持久的课题。而地理区位决定了青海游牧社会与中央政权的关系，对游牧社会的历史发展是一个至关重要的因素。

因此，在这一课题的研究中，必须将青海游牧社会的历史演进置于中国历史演进的整体背景之中，分析其在这一大背景下所处的位置。

一

青海省内部自然条件复杂多样，地域差异十分明显，自然资源分布也极不均衡，历史时期分布在这里的不同民族对自然条件和自然资源的改造利用方式也因时地而异。青海东部的河湟地区地处青藏高原与黄土高原的边缘地带，也是游牧经济与农耕经济的过渡地区。因此，河湟的地理区位对青海游牧社会尤其是游牧社会与中央政权的关系影响极为深远。这一地区成为历代中央政权控制游牧社会的必争之地，青海历史演进的主线主要就在这里展开。

台湾学者王明珂先生在《华夏边缘：历史记忆与族群认同》一书中提出了民族史边缘研究的概念，他指出："关于边缘研究，最简单的理解方式就是，当我们在一张白纸上画一个圆的边缘线条。在这圆圈之内，无论如何涂鸦，都不会改变这是一个圆圈的事实。相同的，在族群关系中，一旦以某种主观范准界定了族群边缘，族群内部的人不用经常强调自己的文化内涵，反而是在族群边缘，族群特征被强调出来。因此，边缘成为观察、理解族群现象的最佳位置。"[3]青海东部地区恰恰是青海游牧社会的边缘地带，同时"对中国而言，也是一个生态的，社会与意识形态的边缘"[4]。

《秦边纪略》一书中在描述西部地区的地理位置时曾指出："今天下可患者，独西夷也。西夷之患，必始西陲。西陲当唐虞时，禹敷土所及，雍州之地，服在侯甸间，况声教及流沙，靡不即叙，未尝如后世之远斥堠，阻甲兵以自守也。"[5]该书在具体谈及西宁卫所辖河湟地区的地理位置时，着重描述了其特殊的军事战略地位："西宁南连河套，西接青海，北倚祁连。疆域而外，邈荒绝域，靡不可通，无梯航之劳。且海河地尽肥饶，祁连宜于畜牧，亦未有不徙家相就，乐得为邻者。""西宁据兰、靖、宁、延之上游，当庄浪甘肃之左腹。王韶谓：'欲取西夏，当先复河湟。'火落赤谓：'留兵牵制西宁，精兵捣河、洮、临、巩，则五郡皆囊中物。'由是观之，西宁为重于河东西有较然矣"[6]。成书于清顺治年间的《西宁志》对河湟地区的地理区位描述更为详尽："河西之地，东极黄河，南极昆仑，西极嘉峪，北极紫塞，中设五道，沿边而列于北，西宁独列于南，中隔祁连，自庄浪歧而入焉。汉初谓之湟中，今为西宁军民指挥使司。本西戎之地，海寇、番、回杂居逼处，实当四面之冲，无一郡为近援。前朝敕兵备，念其孤也，又为之分巡、分守，俾其夹治之耳。其地东北接庄浪；东南逾河，远通临、巩；西极海隅，逐入荒服；南阻黄河，河外则属番彝；北隅祁连，山外则属凉、庄。势如斗城，内则彝、汉星列，周围番帐云集，融和少违，干戈满目。曰西宁者，谓西宁之地宁静也。今彝纳款矣，而又与外各国交通，隐祸难测。"[7]

河湟这种特殊的战略地位，历代王朝及地方官吏对此均有清醒的认识。明代西宁兵备副使刘敏宽在其奏折中的见解便颇具代表性："照得西宁地方，孤悬天末，近境皆蕃，蕃外即虏。我借蕃为藩篱，蕃仗我以为主宰，即辅车唇齿之譬，不是过矣。"[8]正因如此，自西汉王朝政治势力深入这一地区以后，历代中央王朝无不重视对此地的经营。自西汉以来，除唐后期及宋代等个别时期以外，青海东部地区一直牢牢置于中央政权统治体系之下。也正因如此，不同历史时期的青海游牧政权势力范围基本被限制在日月山以西地区，难以向东发展。

二

青海的地理区位使其在中国交通史上占有重要地位，对这一地区的游牧政权也产生了重要影响。

现代考古学发现早在远古时代中华民族祖先的足迹已经遍布东亚大陆，当定居农业与渔猎、畜牧和游牧有了经营方式的分工以后，地域的差异凸显，人类社会为了自身繁荣和生活必需，出现了地区之间的物质交换。但是早期人类社会的物质交往并不是依靠自身的远程贸易，而是那些从事"逐水草而生"的游牧民族充当了物质交换的中介。尤其是在地貌复杂，环境艰苦的西北地区，早期的交通往来多是由游牧民族来完成。另一方面，中原先民也始终保持着对外交往的努力。不过，在中国历史上，中原与周边地区交通线的开辟，也往往伴随着中原政权对周边的军事经略与政治、文化的浸染。[9]

历史时期青海地区的道路交通发展主要表现为丝绸之路"青海道"的开辟以及唐蕃古道的形成。而这两条古道并非由于政治意念的干预，于一夜之间突然形成的。依据现有的考古和文献资料，它们是在许多相当古老的区域交通道路的基础上，经过无数磨合和探索而最后形成的。可以说先后生存在这一地域的许多游牧民族都为这两条道路的开通作出过重大贡献，而道路的形成也对这些游牧集团产生了深远的影响。

据考证，我国从上古到先秦逐步形成的通往西方（中亚洲、欧洲、印度北部等地）的陆路通道的东段路线主要有三条：一是从关中或今河南北上经漠南阴山山脉至居延海绿洲，趋向天山南北麓至西域，即所谓的"居延路"或"草原路"；二是从关中过陇山，经河西走廊入西域，即所谓"河西路"；三是由祁连山南，沿湟水至青海湖，再经由柴达木盆地而到达今新疆若羌的古"青海路"。[10]

裴文中先生曾认为"湟水两旁地广肥沃，宜于人类居住；况湟河河谷文化发达，由史前至汉，皆为人类活动甚盛的地方，史前遗物，到处皆是，与渭河及洮河流域相类似"，因此推断"汉以前的东西交通，是以此为重要路线"，而且"是主要之道"。[11] 裴先生此论无疑是极有见地的，湟水正北通往张掖的古代道路至迟于西周晚期已经开通。比如成书于东周时期的《穆天子传》和《山海经》中，就有关于湟水流域北向前往张掖里程的记载。[12] 而西汉政府北征匈奴也大都启用这个通道。[13] 这说明湟水正西通往西域的古代通道至迟商周至两汉间已经开通。很多学者认为，商周时期中原所见大量和田玉石就有可能经此道东来，张骞由西域返回中原，也曾试图经行此道。而这些原始道路的开辟者无疑是逐牧于此的羌人部落。

魏晋以后，由于西域各属国纷纷脱离了中原王朝的控制，河西走廊也先后出现了前凉、后凉、南凉、西凉、北凉等地方割据政权，战祸频仍，河西走廊以及由此分支的南北两条故道时常阻塞不通。而当时立国于青海草原的吐谷浑，经过树洛干、阿豺、慕利延等几代人的经营，已经成为地跨东西数千里，包括鄯善、于阗在内的中国西部强大政权。这一时期中国东部的大地上形成了南北对峙的政治局面。北方依次是北魏、东魏、北齐、西魏和北周；南方依次是东晋、宋、齐、梁、陈。为了减缓来自这些政权的政治和军事压力，吐谷浑立国 350 年中，在政治上始终与南北政权都保持着密切的关系；在经济上，吐谷浑历代国主都非常重视对丝绸之路青海道的维护和开发。

吐谷浑所控制之地以游牧经济为主。这种经济结构决定了它必须与发达的农业地区进行长期的、持久的、稳定的经济交往。这一点，在吐谷浑与南朝的交往上表现得极为明显。因为他们彼此之间的经济具有非常实用和现实的互补性，南朝经济以农业为主，需要大量的畜牧业产品，吐谷浑是畜牧业经济，需要大量的农业产品和手工业品。这种经济结构造成的互补现象，在封建时期的中国是极其常见的，也是极其正常的。据史籍记载，吐谷浑政权非常重视商业，甚至所有国赋开支都需依赖向商人抽税。文献对此有非常明确的记载："国无常赋，须则税富室商人以充用焉。"[14] 国赋开支依赖于商人而若不为商人提供稳定的环境和便利的交通，恐怕税收无从征缴。正是由于以上政治、经济等方面的原因，魏晋南北朝时期成为青海交通发展史上的一个重要时期。青海路的兴盛不仅带来了吐谷浑经济的繁荣，同时对沟通中西经济文化交流，传播人类古代文明产生了深远的影响。正如周伟洲先生所言："在公元五世纪中至七世纪初，吐谷浑所据之青海地区事实上成了中西交通的中心之一。从青海向北、向东、向东南、向西、向西南，都有着畅通的交通路线，联系着中国与漠北西域、西藏高原、印度等地的交往，其地位之重要，可想而知。"[15]

隋唐以后，丝绸之路青海道的地位逐渐下降，已经不再作为一条沟通东西方的国际通道，但其作为地域性的交通通道，仍然对青海游牧社会发挥着重要作用。除丝绸之路青海道以外，唐蕃古道的形成与发展同样也折射出青海特殊的区位优势及其对中原王朝与游牧政权的影响。

吐蕃政权勃兴以后，与唐时战时和，为唐蕃双方交往需要而开创的唐蕃古道成为汉藏两族政治、文化交往的一条纽带。唐蕃古道是唐都长安通往吐蕃都城逻些（今拉萨）的官道，全长约 4327 里。

吐蕃古道东段道程的走向和路线是：由长安沿渭河西溯，越陇山，经天水、陇西、渭源，到临洮分为两道，或北上兰州，沿黄河北岸西行至乐都到西宁，或西北行到临夏，转北行，在炳灵寺或大河家一带渡黄河，又经乐都到西宁。唐蕃古道的东段道程实际上是唐朝都城长安至河湟地区的驿道，它还是前文介绍的丝绸之路南线的组成部分。从唐蕃古道的走向和路线看，这条古道的形成使青海成为连结唐与吐蕃的纽带地区。唐亡以后，历代中央政府处理与西藏地区的关系，至关重要的一环便是对青海地区的治理，元代将西藏纳入中央政府管辖之后，青海的这种区位优势更显得尤为突出。关于这一点，李文实先生曾有过非常精辟的论述："吐蕃初兴，屡曾要求与唐联姻，并受封为驸马都尉，西海郡王。随后在统一青藏高原和趁安史之乱的机会，奄有今青海全部土地，并曾一度进入秦陇地区。吐蕃为藏族的前身，羌人则因所处时代的不同，只作为一个民族共同体，以氏族、部落、部族而存在，到吐蕃松赞干布时代，则已进入阶级社会的奴隶制社会阶段，建立了吐蕃王朝，并由于唐蕃联姻，其间虽有争战，但在文化与政治上广泛地进行了交流，加强了两方的往来，顺应了历史发展的潮流。吐蕃王朝本部，虽在今西藏，而青海却成了唐蕃两个王朝，汉藏两个民族，两种文化交流的枢纽和桥梁，真正形成了合则两利，分则两伤的互相依存关系，这是青海地理位置和羌人活动在藏族史上独具的特点和作用，而为其他藏族地区所未有的历史因素，是与历史上河西走廊沟通中西文化交通的作用大体相近似的。"[16]

三

经济结构上的差异,导致了农耕经济与游牧经济的分工互补,这也成为双方经济、政治交往的最主要推动力之一。历史时期,中原地区与周边少数民族的经济交往主要是通过朝贡贸易、互市贸易等多种形式实现的。而青海的区位优势为游牧社会与中原地区的经济互补提供了便利条件。

互市贸易是中原地区与周边少数民族最重要的经济交往方式之一,茶马互市是互市贸易最主要的内容。魏明孔先生曾为茶马互市下过明确的定义,"茶马互市主要指我国西北地区从事畜牧业经济的少数民族,用马匹等牲畜及畜产品,交换内地农耕民族生产的茶叶、布帛、铁器等生产和生活必需品的比较集中的大规模的集市性贸易活动。它是游牧民族与农耕民族之间以物易物的一种特殊贸易形式,系一种互补型经济交往,在我国商贸史和民族史上占有非常重要的地位"。"茶马互市兴起于唐宋,发展于明朝,衰落于清代,维系时间长达千余年之久。它曾经对繁荣西北地区农牧业经济,改善农区人民和牧区人民的生产和生活结构或饮食结构,促进民族间的和平共处发挥了非常重要的作用。"[17]青海的区位优势为游牧民族与中原政权间的茶马互市提供了便捷的地理条件,青海东部地区在历史上一直是茶马贸易的活跃区域,对生存在这里的游牧民族产生了重要的影响。

前文已经提及,南北朝时期吐谷浑人便对青海商业的繁荣与发展作出了杰出的贡献。《梁书》卷54载:"其(吐谷浑)地与益州相邻,常通商贾,民慕其利,多往从之,教其书记,为之辞译,稍桀黠矣。"[18]

除这种民间商贸往来外，吐谷浑后期与中原王朝经协商在沿边选定地点开设互市，进行交换，互通有无，各得其利，互市贸易成为吐谷浑政权重要的收入来源。因此，崔永红先生在其著作《青海经济史》中指出"由于商业的兴盛，吐谷浑人积累的财富较多，他们富藏金银财宝，还曾引起北朝统治者的垂涎和觊觎，甚至成为北魏北周多次发动以掠夺财物为目的的战争的诱因"[19]。

唐王朝建立以后，唐人对于茶叶"溺之甚，穷日尽夜，殆成风俗"[20]，茶叶成为人们日常生活中的必需品，与柴米油盐一样不可或离。这种饮茶风尚逐渐由内地向周边少数民族地区蔓延，吐蕃等活跃于青藏高原的游牧民族受此影响颇大。吐蕃人饮食"以茶为最要"[21]，而且"喜啖生物，无蔬茹醯酱，独知用盐为滋味，而嗜酒及茶"[22]。李肇在《唐国史补》中也记载吐蕃赞普帐内有许多内地名茶。[23]

开元十九年（731年），吐蕃政权要求与唐朝划界互市，提出吐蕃于赤岭（今青海湖东岸日月山）交马，互市于甘松岭（今四川松潘县境内）。唐朝中央政府则批准交马和互市地地点均在赤岭。当时运往西北地区的茶叶主要来自四川和陕西汉中地区，这标志着正式的民族茶马互市由此开始。[24]

除正式的互市以外，据史籍记载，当时唐蕃间其他交往也极为频繁。从唐太宗贞观八年（634年）至唐武宗会昌二年（842年）的209年间，吐蕃入唐朝的使团达百余次之多，而唐朝入吐蕃的使团也有52次。也就是说当时青海境内，平均16个月就有一次使团往来，有的年份多达4次之多。尽管每次的主要任务包括和亲、告哀、修好、吊祭、会盟、封赠、朝贡等等，但不可否认其带有购买货物的任务，互市是其中的基本内容。[25]正因为如此，唐人在判文中就有吐蕃和市的内容。当时唐朝与吐蕃之间"金玉绮绣,问遣往来,道路相望,欢好不绝",是两者之间贸易往来的真实写照。[26]

宋金时期,青唐吐蕃政权在河湟兴起,"青唐吐蕃政权为了弥补自身经济发展的不足和改变物资较为匮乏的状况,也积极发展同中原地区以茶马贸易为主的经济贸易关系,并通过频繁的进贡,从中原获得丰厚的回赠"[27]。这一时期,茶叶在青海吐蕃各部已普遍饮用,宋人洪中孚说:"蕃部日饮酥酪,恃茶为命"[28]"夷人不可一日无茶以生。"[29]而此时,安多的马也驰名天下,以致在藏文史籍中有"安多马区"之称。[30]宋人吕颐浩曾言:"今秦州接连熙州及青唐羌界乃自古产良马之地。"[31]有名的良马有:六谷马,即今天祝藏族自治县之岔口驿马;青海马,又称青海神驹,即吐谷浑人以中亚波斯马与当地马交配培养的良种马;河曲马,即今所称之南蕃马。宋代流传至今的李公麟《元祐三马图》中就有两匹为吐蕃奇骏。[32]"地愈西北,则马愈良"[33]是当时所公认的事实。

北宋前期,青唐吐蕃各部与宋朝的贸易主要在秦渭一带进行,中间需要长途跋涉。熙河之役以后,宋朝在熙河各州设立市易司主持商务,"募牙侩引蕃货赴市易务中贾",[34]同时还在各州广设茶场,官运川茶,"出卖博马"由都大提举成都府、利州、秦凤、熙河等路茶场司,提举陕西买马监牧司等机构对茶马贸易进行统一管理和操作。北宋末年,湟州也设立了茶马场,湟州、西宁一带的吐蕃部落参与茶马贸易更为便捷,免受跋涉周转之苦。有宋一代在西北吐蕃各部向宋朝输出的马匹总数中,青唐政权所属各部占有最大份额,"国家买马岁二万匹,而青唐十居七八"[35]。这种经济上的往来对当时吐蕃各部影响是颇为巨大的。据称在熙州设置市易司后,"熙州人情甚喜",各族首领的子女"联袂围绕汉官踏歌"。他们说:"自今后无仇杀，有买卖，快乐作得活计，不被木征来夺人口牛马。"[36] 通过互市贸易，除了茶叶以外，中原地区大量的手工业品、农副产品及文化用品也被传入吐蕃各部之中。对于吐蕃而言，中原地区各种物资的流入不单纯是一种物质的输入，不单纯是帮助吐蕃民族解决饮食、穿衣的问题。"更重要的是，代表当时国内先进水平的新技术传入了吐蕃部落中。由于新技术的输入，以致安多藏区自身经济产生质变性的飞跃，10 至 11 世纪时，安多吐蕃部落由纯游牧生产走向了半农半牧，安多藏区许多部落甚至完全转化为农业民族。"[37]

明代，西北地区茶马贸易空前繁荣。一方面是由于明朝为抵御蒙古，需要从西北输入大量战马，另一方面也是受到内地封建商品经济日趋繁荣的影响。西宁与河州、洮州成为茶马贸易的三大中心。明政府于洪武三十年（1397 年）设置了西宁茶马司。西宁茶马司在行都司西宁卫西，设大使、副史各一人，计有金牌 16 面，可纳马 3296 匹，主要是与这里的巴哇、申冲、申藏等部族进行交换。[38] 明代对青海地区的少数民族有不同的称谓，凡"岁时纳茶马者，谓之熟番"，即社会发展程度比较高的部族；而山中远居同"熟番"从事贸易者，则被称为"生番"，即社会发展程度较低的部族。当时西宁卫的"熟番"有 13 部族，包括申藏、章哑、隆奔、巴沙、革哑、申中、隆卜、西纳、果迷卜哑、阿齐、嘉尔即、巴哇、即尔嘉等。[39] 由于青海河湟地区独特的区位优势，据记载西宁茶马司的库存占整个西北地区茶马司库存量的近三分之一。[40]

清代茶马贸易仍然是青海地区最主要的一种民族贸易形式。清沿明制，继续实行茶马互市，并在西宁、洮州、河州、庄浪、甘州设了 5 个茶马司，由陕西茶马御史管辖。[41] 明后期，西海蒙古与明朝廷在沿边路口规定的地点定期进行互市。互市期间，先由官府和蒙古各部贸易，然后开放边口民市。清初，清廷与青海蒙古诸部继续开展边口互市，丹噶尔地区的民族贸易由此盛极一时。丹噶尔即今青海湟源县，清雍正二年（1724年），罗卜藏丹津叛乱被平息后，中央政府制定了一系列善后措施，其中对青海地区各民族与内地之间的贸易作了明确规定。雍正三年（1725年），奋威将军岳钟琪上疏，请求扩大在丹噶尔的民族贸易："……大将军年羹尧定前例，青海与内地之人每年于二、八月贸易两次，择定纳喇萨喇地方为交易之所，经议政大臣议改四季交易，已觉宽容，……再察郡王额尔德尼、额尔克托克托鼐，郡王色布腾扎勒诸台吉部住牧黄河西边，相近西宁，请将贸易之地移在西宁口外丹噶尔寺。至蒙古贸易，全籍牲畜，每年六月以后，仍听不时贸易，则蒙古商贩均获利益矣。"[42]

岳钟琪的上疏得到了朝廷的批准，中央政府允许正式在丹噶尔设置固定的贸易市场，丹噶尔遂成为西北地区重要的贸易中心。因此，乾隆九年（1744年），西宁佥事杨应琚在《为边疆请添驻县佐以资治理议》中提到："（丹噶尔）通西藏，逼近青海，自移多坝市口于此，为汉土回民并远近番人暨蒙古往来交易之所，至关重要。"经过不断发展，到清嘉庆、道光年间"丹地商业特盛，青海、西藏番货云集，内地各省，商客辐辏，每年进口货价至百二十万两之多"[43]。丹噶尔民族贸易进入最为鼎盛的时期。

由以上青海游牧社会与中原地区贸易交往过程来看，游牧民族的畜牧业生产仅仅是他们经济生活的主体，它并不能满足游牧民族社会生活的全部需求。因此，游牧民族也需要其他行业作为他们经济生活的重要补充，与农耕民族的经济交往就是至关重要的一种补充形式。青海的区位地理条件使得这里的游牧民族与中原农耕民族间的物质交换能够得以顺利实现，青海东部地区也由此成为民族贸易的活跃地区。

注释：

[1] 哈特向著，黎樵译：《地理学性质的透视》，商务印书馆1983年版，第128—141页。

[2] 侯仁之：《海南岛历史上土地开发研究·序》，海南人民出版社1987年版，第7页。

[3][4] 王明珂：《华夏边缘：历史记忆与族群认同》，社会科学文献出版社2006年版，第45页，第72页。

[5][6]（清）梁份著，赵盛世等校注：《秦边纪略》卷1，青海人民出版社1987年版，第21页，第50—53页。

[7][8]（清）苏铣纂修，王昱等校注：《西宁志》，青海人民出版社1993年版，第106页，第242页。

[9] 李孝聪：《中国区域历史地理》，北京大学出版社2004年版，第41页。

[10][27][41] 崔永红、张得祖、杜长顺主编：《青海通史》，青海人民出版社2002年版，第136页，第248页，第384页。

[11] 裴文中：《史前时期之东西交通》，《边政公论》1948年7卷第4期。

[12] 翁经方：《〈山海经〉中的丝绸之路初探》，《上海师范大学学报》1981年第2期。

[13] 王宗维：《汉代祁连山路考述》，《西北师范学院学报》1983年第3期。

[14]（北齐）魏收撰：《魏书》，卷101《吐谷浑传》，中华书局2000年版，第1516页。

[15] 周伟洲:《吐谷浑史》,广西师范大学出版社2006年版,第114页。

[16] 李文实:《西陲古地与羌藏文化》,青海人民出版社2003年版,第445页。

[17] 魏明孔:《西北民族贸易研究》,中国藏学出版社2002年版,第2页。

[18]（唐）姚思廉:《梁书》,卷54《列传第四八》,中华书局2000年版,第561页。

[19] 崔永红:《青海经济史》,青海人民出版社1998年版,第68页。

[20]（唐）封演:《封氏闻见录》,卷6《饮茶》,商务印书馆1936年版。

[21]（宋）欧阳修、宋祁:《新唐书》,卷216《吐蕃传》,中华书局2000年版。

[22][34]（元）脱脱:《宋史》,卷492《吐蕃传》,卷186下,《食货志》,中华书局1985年版。

[23]（唐）李肇:《唐国史补》下卷,上海古籍出版社1972年版。

[24]《中国大百科全书·经济学Ⅰ》,中国大百科全书出版社1988年版,第52页。

[25] 卢勋、萧之兴、祝启源:《隋唐民族史》,四川民族出版社1996年版,第502页。

[20] 董诰:《全唐文》,中华书局1983版,卷384,第3903页。

[28]（宋）罗愿:《新安志》,卷下《洪尚书》。

[29]（明）王圻:《续文献通考》,卷22《榷茶》,文海出版社1979年版。

[30] 智观巴·贡却乎丹巴绕吉:《安多政教史》,甘肃民族出版

社1989年版。

[31]（宋）吕颐浩：《忠穆集》，卷8《燕魏杂记》，宋辑珍本丛刊（第三十一册）2009年版，第806页。

[32]《东坡后集》，卷9《三马图赞》，宋辑珍本丛刊（第二十三册）2009年版，第35页。

[33]（宋）周去非：《岭外代答》，卷9《蛮马》，清文渊阁四库全书版。

[35]任伯雨：《上徽宗论湟鄯》，见赵汝愚编《宋名臣奏议》，卷141《边防门·青唐》，台湾商务印书馆影印文渊阁四库全书1986年版。

[36]《续资治通鉴长编》，卷241"宋神宗熙宁五年十二月丁酉条"，中华书局1995年版，第5886页。

[37]汤开建：《宋金时期安多吐蕃部落史研究》，上海古籍出版社2007年版，第378页。

[38][40]《杨一清集》上册卷3，中华书局2001年版，第77页，第77页。

[39]（清）梁份著，赵盛世等校注：《秦边纪略》，卷1《西宁卫》，青海人民出版社1987年版。

[42]（清）张廷玉：《清朝文献通考》，卷42《征榷考十四·榷茶》，商务印书馆1936年版。

[43]（清）张廷武纂修：《丹噶尔厅志》卷5，青海人民出版社2016年版。

原载于《青海社会科学》2012年第2期

从考古学材料分析青海游牧社会起源

"他们还不会建造城市和城堡,他们只是一些拖着房子的人和骑在马上的弓箭手;他们的生活不是依靠耕种农田,而是依靠家畜饲养,并且居住在马车上,到处游走……"这是希罗多德为我们描述的斯基泰人游牧生活场景,也是每个游牧集团都司空见惯的一种场景。作为与农业文明迥然相异的一种文明形态,游牧文明在人类社会早期就已开始发挥重要作用,并通过与农业文明的互动影响着整个人类历史的演进过程。就自然地理环境而言,青海高原是地球上一块十分独特的自然区域,气候高寒,长冬无夏,无霜期短,昼夜温差大,大部分地区"表现为高原寒漠、草甸、草原景观"[1]。从古至今,这里的土地利用方式就是以畜牧业为主、农林业次之,被视为典型的游牧地区。探究这里游牧社会的起源,对于青海地方史乃至西北区域史研究而言,都是至关重要的课题。众所周知,农业和畜牧业分别起源于原始的采集和狩猎活动,但动物的驯养不是简单地从狩猎转化而来的，而是与农业的萌芽、谷物的栽培密切相关。从考古资料来看，青海地区的新石器时代文化遗存主要集中在本省东部的河湟谷地，绝大多数文化遗址都呈现出种植业、畜牧业、采集、渔猎等多种经济形式混合并存的局面。进入青铜时代以后，河湟以西的环青海湖地区以及海西柴达木盆地等区域的文化遗址显著增加，而且这一时期大多数文化遗址中所展示的畜牧业成分也在增多。也就是说，畜牧业开始与定居农业相分离，逐渐成为这一地区最重要的一种产业模式。这种变化，一方面反映出青海古人类活动区域的扩大，另一方面也体现出他们对高原自然环境的积极认识与响应。

一

根据目前的考古发掘材料，青藏高原东缘地带也是中国文明起源的一个重要地区，曾经有过高度发达的史前文明。1956年，中国科学院地质研究所在青藏高原进行普查时，在柴达木盆地南缘的格尔木河上游三汊口以及长江源头的沱沱河沿岸、霍霍西里等三个地点采集到10余件打制石器，据推断应该是旧石器时代的遗物。虽然学术界对这一结论的可靠性尚存争议，但就此引起了人们对青海史前文明探索的强烈关注。

1982年7月，中国科学院盐湖研究所、地质研究所、地球化学研究所澳大利亚国立大学生物地理地貌系组成的盐湖和风成沉积联合考察队在柴达木盆地小柴旦地区采集到了一批旧石器。1984年，中国科学院古脊椎动物与古人类研究所在同一地点找到了这批石器的原生层位。有地层根据的旧石器出土，毋庸置疑地说明三万年前青海就已经是史前人类的生存之所。当然，由于青海境内旧石器考古材料还十分稀少,要准确复原人类对青藏高原的早期开发,目前还处在理论建模的假设和推论阶段。1980年发现的拉乙亥遗址拉乙亥遗址属中石器时代全新世早期人类遗址,[2]进一步证明了古人类在青海生存繁衍的延续性。拉乙亥原为青海省海南藏族自治州贵南县所辖的一个乡,位于龙羊峡上游的黄河谷地。由于龙羊峡水库的修建,这里的大部分文化遗存已沉入水库淹没区。经碳14测定该遗址的年代为公元前4745±85年,接近中原地区的新石器时代遗址的时代。但拉乙亥出土的石器以打制为主,"没有发现新石器时代的磨光石器和陶片,也没有发现灰坑、窖穴和房屋居住面等新石器时代遗址中常见到的遗迹"[3]。通过与华北地区旧石器晚期的文化遗物对比可见发现,拉乙亥遗址的文化遗物具有浓厚的旧石器晚期文化的特征。[4]拉乙亥遗址出土的1489件文化遗物中,有石制品1480件,骨制品7件,装饰品2件。其中有3件研磨器,用石英岩砾石制成,一件完整,两件残。完整的一件底面平,工作面中间深凹,似独木舟状。凹入部位可见点状琢痕和长轴方向的摩擦痕,另外两件残品可见同心圆方向的摩擦痕。[5]研磨器的出现,表明至少这一时期已经出现了原始的采集农业。拉乙亥遗址中还出土了大量的动物骨骼,有些标本保留着砸击或火烧的痕迹。能鉴定出种属的标本有环颈椎、鼠兔、沙鼠、喜马拉雅旱獭、狐、羊。骨骼标本中有一件较宽大的肋骨,可能属于马或牛,另外还有破碎的鸟蛋壳。[6]拉乙亥遗址的发掘表明,青海早期人类的生活中,采集与猎捕并存共进,各自发挥着重要作用。

二

青海境内经考古发掘的新石器时代遗址遍及本省东部地区，能确定文化内涵的新石器时代文化主要是马家窑文化、宗日文化以及齐家文化。[6]

目前，青海境内已经发现的马家窑文化遗址有近千处之多，具体分布范围是"东接甘肃，西到海西州和海南州同德县境内，北入大通县境内，南至贵德县和隆务河流域"[7]。进行过重点发掘的有：民和县的阳洼坡、核桃庄、阳山、马厂塬，乐都的脑庄、柳湾，大通县的上孙家寨，贵南县的尕马台，循化县的苏呼撒，互助县的总寨，西宁市的朱家寨，同德县的宗日等。[8]涵盖了马家窑文化石岭下、马家窑、半山、马厂全部四个类型。从目前已有的考古发掘材料来看，青海境内的农业生产活动，至迟在距今5000余年前的马家窑文化石岭下类型时期就开始了。[9]而伴随原始农业出现的是原始的家畜饲养业，畜牧业尤其是游牧经济的产生要远远晚于原始农业的出现。

1980年进行试掘的民和县阳洼坡遗址是青海新石器时代早期文化的代表。该遗址的出土器物既具有中原地区仰韶文化庙底沟类型的特点，又和马家窑文化石岭下类型相似。它被视为是庙底沟与马家窑类型之间的一种过渡形态。[10]有学者认为应归属于石岭下类型，[11]也有学者认为其文化内涵没有超出仰韶文化，应属仰韶文化分布的最西端。[12]阳洼坡遗址已发现的遗迹有：房子五座，其中较完整的2处，散乱的柱础40余个，灶11个，灰坑3个。[13]在编号为F3的方形房子东部灶旁有一长方形贮坑，此灶是在原来废弃的灶旁重新修建，原有旧灶的半部保留改为放置物品之用。[14]在遗址中出土了大量的石刀、石斧、陶刀、骨铲等典型农业生产工具,虽然这一遗址没能提供更多的资料来说明当时农业生产的具体情况,但这些器物与带有贮坑的房屋遗迹相互印证,可以说明当时人们已经过着以农业为主的定居生活。遗址中还发现了一些针、锥、叉、铲和笄等骨器、角器,说明捕猎活动在他们的食物来源中也占有一定地位,并且已经对猎获物的骨骼和兽角进行了有效利用。此外,还有一部分石、陶质的弹丸,直径一般在3—4厘米。相关学者推测,这种弹丸很可能是用以狩猎的,从另一个角度证明了狩猎活动亦是当时人们经济生活的组成部分。[15]

青海新石器时代考古以马家窑文化半山类型至齐家文化阶段的资料最为丰富。在这些资料中又以柳湾墓地的资料最完整,为我们研究青海地区史前农业和畜牧业的发展提供了十分丰富的资料。柳湾遗址是我国迄今已知规模最大,保护最完整的一处原始社会晚期氏族公共墓地,也是目前我国史前考古中发掘墓葬最多的地点。这一遗址的年代从新石器时代晚期到青铜时代,前后跨越1000余年,包含了马家窑文化的半山类型、马厂类型以及齐家文化和辛店文化等多种考古文化类型。到1986年为止,共发掘墓葬1732座,出土石器、陶器、骨器、角器等文物37506件。关于柳湾遗址的发掘报告《青海柳湾－乐都柳湾原始社会墓地》由于出版较早,仅包含1974—1978年发掘的前1500座墓葬材料,其后发掘的M1501-M1732的资料尚未整理公布。[16]在这1500座墓葬中,马家窑文化半山类型墓葬有257座,马厂类型墓葬872座,齐家文化墓葬367座,辛店文化墓葬5座。柳湾出土的生产工具,种类繁多,主要有石斧、石凿、石刀、石镰、石矛、石球、石锛、石凿以及陶纺轮、骨针等等。从这些工具的具体用途而言,石斧、石凿、石锛等是砍伐林木、建造房屋和加工木器的工具；石刀、石镰则是最主要的农业生产工具；石矛、石球的出现则反映出狩猎活动也是柳湾先民非常重要的食物来源；陶轮的存在则说明当时这里已经有了比较进步的纺织手工业。这些生产工具在柳湾不同阶段的墓葬中都有所发现，但各个不同时期墓葬中随葬品种类和数量却表现出非常大的差异。具体而言，在马家窑文化半山类型时期与农业生产关系比较密切的生产工具石斧、石锛、石凿、石刀的数量很少，其中石刀只有一件，没有石镰，与狩猎关系比较密切的生产工具石球、骨镞、石叶所占的比重较大。[17] 而到马厂类型时期，随葬品中的农业生产工具数量显著增加，还出现了石镰等前所未见的新型生产工具，而随葬石球和石叶的墓葬在马厂中期的数量已经寥寥无几。与这种变化相关联的是，在"一半以上的马厂墓葬中都有容积较大的装有粮食（粟）的粗陶瓮作为随葬品，如墓 339 有粗陶瓮 4 件，在出土的陶瓮内均放有粮食，在墓 6 内也出有粮食。有这么多粮食作为随葬品，不难设想当时农业生产水平不是十分低下的"[18]。此外，柳湾遗址马厂时期有两座墓中出有羊骨，两座墓中出有猪的下颚骨，说明这一时期似乎已经出现了原始的家畜饲养，并且这种饲养是与原始农业紧密结合在一起的。

位于青海海南州同德县巴沟乡黄河冲击台地的宗日遗址是青海地区新发现的一支新石器时代文化，该遗址于 20 世纪 80 年代国家文物局组织的第二次全国文物普查中发现，当时定为马家窑文化半山类型的遗址点。[19] 考古学界经过 1994 年至 1996 年连续三年的全面发掘，对该遗址的文化内涵有了进一步地深入了解。通过已经掌握的材料可以看出，该遗址文化特征鲜明，与已知的马家窑文化差别较大，根据命名考古学文化的一般准则，将这一新的文化命名为宗日文化。[20]宗日遗址以墓葬为主,兼有祭祀坑、灰坑等遗迹,共发掘墓葬341座,出土陶器九百余件,骨器、石器、石珠、绿松石饰等共两万多件。从宗日遗址墓葬中出土的陶器群组看,共包括四组：A马家窑、B半山、C宗日、D齐家。发掘的墓葬中有AC、BC组共存的现象,故而马家窑、半山两种遗存和宗日遗存应关系密切,而宗日遗存与齐家文化之间的关系则较疏远。[21]宗日遗存尽管在整体上与马家窑文化一样属于定居的农业文化,但是还有一些自己的细微特点,最为突出的就是细石器数量比较多,装饰品随葬比较普遍。[22]考古学界普遍认为,细小石器通常"是觅食者或逐猎者们遗留下来的生活和生产工具……石器的细小化是为了方便携带,适合长距离的觅食移动"[23]。宗日文化被认为是马家窑类型时期东部农业文化向西发展的结果,河湟谷地经过长期的发展之后人口迅速增长,超出了当时生产力条件下的自然阈值。于是,强大的人口压力促使古人类要寻找新的生存空间,在这一过程中,有一部分人向西迁徙来到了共和盆地。外来人群进入后,展示了自己的经济优势,吸引当地的土著狩猎采集民转化为农业定居民,从而创造了宗日遗存。[24]但是这里毕竟地处日月山以西,自然条件要逊于湟水中下游地区,适宜农耕的区域仅局限于狭窄的河谷地带,而河谷两侧辽阔的草原上数量巨大的野生动物资源无疑给他们提供了另外一种生存选择。相关学者以此推论,宗日遗址中细石器数量可以说明"它的经济生活中狩猎所占比例要大于东部的马家窑文化。而与环境有关的狩猎成分较多,可能对于宗日遗存的进一步发展产生了相当大的影响,这是指农业向畜牧业的转化倾向"[25]。

齐家文化是黄河上游新石器晚期文化的重要组成部分,也是我国西北地区最早发现铜石并用的考古遗存,多数学者认为它是马家窑文化马厂类型的继承和发展。青海境内的齐家文化遗址分布范围与马家窑文化基本相同，集中分布在东部河湟谷地及其支流的台地上，但已进一步向西扩展至青海湖北岸的沙柳河边。目前全省范围内经调查登记的齐家文化遗存 430 处，经过考古发掘的遗址和墓地主要有贵南县尕马台、大通县上孙家寨、乐都县柳湾、民和县清水泉、西宁市沈那等。[26] 齐家文化一个非常明显的特征是家畜饲养业无论规模还是种类都有了非常大的发展，狗、猪、羊、牛、马、驴等动物均已被驯化及饲养。[27] 家畜的驯化与饲养，反映了社会生产力水平的进步。由于狩猎效率的提高，猎物的捕获量有所增加，对于那些吃不完而且尚能存活的动物，便开始考虑留待以后食用和进一步驯养的问题。通过选择和淘汰，人们开始"拘兽以为畜"，产生了原始的家畜养殖业。

青海境内的齐家文化遗址中羊与牛的骨骼最为常见，说明这两种动物已经在经济生活中占据重要地位。在互助总寨的齐家文化墓地中"一般墓葬陶器放置在头部以上或头部周围。石珠、玛瑙珠、骨镞、牙饰等位于骨架上肢及腿部周围。锥、刀、斧、纺轮等位于骨架胸、腰部。一对羊角位于脚下"[28]。羊角作为一种具有重要意义的随葬品，似乎已经成为财富的一种象征。20 世纪 60 年代，曾有学者认为"齐家文化的人们主要从事于畜牧、农业的生产活动，畜牧和农业在当时的经济生活中占着同等重要的地位，甚至畜牧比农业占着更重要的地位"[29]。这一论断自提出之日起就遭到不断质疑，[30] 其后的考古发掘成果也说明齐家文化时期的人们仍然是以定居农业为主。但不可否认的是，这一时期在畜类资源开发利用方面比马家窑文化已经有了极大的进步。

三

青海境内现已发现的青铜时代考古学文化主要有卡约文化、辛店文化以及诺木洪文化。从现已发掘的文化遗址来看,青铜时代省境内古人类的生存空间进一步向河湟谷地以外的地区拓展。卡约文化时期不仅在黄河和湟水谷地深入到浅山地区和部分脑山地区,而且向大通河、黑河流域以及青南地区延伸。诺木洪文化时期,聚落分布范围更是拓展到了海西柴达木盆地。与之相对应的是,青海地区畜牧经济因素的明显增长,正是由于这一时期开始的,尤其是在卡约文化中表现得更突出、更完备。[31]

卡约文化是齐家文化的延续与发展,是青海省境内分布面积最广、遗址数量最多的青铜时代文化。其分布地域东接甘肃西境,西至海南州兴海县、同德县境内,北至海北州大通河流域,南达黄南州泽库县。已调查登记的遗址达1766处,经过考古发掘的重要遗址有大通上孙家寨、循化阿哈特拉山、循化苏只、湟中下西河、贵南山坪台、湟源大华中庄等。[32]青海省内目前已经发掘的卡约遗存,大多数少见甚至不见有农业生产工具和粮食遗迹,而较多见的是动物骨骼以及加工牲畜的肉食工具。如在贵德县山坪台卡约文化墓地发掘出土的629件文物中,只有一件石斧,未发现有农业遗迹和粮食。[33]湟源县大华中庄卡约文化墓地发掘出土的一千余件文物中只有两件石斧,也未发现有农业遗迹和粮食。[34]而石斧并不是典型的农业专用工具,它既适用于农业生产,也适用于畜牧业生产。与此相对应的是,遗址中陶器数量也大为减少,而木制随葬品(主要是以桦树皮制作的容器)与小件青铜制品(主要是装饰品)明显增加。卡约文化中农业生产工具和陶器的减少以及木制品、青铜制品的增多应该是畜牧业经济发展的直接后果，表现出农业经济与畜牧经济的此消彼长。牧业生产经常在一定范围内流动的特点，使人们要寻找一些更适合于这种生活方法的用具来取代陶器。木制品和青铜制品既便于携带又不易破碎，它们的优越性正好弥补了陶器的不足，因而被大量采用。当然，卡约文化遗址中畜牧业经济发展最直观的表现还是普遍出现的以动物骨骼随葬现象。在循化撒拉族自治县阿哈特拉山地的卡约文化墓葬中以羊角随葬的现象非常引人注目，有的墓中随葬的羊角甚至多达百余件。[35]该墓葬中随葬的大口双耳罐和小口陶瓮中多盛有羊、牛之骨。[36]湟源县大华中庄的卡约文化墓地中也大量出现了马、牛、羊等家畜骨骼，在发掘的118座墓中，有家畜骨骼随葬的达42座，有的墓中随葬的羊跗骨多达六七十件。[37]而且大华中庄墓地还表现出女性随葬牛，男性随葬马或狗的趋势，[38]展示出当时人们对这些牲畜的不同认识。在湟源县塔湾乡与申中乡的18座卡约文化墓地中，也多随葬马、牛、狗、羊等动物骨骼，一般都是用四肢及头骨或尾骨，没有完整的牲畜骨架。[39]其中塔湾乡的卡约文化墓地中，M11殉葬有马的下肢骨九条，狗骨一条。M12，殉葬牛蹄骨4条。M13，殉葬有狗头一具。[40]除了随葬的动物骨骼以外，卡约文化出土器物上各种题材的动物造型艺术也凸显了畜牧业在当时人们经济生活中所处的地位。最为典型的是大华中庄墓地出土的一件鸠首牛犬铜杖首。[41]鸠首上部饰头母牛，腹下有头吃奶的牛犊，母牛睁大双目直视前方的一只狗，前腿微向前弯曲，肩部向上耸起，牛尾上翘，用一对大牛角显示出自己的威慑力。其腹下的小牛犊紧紧地依偎在母牛腹下，而面对强大的母牛，狗并未表现出丝毫的畏惧，双耳直立，尾巴上翘，作出随时向前撕咬的姿态。[42]这件青铜器不仅表现出精湛的艺术水平，而且形象地展示了当时畜牧业生产的场景。

对比青海省境内的所有卡约文化遗址，这一时期的经济特点是定点居住，农牧兼营。卡约文化前期还保留了较多的农业经济成分，后期已经是以畜牧业为主、只在少数适宜地区如河岸地带兼营农耕生产。[43]在地域上则体现为，分布地区越西的遗址中农业经济的成分显现得越微弱，反映出畜牧业排挤了农业，成为经济生活中的主导部门。有学者推论，日月山以西的卡约文化先民应是以逐水草迁徙的游牧生活为主。[44]

青海境内的辛店文化分布范围较为狭窄，主要集中在本省东部的河湟谷地。根据考古地层关系，辛店文化的年代应该略晚于齐家文化。因此，辛店文化很可能是替代齐家文化而兴起的一种新文化，在时间上可能相当于中原地区的殷周时期。[45]近些年也有学者提出，辛店文化是与卡约文化大体同时代东西并存互有交叉的青铜时代文化，二者关系比较密切，社会发展阶段也大体相同。[46]目前在青海省共调查辛店文化遗址97处，经考古发掘的有民和核桃庄、乐都柳湾、民和山家头、互助总寨、大通上孙家寨等处。与卡约文化相比，辛店文化中畜牧业经济成分展示的并不突出，当时人们的经济生活应该是以农业为主。主要生产工具除石制的斧、铲、刀、锛、杵、磨谷器等外，多见用动物肩胛骨或下颌骨制的骨铲。[47]这种刃部锋利，坚固耐用的骨铲大大提高了农业劳作的效能，是农业技术进步在生产工具上的直观体现。辛店文化与卡约文化中农业与畜牧业经济成分的不同显现颇为耐人寻味，造成这种差异的主要原因应该是这两种文化不同分布地域所赋予的环境基础。卡约文化的主要分布区明显比辛店文化偏西，从很多考古发掘地点自然环境来看，并不适宜农耕。有些地方虽然也能生长农业作物，但就其投入与产出来看，往往事半功倍，甚至得不偿失。卡约文化畜牧业的发展既是自然环境制约的结果也是古人类对这种自然环境的积极响应。而辛店文化并未超越出河湟谷地这一宜农宜牧的区域，一直延续了这一地区自新石器时代以来的农耕传统，并未表现出环境变化以后所导致的生产方式的巨大变革。这一点，在时间序列上紧随其后的诺木洪文化更能说明问题。

诺木洪文化于1959年最先发现在青海省海西州都兰县诺木洪农场搭里他里哈，属于青海地区青铜时代晚期独立的一种文化遗存，其分布范围仅限于柴达木盆地。从器物上进行分析，似乎与卡约文化有密切的关系。因此，学术界普遍推断诺木洪文化是从卡约文化发展下来的或是卡约文化的一个分支。[48]目前，青海省内调查登记的诺木洪文化遗址共有40余处，经过发掘的仅搭里他里哈一处。该遗址面积近5000平方米，共发现残余的土坯围墙一座，残房子11座，土坯坑9个，围栏1座，瓮棺葬3座，获得了大批遗物。[49]遗址中发现的生产工具有铜、石、骨、角和陶质的，其中以骨器较多。铜器有斧、刀、钺形器和镞等四种，石器有斧、锛、锤、凿、刀、镞、杵、研磨盘、球、纺轮和磨石等。骨器从原料可以辨认的有牛、马的骨骼。多以肩胛骨制作铲和刀等，肢骨制作镞、凿、匕、磨光用器、锥和针等，肋骨制作磨光用器。[50]骨耜是诺木洪文化具有代表性的器物，出土达60多件，制作别致，它是用兽类的肩胛骨磨制而成，在骨臼中遗留有圆形或方形的銎，供安柄之用。[51]另外，在遗址内发现的9个土坯坑结构非常讲究，其口径与深度都在1米左右，均在土坑周壁和底部砌有土坯，再在土坯上面涂敷一层泥浆。考古学界普遍认为这是一种储存粮食的窖穴。从以上生产工具和粮食窖穴来看，诺木洪文化的创造者们已经把农业经济拓展到了柴达木盆地。

在遗址 T16 的第 4 层内，还出土了麦类的谷物，[52] 这更是当时农业生产的直接证明。

与农业经济相比，诺木洪文化中的畜牧业经济成分则表现得更为突出。搭里他里哈遗址中出土了大量的动物骨骼，容易辨认的有羊、牛、马、狗等几种，其中以羊骨最多。[53] 遗址中还发现了一处大型圈栏，其平面略呈卵圆形，长 7.3 米，最宽处 6.6 米，"圈栏内地面上有大量的羊粪堆积，厚约 15—20 厘米，其间也夹杂有少量的牛、马和骆驼的粪便。据此，这个圈栏可能是当时居民饲养家畜用的。"[54] 搭里他里哈遗址还多有毛布、毛带、毛绳和毛袋等出土，其原料多用绵羊毛和牦牛毛，并经过染色。此外，还出土了3件革履，革履的原料是牛皮，将较厚的作底，薄的作面。底和面缝合是先钻孔，再用皮条缝住。[55] 毛与皮的广泛使用，一方面说明了这两种动物从那时起既已成为青海地区的主要畜种，另一方面也说明当时居民对畜产品已经有了更为广泛的利用。

判断一种文化是否属于畜牧业经济类型，除了家畜遗骸的发现，还涉及生产工具的组合、主要生活用品的组合、居住地点的布局等等问题。综合诺木洪文化中以上问题的考古学表现，可以明确推断：这一文化的经济形态是农牧兼营，以牧为主，尤其大型圈栏的出现，是畜牧业生产发展到较为进步阶段的标志。[56]

四、几点结论

1. 青海地区的史前文化展示出一条从农业为主到畜牧业为主的清晰发展轨迹。导致这一变化的原因应该不是单一的，最主要的因素是生存环境的变化。一方面，卡约文化时期恰好处于气候环境向干冷变化的时段,气候环境的变化是经济结构主次易位的主要原因,"气候变化的冲击超出了技术革新带来的生产的进步"。[57]自齐家文化开始,青海境内的古人就逐步向河湟谷地以西拓展自己的生存空间,迁徙到一些不宜农耕的地区,其畜牧业经济成分逐渐加大,最终在环境的压迫下游牧经济占据了主导地位,并一直沿袭至今。

2.探讨青海游牧社会的起源仅仅依靠考古学研究是有其局限性的。目前,越来越多的学者将卡约文化、辛店文化、诺木洪文化视为早期羌人所创造的,[58]"至于时代较早的齐家文化乃至更早的马家窑文化,视之为先羌文化也是大致不误的"[59]。这就需要我们将研究的重点由文化客体转移到文化的主体,也就是说需要对青海境内这些古代文化的创造者本身进行深入研究。如果通过体质人类学和分子遗传学能够确定这些古代文化创造者与古羌人存在直接亲缘关系,那么青海游牧社会产生、发展的一脉相承性就是毋庸置疑的。

3.游牧与农耕并不是截然对立的,而是相互依存的,是人类对于不同地理环境所作出的不同响应,二者并没有先进与落后之分。青海境内的绝大多数古文化遗址都是农业因素与畜牧业因素并存,只是二者所占的比重表现出较大差异。正是这些古文化的创造者在充分了解自身生存环境后所做出的积极响应。本文并未对古人类的环境响应进行具体分析和探讨,但这是今后的一个重要努力方向。

注释:

[1] 任美锷:《中国自然地理纲要》,商务印书馆1992年版,第376页。

[2][32] 许新国:《青海考古的回顾与展望》,《考古》2002年第12期。

[3][4][5][6] 盖培、王国道:《黄河上游拉乙亥中石器时代遗址发掘报告》,《人类学学报》1983年第1期。

[7] 白万荣:《青海考古学成果综述》,《青海社会科学》1994年第1期。

[8][26][46][47][59] 崔永红、张得祖、杜常顺主编:《青海通史》,青海人民出版社1999年版,第6页,第12页,第17页,第17页,第19页。

[9][44][56] 崔永红:《青海经济史》,青海人民出版社1998年版,第4页,第17页,第17页。

[10] 李恒年:《民和县阳洼坡发现了仰韶文化遗址》,《文物》1959年第2期。

[11] 赵生深、谢端据、赵信:《青海古代文化》,青海人民出版社1985年版,第27页。

[12] 严文明:《甘肃彩陶的源流》,《文物》1978年第10期。

[13][14] 青海省文物考古队:《青海民和阳洼坡遗址试掘简报》,《考古》1984年第1期。

[15][17] 尚民杰:《青海原始农业考古概述》,《农业考古》1987年第1期。

[16] 青海省文物考古队、中国社会科学院考古研究所:《青海柳湾》,文物出版社1984年版,第3页。

[18] 青海省文物管理处考古队、中国科学院考古研究所青海队:《青海乐都柳湾原始社会墓地所反映出的主要问题》,《考古》1976年第6期。

[19] 青海省文物管理处、海南州民族博物馆:《青海同德县宗日遗址发掘简报》,《考古》1998年第5期。

[20] 陈洪海、格桑本、李国林:《试论宗日遗址的文化性质》,《考古》1998年第5期。

[21] 陈洪海:《关于宗日文化》,载格桑本、陈洪海:《宗日遗址文物精粹及论述选集》,四川科技出版社1999年版,第35页。

[22][24][25] 陈洪海:《环境变迁与宗日遗存发展的关系》,载《中国史前考古研究——祝贺石兴邦先生考古半世纪暨八秩华诞文集》,三秦出版社2003年版,第381页,第381页,第382页。

[23] 汤惠生:《青藏高原旧石器时代晚期至新石器时代初期的考古学文化及经济形态》,《考古学报》2011年第4期。

[27] 中国社会科学院考古研究所编:《新中国的考古发现与研究》,文物出版社1984年版,第120页。

[28] 青海省文物考古队:《青海互助土族自治县总寨马厂、齐家、辛店文化墓葬》,《考古》1986年第4期。

[29] 石陶:《黄河上游的服系氏族社会——齐家文化社会经济形态的探索》,《考古》1961年第4期。

[30] 一丁:《关于齐家文化主要经济形态的探讨》,《考古》1961年第7期。

[31] 尚民杰:《对青海史前时期农牧因素消长的几点看法》,《农业考古》1990年第1期。

[33] 青海省文物考古队、海南藏族自治州群众艺术馆:《青海贵德山坪台卡约文化墓地》,《考古学报》1987年第2期。

[34] 王杰:《试析卡约文化的经济形态》,《江汉考古》1991年第3期。

[35][40] 许国新、格桑本:《卡约文化阿哈特拉类型探析》,《青海考古学会会刊》1981年第3期。

[36] 许新国:《循化阿哈特拉山卡约文化墓地初探》,《青海社会科学》1983年第5期。

[37][41] 青海省湟源县博物馆、青海省文物考古队、青海省社会科学院历史研究室：《青海湟源县大华中庄卡约文化墓地发掘简报》，《考古与文物》1985年第5期。

[38] 三宅俊彦：《卡约文化青铜器初步研究》，《考古》2005年第5期。

[39] 青海省文物考古队、湟源县博物馆：《青海湟源县境内的卡约文化遗迹》，《考古》1986年第10期。

[42] 乔虹：《浅析青海地区卡约文化的动物造型艺术》，《青海师范大学学报》2005年第1期。

[43] 水涛：《论甘青地区青铜时代文化和经济形态转变与环境变化的关系》，载周昆叔：《环境考古研究（第二辑）》，科学出版社2000年版，第66页。

[45] 安志敏：《略论甘肃东乡自治县唐汪川的陶器》，《考古学报》1957年第2期。

[48][49][50][52][53][54][55] 青海省文物管理委员会、中国科学院考古研究所青海队：《青海都兰县诺木洪搭里他里哈遗址调查与试掘》，《考古》1963年第1期。

[51] 赵信：《青海诺木洪文化农业小议》，《农业考古》1986年第1期。

[57] 安成邦、冯兆东、陈发虎：《甘青地区全新世中期的环境变化与文化演进》，《西北大学学报（自然科学版）》2003年第6期。

[58] 周星：《黄河上游史前遗存及其族属推定》，《西北史地》1990年第4期。

原载于《农业考古》2012年第6期

简论吐谷浑西迁之后与慕容鲜卑的历史分野

吐谷浑民族是公元 4 世纪初至 7 世纪中叶活动在我国西北地区的一个重要民族,它所建立的政权前后存在了 350 年,为西北尤其是青海历史留下了极为深远的影响。吐谷浑原为鲜卑慕容部首领涉归的庶出长子人名,公元 4 世纪初率其部跋涉万里从辽河流域来到了西北的甘青地区。迁徙到西北以后,吐谷浑部征服了当地四分五裂的羌族部落,在与当地羌、氐、汉、匈奴(铁弗)等族长期共同生活,互相交往的过程中逐渐融合成为吐谷浑族。"作为中国古代西北民族的吐谷浑,事实上应为原慕容鲜卑的一支与羌、氐、汉、匈奴、高车等一些民族、部落,经过长期历史发展融合而成。"[1] 吐谷浑部虽然与留居辽河流域的慕容鲜卑同根同源,但在其西迁以后,双方所处地区的自然环境与人文环境迥然相异,走上了截然不同的发展道路。地理环境是人类活动的大舞台,人类的生存、社会的发展都离不开一定的地理环境。吐谷浑民族万里跋涉,由东北出发,在西北扎根，其赖以生存发展的自然环境和人文环境都发生了翻天覆地的变化，他们与留居故地的其他鲜卑族走上了截然不同的发展道路，吐谷浑文化自然也就呈现出迥然不同的面貌。可以说，吐谷浑民族文化的形成过程，就是与鲜卑文化发生历史分野的过程，这些慕容鲜卑的子孙在新的故乡创造出了新的文化。

一

秦汉魏晋时期，鲜卑民族是中国北方政治舞台上的一支重要力量。东汉末一度"南抄汉边，北据丁令，东却夫余，西击乌孙，尽据匈奴故地，东西万二千余里，南北七千余里，网罗山川、水泽、盐池甚广"。西晋永嘉以后，鲜卑拓跋部、慕容部、宇文部、乞伏部（陇西鲜卑）、秃发部（河西鲜卑）"分拒地险"，"分镳起乱"。五胡十六国中，由鲜卑民族所建立的政权为数最多，分别是拓跋部建立的代、北魏，慕容部建立的前燕、后燕、西燕、南燕，乞伏部建立的西秦，秃发部建立的南凉。加上十六国之外的吐谷浑，鲜卑族共建立了大大小小九个割据政权。其中，吐谷浑所属的慕容鲜卑主要活动在东北特别是辽西地区。吐谷浑西迁以后，留居故地的慕容鲜卑先后建立了前燕、后燕、西燕和南燕共四个政权，与鲜卑化的汉族建立的北燕并称为五燕。五燕之中，前燕前期、后燕后期和北燕的都城都设在龙城，即今辽宁朝阳市，辽西始终是其最为重要的根据地。

慕容部和宇文部为主体的东部鲜卑最初的居住地在鲜卑山，即今大兴安岭北段东麓。[2]他们在公元1世纪中期时主要生活在饶乐水流域，即西拉木伦河流域。早期社会的主要经济生活是狩猎和游牧，前燕慕容俊就曾经说过："吾本幽漠射猎之乡。"[3]《后汉书·乌桓鲜卑传》以及《三国志·魏志·乌桓鲜卑传》等史料均记载，牲畜是鲜卑人最主要的财产，他们的婚丧嫁娶、祭祀、刑罚等，无不与牲畜有关。公元3世纪上半叶，在吐谷浑与慕容廆的曾祖莫护跋时期，慕容鲜卑开始进入辽西。《十六国春秋·前燕录》记载：

"（吐谷浑与慕容廆的）曾祖莫护跋，于魏初率其诸部入居辽西。从司马宣王讨公孙渊，有功，拜率义王，始建国于棘城之北。"

棘城亦记载为大棘城，在今锦州附近，位于小凌河流域，慕容部建国在棘城之北，其地则应在大、小凌河之间。据史籍记载，慕容部在吐谷浑父涉归时已经"渐慕华夏之风矣"[4]。但从以后吐谷浑与慕容廆二部马斗最终导致吐谷浑率部西迁可以看出，慕容部在进入辽西以后在相当长的一段时间里依然以游牧为主。在吐谷浑西迁以后，慕容廆开始"教以农桑，法制同于上国"。慕容廆之所以教授鲜卑部民耕种和养蚕的技术，并效法西晋的法令制度，与辽西地区的特殊自然条件与地理区位密切相关。

辽西地区，泛指辽河以西、燕山山脉以北、内蒙古大草原以东和以南，包括今辽宁省朝阳、阜新、锦州、葫芦岛、内蒙古赤峰及河北省北部的承德部分地区。这里是蒙古草原与松辽平原的过渡带，也是典型的农牧皆宜地区，独特的自然地理环境，使得多种经济类型都可以在这一地区存在与发展。这样一个地区，随着乌桓、鲜卑等少数民族南下和中原汉族人民的内迁自然成为一个民族融合的舞台。

慕容部进入辽西以前，就已经有大批中原汉族进入到这一地区开荒垦殖，发展农业。如东汉末年黄巾起义爆发，中原大乱，当时刘虞任幽州牧，"青、徐士庶避黄巾之难归虞者百余万口"[5]。辽西地区的郡县当时均属幽州统辖，这"百余万口"中，必有相当部分迁入辽西。辽西本身具有农牧皆宜的自然基础，加之与汉族交流融合，慕容廆充分认识到了发展农业的重要性，正如他自己所说的"稼穑者，国之本也，不可以不急"[6]。在慕容廆的推动下，辽西地区的农业获得了长足的发展。晋永宁年间（301—302年），幽州一带发生大水，慕容廆下令"开仓振给，幽方获济"。慕容廆开仓赈济灾民的事甚至传入了晋惠帝耳中，"天子闻而嘉之，褒赐命服"[7]。到西晋永嘉丧乱之时，涌入辽西中原汉人络绎不绝，史籍记载：

"廆刑政修明，虚怀引纳，流亡士庶多襁负归之。

"九州之人，塞表殊类，襁负万里，若赤子之归慈父，流人之多旧土十倍有余，人殷地狭，故无田者十有四焉。

"（廆）乃立郡以统流人，冀州人为冀阳郡，豫州人为成周郡，青州人为营丘郡，并州人为唐国郡。"[8]

慕容廆统治时期，辽西农业有了突飞猛进的发展，慕容鲜卑基本完成了由畜牧经济向农业经济的根本性转变。所以，后人对慕容廆有着非常高的评价，说"劝农桑，敦地利，任贤士，该时杰，故能恢一方之业，创累叶之基焉"[9]。

在慕容廆部的生产方式由畜牧业向农业发生根本性转变的同时，远徙万里的吐谷浑部则因为到了与辽西地理环境迥然相异的青海地区，走上了另外一条发展道路。

青海省位于青藏高原的东北部，是青藏高原的重要组成部分。全省东西长约1200公里，南北宽约800公里，面积72万多平方公里。这里地域辽阔，地势高峻，除湟水、黄河谷地和柴达木盆地海拔为2000—3000米外，大部分地区海拔3000—4500米。本省内部自然条件复杂多样，地域差异十分明显著，自然资源分布也极不均衡。在青海高原独特的自然地理环境中，存在着许多不利于人类生存的制约因素。这里海拔高气温低，绝大部分地域年平均温度低于0℃，而且有些区域在高原上最热的月份内极端最低气温也在摄氏零度以下，因此霜冻在任何月份都有可能发生，基本没有绝对无霜期。对此，康敷镕所撰《青海志》中有详细记述和精辟分析：

"青海因地势崇高四周又围以山脉，完全为大陆气候。少暑多寒，且寒暑变迁甚剧，夏日午热而早晚仍寒，冬夏两季多烈风。因冬季寒冷空气密集形成最高气压，风势遂烈。春季空气渐疏至夏季改变低气压之际，风力绝猛，沙石飞舞，昼晦日冥，即为黑风。雨量极少，夏季始有，冬季绝无，六月多雨雹。惟因境内地势高低不一，各地气候亦因之殊异。西宁附近黄河上流及海东一带气候温和，寒暑适中，雨量亦较多。柴达木一带夏季非常干燥，其热甚热，甚于江南秋季，温度常较海东为高，严冬始有积雪，十一月方始结冰，来春即释，夏多雨雹，其大如常，或有黑霜厚积，草木即枯。黄河上源及西部一带，四月仍有积雪不消，河流多被冰封，五月始释，秋季空气干燥，七月即雪，晴时亦沙砾飞扬，黄尘蔽天，严冬冻指裂肤，既在六月盛夏早晚仍需衣裘。东南谷及玉树一带，因据横断山脉之北端的由滇康引入南海之水汽，夏季降雨稍多，惟亦多冰雹。"[10]

众所周知，热量条件是生物繁衍的最重要的环境因子之一，栽培作物的生长发育就是在一定的温度条件下开始的，而且需要一定的热量积累才能完成其生命周期。因此，在很大程度上，一个区域社会的农业生产类型和水平要取决于气候环境。受寒冷气候条件的制约，农业生产的产生与发展在青海高原上受到很大的局限。吐谷浑进入青海以后，在它所占据的大部分地区内畜牧经济是唯一选择。

吐谷浑辖境之内"乏草木，少水潦，四时恒有冰雪，唯六七月冰雹甚盛，若晴则风飘沙砾，常蔽光景"[11]，甚至"地常风寒，人行平沙中，沙砾飞起，行迹皆灭。肥地则有鸟鼠同穴，生黄紫花；瘦地辄有障（瘴）气，使人断气，牛马得之，疲汗不能行"[12]。严酷的自然环境迫使吐谷浑一直以畜牧业为其主要生计，这一点史籍记载非常清晰。《晋书》记其"有城郭而不居，随逐水草，庐帐为屋，以肉酪为粮"[13]。《宋书》记其"逐草依泉，擅强塞表，毛衣肉食，取资佃畜"[14]。《北史》云其"虽有城郭而不居，恒处穹庐，随水草畜牧"，又云其"好射猎，以肉酪为粮"[15]。《新唐书》则记载"有城郭，不居也，随水草，帐室、肉粮"[16]。《魏书》对吐谷浑的经济曾有一个简略而全面的概述：

"国无常赋，须则税富室商人以充用焉……好射猎，以肉酪为粮。亦知种田，有大麦、粟、豆，然其北界气候多寒，唯得芜菁、大麦。……青海周回千余里，海内有山，每冬冰合，以良牝马置此山，至来春收之，马皆有孕，所生得驹，号为龙种，必多骏异……世传青海骢者是也。土出牦牛、马，多鹦鹉，饶铜、铁、朱砂。"[17]

由于吐谷浑统治的地区广大，其内部的氏族、部落组成也十分复杂。而作为最主要的一个民族，当地羌族也是"所居无常，依随水草"，"以产牧为业"[18]。吐谷浑人作为游牧民族迁居青海高原，不仅与当地土著民族的生产生活方式相一致，而且带来蒙古高原比较先进的生活方式。两者经济方式的相同，使得彼此很容易融为一体，促进了当地生产技术的发展，提高了当地畜牧业生产的水平。吐谷浑主要牲畜品种有马、牦牛、骆驼和羊等，其中尤以养马业最为突出。

马的饲养与培育在其畜牧业体系中占有非常重要的地位，吐谷浑从辽西万里跋涉到达西北，起因就是马斗相伤，导致兄弟失和。吐谷浑人刑律规定："杀人及盗马者死"，把杀人和盗马同等量刑，可见马匹饲养对吐谷浑人的重要性。史籍上屡屡有中原封建王朝讨伐吐谷浑后"获驼马二十余万","获六畜三十余万"等记载,也从一个侧面反映出吐谷浑养马业的兴盛。吐谷浑人不仅养马数量多,而且以擅长培育名马而著称于世。以上《魏书·吐谷浑传》中提到的青海骢就是吐谷浑培育出的奇骏,《北史》《周书》《隋书》等均有相类似的关于吐谷浑人引进波斯优良畜种,在今环湖地区培育出宝马"青海骢"的记载。这种马风骨俊秀,奔走如风,成为吐谷浑向中原王朝朝贡的重要方物。《宋书》中记载：

"慕延死,拾寅自立。二十九年(公元452年),以拾寅为使持节,督西秦、河、沙三州诸军事、安西将军、领护羌校尉、西秦、河二州刺史、河南王。拾寅东破索虏,加开府仪同三司。世祖大明五年(公元461年),拾寅遣使献善舞马、四角羊。皇太子、王公以下上舞马歌者二十七首。"[19]

这段史料说明,吐谷浑为了表达对南朝宋王朝的忠顺之意,把具有灵性、闻乐起舞的骏马作为主要贡物上纳。宋帝刘骏观览之余,命王公大臣献舞马歌,以表达其欢欣之情。《梁书》中也有"十五年(公元516年),又遣使献赤舞龙驹及方物"的记载。《梁书·张率传》记载"赤龙驹,有奇貌绝足,能拜善舞",可见吐谷浑所献赤龙驹深得梁朝君臣的赞赏。

牧业之外,青海湖北部以及青海东部的吐谷浑人也经营农业,农业经济在吐谷浑的整个经济体系中占有一定的比重。诸部正史的"吐谷浑传"中屡屡出现"地宜大麦,而多蔓菁,颇有菽粟"[20],"有大麦、粟、豆"[21],"亦知种田,有大麦、粟、豆。然其北界多寒,唯得蔓菁、大麦"[22]的记载。但在青海严酷的气候条件之下,可以种植的农作物品种受到极大限制,只有大麦、粟、豆、蔓菁寥寥数种。而且,适宜农业生产的青海河湟地区,在绝大多数时间段内并不在吐谷浑的控制之下,农业生产很难成为主业。吐谷浑的农业生产,与留居辽西故地的慕容廆部不啻天壤之别。

二

吐谷浑与留居辽河流域的慕容鲜卑另一个显著区别是，商业在吐谷浑经济中占有重要地位，它依托控制丝绸之路青海道的优势，创造了独特的商业文化。

西晋永嘉之乱以后，在河西走廊及其附近地区相继出现了前凉、后凉、前秦、后秦、西凉、北凉、南凉、西秦、高昌等割据政权。这些政权相互敌视，竞相对其他政权进行军事掠夺和经济封锁，最终导致丝绸之路河西道几近瘫痪。吐谷浑政权在伏连筹时期有效控制西域若羌、且末地区以后，其辖境内的丝绸之路青海道便与西域通道顺利连接。过往的使团、商旅在吐谷浑辖境内横穿柴达木盆地向西，不经河西走廊便可通达西域。这条通道的主要干道，西通西域，东与传统的丝绸之路陇右道（由长安沿渭河西行，过天水、临洮，经临夏过黄河到河西的路线）相衔接。由东到西，大致走向为：由临夏过黄河，西北方向行至乐都，再沿湟水西行至西宁，由西宁继续西行，进入柴达木盆地。在柴达木盆地形成了进入三条通往西域的道路：其一是由伏俟城经今海西都兰，西北至今小柴旦、大柴旦到达敦煌，由敦煌向西至今若羌；其二是由伏俟城经白兰地区，西至今格尔木，再向西北经尕斯库勒湖，越过阿尔金山至若羌。其三是从伏俟城经白兰、格尔木一带，往西南的布伦台，溯今楚拉克阿干河谷进入新疆。

吐谷浑存国期间，一直充当着丝绸之路青海道上中西客商的向导、保护者以及贸易中继人的角色。《魏书》中记载："蠕蠕（即芮芮）、嚈哒（即滑国）、吐谷浑所以交通者，皆路由高昌，犄角相接。"[23]《梁书》中也记载，当时嚈哒、波斯、龟兹、于阗均遣使与梁通好，"与旁国道，则使旁国胡为胡书，羊皮为纸……其言语待河南人译而后通"[24]。说明这些国家通使贸易需要由吐谷浑人担任向导及翻译。

对于国内各割据政权而言，吐谷浑也是一个联络塞北与江南的中继站。在南北对峙的状态下，吐谷浑人游离于南北朝的三大势力——长江流域的南朝、黄河流域的北朝和塞北的柔然之外，占据沟通东西的西北"形胜之地"[25]。南朝与塞北之间的互相交往，需要吐谷浑从中为双方开路引道。南朝使者从建康溯长江而至益州，进入吐谷浑境内，由吐谷浑人送到鄯善，再经高昌达柔然之地。柔然使者同样地由高昌、鄯善国，经吐谷浑地而至益州再顺江而下安全到达建康。

吐谷浑所控制之地以游牧经济为主，这种经济结构决定了它必须与发达的农业地区进行长期的、持久的、稳定的经济交往。吐谷浑人一方面充分利用丝路南道青海路的优越条件，与西域各国展开贸易交往，获得巨大财富，另一方面在同南北诸政权政治交往的同时，进行"以献为名，通贸市买"的商业活动。《梁书》中记载："其（吐谷浑）地与益州相邻，常通商贾，民慕其利，多往从之，教其书记，书之辞译，稍桀黠矣。"[26] 无论是与西域、与中原贸易，吐谷浑的商业交换规模是很大的。西魏恭帝二年（553年），吐谷浑夸吕通便于北齐，回返时经过凉州，"凉州刺史史宁觇知其还，率轻骑袭之州西赤泉，获其仆射乞伏触扳、将军翟潘密、商胡二百四十人，驼骡六百头，杂彩丝绢以万计"[27]。其规模之大，可见一斑。由于吐谷浑政权非常重视商业，甚至所有国赋开支都需依赖向商人抽税。文献对此有非常明确的记载"国无常赋，须则税富室商人以充用焉"[28]。因此，

崔永红先生在其著作《青海经济史》中指出:

"由于商业的兴盛,吐谷浑人积累的财富较多,他们富藏金银财宝,还曾引起北朝统治者的垂涎和觊觎,甚至成为北魏北周多次发动以掠夺财物为目的的战争的诱因。"[29]

三

吐谷浑进入青海以后,其文化变迁的另一个重要表现就是对佛教的接受,但其辖境内佛教的兴盛程度远不及辽河流域。

宗教信仰和仪式是民族文化的基本特质,宗教文化的变迁反映出民族文化心理的变动。慕容鲜卑和古代欧亚大陆北部的其他游牧民族一样,最初的主要信仰为萨满教。萨满教是一种建立在万物有灵论基础上的原始宗教,对于自然、图腾、祖先乃至鬼神的信奉与膜拜都涵纳在其宗教活动之中。萨满教是鲜卑与匈奴、乌桓(亦作乌丸)等民族的原始宗教信仰。但史籍中缺乏关于鲜卑族萨满教信仰具体情况的记载,只是有一些痕迹可寻。《魏书》记载:

"(北魏)遣中书侍郎李敞诣石室,告祭天地,以皇祖先妣配……敞等既祭,斩桦木立之,以置牲体而还,后所立桦木生长成林,其民益神奉之,咸谓魏国感灵祇之应也。"[30]

《三国志》在介绍鲜卑族情况时曾说:"其言语、习俗与乌丸同",说明鲜卑族的原始宗教与乌桓相类似。对于乌桓的萨满信仰,史籍中有明确记载《三国志》中称:

"(乌丸)敬鬼神,祠天地日月星辰山川,及先大人有健名者,亦同祠以牛羊,祠毕皆烧之。饮食必先祭。"[31]

"始死则哭,葬则歌舞相送。肥羊犬,以彩绳绳牵,并取亡者所乘马、衣物、生时服饰皆烧以送之。特属累犬，使护死者神灵归乎赤山。……至葬日夜，聚亲旧围坐，牵犬马历位，或歌哭者掷肉与之。使二人口诵咒文，使死者魂神经至历险阻勿令横鬼遮，护达其赤山。然后杀犬马，衣物烧之。"[32]

两晋时期正是佛教在中国广泛传播和迅速发展时期，吐谷浑与留居辽西的慕容鲜卑通过不同渠道都受到佛教的影响和渗透。但由于所处环境的差异，佛教对二者所产生的具体影响迥然相异。

慕容鲜卑何时接触佛教，相关史籍中并无明确记载。根据现有史料分析，早在慕容廆时期，慕容鲜卑就已开始受佛教的影响，至迟到其子前燕开国君主慕容皝时期就已开始迎佛建寺。

永嘉以后，"二京倾覆，幽冀沦陷，廆刑政修明，虚怀引纳，流亡士庶多襁负归之"，[33] 这些流亡之人中，就有很多佛教的信徒。常理推测，他们进入慕容鲜卑控制区域以后，与当地人不断进行交流与融合，也把自己所执的信仰传递给他们。与此同时，也有一些鲜卑人因各种原因进入中原汉地，在崇法礼佛的氛围中也极有可能受佛教熏染。咸康四年（338年），慕容皝与后赵石虎联合进攻同处辽西的段部鲜卑，著名高僧佛图澄随石虎前往辽西。段部鲜卑覆灭以后，石虎想乘机进攻慕容皝的国都棘城。佛图澄进言曰："燕，福德之国，未可加兵"，[34] 及时劝阻了石虎的军事行动。他作为首位踏足辽西的高僧，使慕容皝治下黎庶避免了一场大的涂炭，这在当时影响颇大，"百姓因澄故多奉佛，皆营造寺庙，相竞出家"，"弟子遍于郡国"。[35] 这是史料中最早关于慕容鲜卑与佛法接触的明确记载。

咸康八年（342年），慕容皝迁都于龙城。永和元年"有黑龙白龙各一，见于龙山，皝亲率群僚观之，去龙二百余步，祭以太牢。二龙交首嬉翔，解角而去。皝大悦，还宫，赦其境内，号新宫曰和龙，立龙翔佛寺于山上"。这是有确切记载的东北地区首座佛寺，标志着慕容皝的前燕政权正式接受了佛教，并意图推动它的发展。与前燕情形相类似，前燕、后燕、西燕和南燕等慕容鲜卑所建政权都在其统治区内广建佛寺，播扬佛法。由于统治者的信仰与提倡，佛教在其辖境内广泛传播，各阶层皈依佛教，出家为僧者越来越多。这一时期，辽西地区名僧辈出，仅见于《高僧传》的就有昙无竭、释昙弘、释慧豫、释僧诠、释法度、昙顺、昙无成等多位，足以说明佛法之盛。

佛教在辽西慕容鲜卑所建诸燕政权中传入时间早，传播速度快，对其政治及社会生活的影响广泛而深刻。正如汤用彤先生所言："当时北方佛法稍盛之地，想为西北之凉与东北之燕。"[36]

在辽西慕容鲜卑广兴佛法的同时，远徙西北的吐谷浑也与佛教有了接触。由于当时南北对峙，中西交通孔道上的河西走廊因战火而阻塞，吐谷浑所控制的柴达木地区成为东晋、南朝与西域交往的要道。西域与中原的使者、商人、僧侣频繁往来其间。随着僧侣和信徒的经过，吐谷浑控制地区或多或少要受到佛教文化的浸染。吐谷浑王国存在期间与内地王朝的始终保持着密切交往，这使吐谷浑有机会接触并学习汉文化，自然也会受到当时在中原广为传播的佛法的影响。西方学者慕勒在其所著《北魏至五代时期的吐谷浑》一书中指出："汉文史籍未给我们提供有关吐谷浑原始宗教的详细情况。起初，他们可能与中亚诸游牧民族一样信仰萨满教。但当佛教分别从汉地和作为佛教文化及宗教信仰中心之塔里木盆地诸绿洲国传入吐谷浑中后，很快便流行起来。"[37]

慕勒的推论基本符合历史实情，吐谷浑辖境内有佛法地传布在史籍当中记载非常明确：

"慕延，宋元嘉末又自号河南王。慕延死，从弟拾寅立，乃用书契，起城池，筑宫殿，其小王并立宅。国中有佛法……天监十三年（514年），遣使献金装马脑钟二口，又表于益州立九层佛寺，诏许焉。"[38]

[梁武帝大同六年（540年）五月]已（己）卯，河南王遣使朝贡，献马及方物，求释迦像并经论十四条。敕佛像并制旨《涅槃》《般若》《金光明》讲疏一百三卷。[39]

这两条史料，第一条明确告诉我们吐谷浑国中有佛法，第二条则记载了吐谷浑在与南朝交往过程中对佛经、佛像的求取。《宋高僧传》中有一条史料可以与之互相印证：

"昔梁武世，吐谷浑夸吕可汗使来求佛像及经论十四条，帝与所撰《涅槃》《般若》《金光明》等经疏一百三卷付之。原其使者必通华言，既达音字，到最后以彼土言译华成胡，方令通会。彼亦有僧，必辗转传译，从青海西达葱岭北诸国。不久均行五竺，更无疑矣。"[40]

以上史料证明，佛教在吐谷浑辖境内有传播、流布，并对其文化产生了影响当属确凿无疑。但与辽西地区佛法兴盛的状况相比，吐谷浑辖境内虽然也植下了佛法的种子，却并未收获丰硕的果实。目前，史籍当中尚未发现对具体寺院以及本地僧侣活动的记载。青海省迄今为止的考古发现中，具有佛教因素的南北朝时期遗存只有屈指可数的寥寥数处，而且均分布在吐谷浑控制范围之外的河湟地区。种种迹象表明，吐谷浑的信仰内核仍然主要是原始的萨满教，史籍中关于吐谷浑人遇事占卜，敬鬼神，祭祀天地山川日月等方面的记载可以说明这一问题。吐谷浑在率部西迁时就曾对慕容廆派来追赶他的乙那楼说过："我乃祖以来，树德辽右，又卜筮之言，先公有二子福胙并流子孙。"可见，每遇大事进行卜筮是慕容鲜卑的传统。吐谷浑西迁以后，一直保持着萨满教的信仰，直到诺曷钵时期天地山川的祭祀仍是吐谷浑人政治生活中的大事。

"十五年（公元641年），诺曷钵所部丞相宣王专权，阴谋作难，将征兵，诈言祭山神，因欲袭击公主，诺曷钵奔于吐蕃，期有日矣。诺曷钵知而大惧，率轻骑走鄯善城。"[41]

吐谷浑丞相宣王阴谋袭击弘化公主，并将国王诺曷钵劫持到吐蕃。但这一阴谋的实施却要通过"诈言祭山神"来实施。可见，对于吐谷浑而言，祭祀山神是一件极为重要的事情。也说明，即便是接触到佛教以后，萨满教仍一直在吐谷浑人的信仰中占有重要地位。最主要的原因就是，吐谷浑人一直没有改变游牧的生产方式，自然很难改变适应于这种生产方式的宗教信仰。与原始宗教的简单易行相比，佛教的传播需要相当数量的佛寺与僧侣作为必要的外在条件。辽西慕容鲜卑的定居农业生产方式下，提供这种必要的外在条件不会存在太大的问题。而吐谷浑所处的地理位置及本身游牧经济为主的特点决定了提供这种必要的外在条件有着难以克服的困难，这就直接决定了吐谷浑国内虽有佛法但并不兴盛的状况。

地理环境是人类社会历史发展的基础，1845—1846年，马克思、恩格斯合著了《费尔巴哈——唯物主义观点和唯心主义的对立》一文，他们在书中论述道：

"任何人类历史的第一个前提无疑是有生命的个人的存在。因此第一个需要确定的具体事实就是这些个人的肉体组织，以及受肉体组织制约的他们与自然界的关系。……任何历史记载都应当从这些自然基础以及它们在历史进程中由于人们的活动而发生的变更出发。"[42]

吐谷浑部虽然与留居辽西的慕容鲜卑同根同源，但在其西迁以后，双方所处地区的自然环境与人文环境迥然相异，走上了截然不同的发展道路。自吐谷浑西迁之日，就开始了与辽西慕容鲜卑的历史分野。正如吕建福先生在评述吐谷浑文化时所指出的："就当时的几个鲜卑国家而言,只有吐谷浑汗国继承和发扬了鲜卑族的传统文化,并将它一直传承下来。北朝鲜卑接受汉化,同化于汉文化。柔然、嚈哒、鲜卑随国家的灭亡和民族的解体,其文化亦随之消亡。吐谷浑鲜卑以其民族的绝对优势,国家的长期存在,保证了鲜卑文化的世代传承,并使它得到进一步的发展。"[43]

注释:

[1] 周伟洲:《吐谷浑史》,广西师范大学出版社2006年版。

[2] 米文平:《鲜卑石室的发现与初步研究》,《文物》1981年第2期。

[3][4][6][7][8][9][13][20][25][33][34][35](唐)房玄龄:《晋书》,卷100《慕容儁载记》,卷180《慕容廆载记》,卷180《慕容廆载记》,卷180《慕容廆载记》,卷180《慕容廆载记》,卷111《慕容暐载记》,卷97《四夷·西戎·吐谷浑传》,卷97《四夷·西戎·吐谷浑传》,卷97《四夷·西戎·吐谷浑传》,卷108《慕容皝载记》。卷106《石季龙载记》,卷95《艺术传·佛图澄》,中华书局1974年版,2834页,2804页,2808页,2804页,2806页,2862页,2537页,2538页,2541页,2823页,2768页,2478页。

[5][18](南朝·宋)范晔:《后汉书》,卷73《刘虞传》,卷87《西羌传》,中华书局1965年版。

[10](清)康敷镕:《青海志》,卷4《气候》,湖北省图书馆藏抄本。

[11][24][26][38](唐)姚思廉:《梁书》,卷54《列传第四十八》,中华书局2000年版,第561页,第562页,第561页,第561页。

[12](南朝·梁)萧子显:《南齐书》,卷59《河南传》,中华书局1972年版,第1026页。

[14][19](南朝·梁)沈约:《宋书》,卷96《鲜卑吐谷浑传》,

中华书局1974年版。

[15][22][27]（唐）李延寿：《北史》，卷96《吐谷浑传》，中华书局1974年版，第3186页。

[16]（宋）欧阳修：《新唐书》，卷221《列传第一四六上》，中华书局2000年版，第4724页。

[17][23][28][30]（北齐）魏收：《魏书》，卷101《吐谷浑传》，卷103《高车传》，卷101《吐谷浑传》，卷108《志第一〇》，中华书局2000年版，第1516页，第1563页，第1516页，第1828页。

[21]（唐）魏徵：《隋书》卷83，《西域·吐谷浑传》中华书局1973版，第1842页。

[29]崔永红：《青海经济史》，青海人民出版社1998年版，第68页。

[31][32]（西晋）陈寿：《三国志》，卷30《乌桓鲜卑东夷传第三十》，中华书局1959年版，第836页。

[36]汤用彤：《汉魏两晋南北朝佛教史》，北京大学出版社1997年版，第348页。

[37]慕勒著，郭向东、荣真译：《吐谷浑文化概况》，《西北民族研究》1989年第2期。

[39]（唐）李延寿：《南史》，卷7《梁本纪上》，中华书局1975版，第215页。

[40]（宋）赞宁：《宋高僧传》，卷27《释含光传》，中华书局1987年版。

[41]（后晋）刘昫等：《旧唐书》，卷198《西戎·吐谷浑传》，中华书局1975年版。

[42]《马克思恩格斯选集》，人民出版社1972年版，第24页。

[43]吕建福：《土族史》，中国社会科学出版社2002年版，第

93—94 页。

原载于《西北民族大学学报》2013 年第 1 期

简论 7—9 世纪唐与吐蕃对青海的争夺和开发

唐与吐蕃的关系是公元 7—9 世纪西北历史发展的一条主线。公元 7 世纪前期，吐蕃赞普松赞干布先后征服了今西藏境内的工布、达布、娘布以及苏毗、羊同等部落，建立起统一的奴隶制政权。吐蕃王朝崛起之后，不断进行对外军事扩张，在征服立国于青海草原的吐谷浑政权后，唐和吐蕃以日月山为界开展了持久的大规模军事对抗。安史之乱爆发以后，吐蕃乘唐军东撤平叛之机最终占领了青海全境。在唐与吐蕃对青海的争夺与对峙过程中，双方均对这一地区进行了有效的经济开发，对这一地区产生了重大而深远的历史影响。

一、吐蕃的崛起与东进

吐蕃王朝崛起之后，将其东北方向的青海地区作为首要目标，逐步展开军事扩张。青海东部地区在武德二年（619年）便已归入唐朝的版图，并由于特殊的地理区位，在唐朝的军政统治体系内占据非常重要的地位。①今青南地区的长江、黄河源头地区则散布着一些"无大君长，不相统一"[1]的诸羌部落。而青海其他地区基本控制在藩属于唐王朝的吐谷浑政权之手。在吐蕃扩张的态势下，吐谷浑辖境成为唐与吐蕃之间缓冲地带，是双方不遗余力展开争夺的关键区域。在唐朝要保障其西陲国防安全，就势必要通过扶持吐谷浑这个藩属国来遏制吐蕃的扩。而对吐蕃而言，如果占据吐谷浑辖境，下一步向西域、河陇地区的扩展便有了一个稳固可靠的战略基地。在这一大的背景之下，吐谷浑政权成为唐与吐蕃争夺青海控制权的关键砝码，吐蕃连续对其发动大规模战争。

　　贞观八年（634年），吐蕃赞普松赞干布遣使赴长安与唐王朝通好，唐王朝遂于贞观十年（636年），命冯德遐为使者赴吐蕃回访。在冯德遐完成使命东返归国之时，吐蕃"遣使随德遐入朝，多赍金宝，奉表求婚"[2]。但是松赞干布的这一次和亲请求并没有被唐太宗同意。吐蕃使者在返国复命的时候向赞普松赞干布禀奏："初至大国，待我甚厚，许嫁公主。会吐谷浑王入朝，有相离间，由是礼薄，遂不许嫁。"[3]松赞干布以此为由，"遂与羊同连，发兵以击吐谷浑，吐谷浑不能支，遁于青海之上，以避其锋，其国人畜并为吐蕃所掠"[4]。其后，吐蕃乘势攻破了党项、白兰诸羌，并率20万大军进犯唐王朝的松州（今松潘）西境，宣称"若大国不嫁公主与我，即当入寇"[5]。唐王朝遂任命侯君集为当弥道行营大总管，率领5万唐军与吐蕃军队在松州城下展开决战，结果吐蕃军队大败。松赞干布惊惧之下，"引兵而退，

---

① 唐武德二年（619年），唐王朝在这里设置了鄯、廓二州。唐贞观元年（627年），将全国划分为十道，西北地区的秦、渭、成、武、洮、岷、叠、宕、河、兰、鄯、廓等21个州府属陇右道范围，而陇右道的治所设在了鄯州。

遣使谢罪,因复请婚"[6]。这一次,唐太宗同意了吐蕃的和亲请求,"以文成公主妻之,令礼部尚书江夏郡王道宗主婚,持节护送公主于吐蕃"[7]。唐与吐蕃和亲通好之后,唐朝、吐蕃、吐谷浑三方暂时相安无事,但吐谷浑辖地已被中分为二,在唐军的扶持之下,吐谷浑控制了北部地区,其南部地区则没入吐蕃之手。松赞干布去世后,吐蕃大论禄东赞当政,立刻又将扩展目标对准了处于唐蕃之间缓冲地带的吐谷浑。龙朔三年(663年),吐谷浑大臣素和贵叛逃到了吐蕃,将吐谷浑的军事部署以及内部的虚实详告于吐蕃。吐蕃遂集倾国之兵在大论禄东赞率领下大规模进击吐谷浑。吐谷浑军队毫无抵抗能力,一触即溃,最终国主诺曷钵仅率数千帐逃到了大唐境内的凉州,请求唐王朝的庇护。唐朝"诏凉州都督郑仁泰为青海道行军大总管,率将军独孤卿云等屯凉、鄯,左武侯大将军苏定方为安集大使,为诸将节度,以定其乱"[8]。但郑仁泰刚受任用即告病亡,唐军在苏定方带领下并未对吐蕃开展有效打击,最终采取了"平两国怨,以安集吐谷浑"[9]的消极方针,坐视在青海立国三百五十余年的吐谷浑政权彻底覆灭,吐蕃最终控制了吐谷浑辖境。

二、唐蕃双方对青海的争夺

吐谷浑亡国以后,其故地完全处于吐蕃的控制之下,成为其继续扩张的稳固基地。吐蕃通过一系列征服战争,极大地扩充了自己的统治地域和控制人口,已经具备了与唐王朝相颉颃的军事实力,随即向唐王朝的直接控制区发起进攻。

乾封二年(667年),吐蕃向位于吐谷浑辖境东部羁縻于唐的诸羌各部发起了进攻,"尽破有诸羌羁縻十二州"[10]。吐蕃对大唐西陲领土的觊觎，最终促使大唐君臣开始"以吐蕃为忧"[11]。咸亨元年（670年），吐蕃军队又向唐朝控制的西域发起了进攻，"陷西域十八州，又与于阗袭龟兹拔换城，陷之，罢龟兹、于阗、焉耆、疏勒四镇"[12]。

吐蕃占领安西四镇以后，唐朝立刻以"右威卫大将军薛仁贵为逻娑道行军大总管，左卫员外大将军阿史那道真、右卫将军郭待封为副，率众十余万以讨之"[13]。薛仁贵等率唐军以鄯州为基地向西进发，与论钦陵统率的四十余万吐蕃军队在大非川①展开决战。由于副将郭待封不受薛仁贵节制，唐军号令不通，加之唐军难以适应青藏高原地区严酷的自然环境②，最终遭受惨败，几乎全军覆没。通过大非川之战，吐蕃稳固了对吐谷浑故地的占领，其领土"东与凉、松、茂等州相接，南至婆罗门，西又攻陷龟兹、疏勒等四镇，北抵突厥，地方万余里，自汉魏以来，西戎之盛，未之有也"[14]。唐朝开始将吐蕃视为自己最大的边患，并积极调整军事部署，全力遏制吐蕃的扩张势头。至于大非川之战的第三方，处于唐蕃两大帝国夹缝之中的吐谷浑则丧失了最后一次复国的机会，唐朝将诺曷钵安置于内地，"徙其部众于灵州之地，置安乐州，以诺曷钵为刺史，欲其安而且乐也"[15]。大非川战役结束以后，唐与吐蕃的军事对抗进入到一个持续拉锯阶段，双方先后进行了承风岭战役（678年）、良非川战役（680年）、素罗汉山战役（692年）等一系列大规模的战役。唐与吐蕃"胜负略相当"[16]，但总体上唐王朝基本实现了自己的战略目的，将吐蕃军队有效地阻击在今日月山以西区域，遏制了其扩张势头。长期

---

① 今青海省海南州兴海县大河坝一带。
② 《旧唐书》卷83《薛仁贵传》记载："（郭待封）耻在仁贵之下，多违节度。军至大非川，将发赴乌海，仁贵谓待封曰：'乌海险远，车行艰涩，若引辎重，将失事机，破贼即回，又烦转运。彼多瘴气，无宜久留。'"说明除了郭待封不听节制，唐军对青藏高原的环境难以适应也是导致战败的一个重要因素。

沉重的战争负担使"吐蕃百姓倦徭戍久矣,咸愿早和"[17],被吐蕃征服与兼并的其他部族也不堪征调之苦而纷纷谋求摆脱其统治。同时,唐王朝也不堪重负,尤其"关、陇之人,久事屯戍,向三十年,力用竭矣"[18],也迫切需要罢兵休养。

长安四年(704年),年仅七岁的墀德祖赞(弃隶蹜赞)继吐蕃赞普位,其祖母没禄氏(墀玛类)听政。神龙元年(707年)"遣其大臣悉薰热来献方物,为其孙请婚,中宗以所养雍王守礼女为金城公主许嫁之"[19]。此后十余年间,唐蕃双方化干戈为玉帛,恢复了亲如一家的甥舅关系。虽然在没禄氏去世以后,吐蕃主战派坌达延和乞力徐掌握了政局,双方又重燃战火。此后,冲突不断,战事未停,在日月山一线进行了反复争夺。但频繁的交往始终未曾断绝,"金玉绮绣,问遗往来,道路相望,欢好不绝"[20]仍是这一时期的主流。①开元二十一年(733年)吐蕃请求与唐朝和好会盟,双方在赤岭(日月山)"表以大碑,刻约其上",[21]以定双方边界。

这次会盟以后,唐与吐蕃又迎来了一段短暂的和平,在盟誓立碑不久之后,吐蕃即出现了"畜牧被野"[22]的繁荣局面。但不久之后,唐蕃之间又起战端,双方在青海东部频频交锋,唐军凭借河湟、陇右稳固的防御体系,多次击败吐蕃大军。天宝七年(748年),唐陇右节度使哥舒翰深入青海湖东侧,置神威军,将战线推进到日月山以西地区,"吐蕃自此遁逃,不复近青海十年"[23]。天宝八年(749年),哥舒翰统六万唐军围攻吐蕃石堡城,以"士卒死者数万"的代价,夺取了这一关乎全局的军事要地。天宝十二年(753年),哥舒翰又集中唐军主力攻破了吐蕃重要军事据点洪济城以及大漠门城,进而

---

① 据统计,自中宗景龙四年(710年)金城公主入蕃,至玄宗开元二十八年(740年)公主薨的30年间,蕃使来唐不下27次,唐使入藏亦有15次。

收复黄河九曲之地,取得了对吐蕃战争的又一次重大胜利。

正当唐朝在青海节节获胜,逐渐恢复吐谷浑故地之时,天宝十四年(755年)安史之乱爆发,唐朝西陲的军事布局由此被彻底改变。当年十二月,唐政府被迫以哥舒翰"拜太子先锋兵马元帅……凡河、陇、朔方、奴剌等十二部兵二十万守潼关"[24]。河湟、陇右地区的军队东撤平叛后,唐军失去了对这里的军事控制。吐蕃军队乘这一良机而大举东进,唐军在青海多年的用心经营迅速化为乌有。到了至德二年(757年),吐蕃已经"取廓、霸、岷等州及河源、莫门军",至宝应元年(762年),又"陷临洮取秦、成、渭等州"。宝应二年(763年),吐蕃军队"入大震关,取兰、河、鄯、洮等州,于是陇右地尽亡"[25]。占领河湟、陇右之后,吐蕃军队相继又攻占了唐朝的河西诸州。安史之乱平定以后,唐政府已经元气大伤,无力恢复其在河陇地区的原有统治,遂被迫谋求与吐蕃的和平共处。建中四年(783年),唐蕃双方在清水进行会盟,重新划定疆界,约定,"泾州西至弹筝峡西口,陇州西至清水县,凤州西至同谷县,暨剑南西山大渡河东,为汉界。蕃国守镇在兰、渭、原、会,西至临洮,又东至成州,抵剑南西界磨些诸蛮,大渡水西南,为蕃界"[26]。通过清水会盟之后,吐蕃对青海全境的占领得到了唐王朝的认可,吐蕃对这里的统治一直维持到其政权崩溃。

三、唐与吐蕃对青海地区的农牧业开发

唐代是青海农业开发的一个重要时期,青海的农业虽然起源较

早,但一直未形成规模。① 汉代赵充国屯田是河湟地区首次大规模的农业开发,垦田规模也仅仅是从临羌至浩门一带"羌虏故田及公田民所未垦可二千顷以上"[27]。而且两汉的屯田时断时续,东汉后期随着国力日渐,青海的屯田也趋于衰落。唐代,河湟陇右地区是防控吐蕃东侵的军事前沿,是屏障关中的战略要地。大量军队的驻扎,如何保障军粮供应便成为一个事关成败的重要问题。为了解决军队所需给养,"唐政府在这里大规模屯防,实行足食足兵政策,有力地推动了该地区农业经济的恢复和发展"[28]。在这样一个大背景下,以河湟为中心的青海地区屯田开发规模急剧增加,迎来了一次规模巨大的农业开发高潮。

唐王朝在青海地区所进行的军屯规模远超前代。据记载,永隆元年(680年),时任河源军副使的黑齿常之因为打败吐蕃军队而"擢为大使,又赏物四百匹。常之以河源军正当贼冲,愈加兵镇守,恐有运转之费,遂远置烽戍七十余所,度开营田五千余顷,岁收百余万石"[29]。经济史学者曹一向先生根据这一记载对当时军屯的单位面积产量进行了推算,"屯田面积5000余顷,每年收获粮食100余万石,平均亩产量达到2石,折合现今计量标准约合172斤"[30]。在当时的生产力条件下,这样一个产量即便在农业发达的中原地区也算是比较高的。据《大唐六典》记载:"唐玄宗开元二十一年(733年)时,全国7道72处军、州、边镇,共有屯田1025屯。总屯数中近1/3分布在河西陇右地区。陇右道屯田共172屯,主要分布在今青海境内。"[31] 根据日本学者玉井是博的研究,"唐朝在青海境内的屯田主要有临洮军(驻今乐都)30屯,河源军(驻鄯城,今西

---

① 青海柳湾遗址墓葬群有十七座墓中有粮食随葬,民和阳洼坡、喇家等遗址中也均有粮食出土,说明至迟到新石器时代,青海地区即已出现了原始的农业。

宁东郊）28屯，安人军（驻今海晏，一说在今大通或湟源）11屯、白水军（驻今湟源）10屯，积石军（驻今贵德）12屯，缓和守捉（驻今贵德）3屯，鄯州（驻今乐都）6屯，廓州（驻今化隆）4屯"[32]，以上共计104屯。崔永红先生考证，除了玉井是博考证的以上屯田以外，当时唐军在青海地区还有"合川守捉（驻今化隆）9屯，西使驻所（今甘肃夏河及青海同仁隆务河流域）10屯，唐在青海地区的屯田共计123屯"[33]。唐制"州、镇、诸军每屯五十顷"[34]，根据以上记载推算，唐和吐蕃对峙期间，唐朝在青海地区的屯田规模至少达到了将近6000顷，其屯田的主要区域集中在当地农耕条件最为优越的河湟地区。① 河湟地区发达的农业生产，也成为当时吐蕃发动侵扰的一个重要诱因，史籍记载"哥舒翰天宝六年为河源军使，先是吐蕃每至麦熟时即率部众至积石军获取之，共呼为吐蕃麦庄，前后无敢拒之者。至是，翰使王难得、杨景晖等潜引兵至积石军，设伏以待之吐蕃，以五千骑至。翰于城中率骁勇驰击杀之略尽，余或挺走，伏兵邀击，匹马不还"[35]。这一史料说明，在与吐蕃军队控制区相邻的区域，唐军也进行了大规模的屯田垦辟，这些区域的屯田活动需要武力保障才能正常进行。在唐王朝持续不断地有效开发下，天宝年间，陇右地区由于农业经济的发展，富庶程度史无前例，"是时中国强盛，自安远门西尽唐境万二千里，闾阎相望，桑麻翳野，天下称富庶者无如陇右"[36]。这一记载虽然表述的是整个陇右地区，并且具有文学夸张的溢美之意，但如前所述，唐陇右道屯田主要分布在今青海东部地区。故结合现有史料，我们可以将此视为河湟地

---

① 唐在青海的屯田活动，个别时期也曾推进到日月山以西地区，《资治通鉴》卷216记载：天宝八年，陇右节度使哥舒翰"遣兵于赤岭西开屯田，以谪辛二千戍龙驹岛，冬冰合，吐蕃大集，戍者尽没"。

区农业开发成效的一个侧面反映。

唐王朝对青海地区所进行的农业开发是为了满足其部队的军需供给,所以开发的力度与开发的成效与当时的战局变化密切相关。[①]在安史之乱爆发以后,由于驻扎在此的唐军主力被东调平叛,唐王朝在青海推行的屯田活动也随即结束。但吐蕃占领河湟地区,并不意味着这里农业活动的结束。丰富的史料证明,吐蕃统治青海期间,这里的农业生产并未衰退而是得到了继续发展。

基于自然条件的关系,青藏高原地区的农林业发展受到很大制约,这里的基本气候特征是长冬无夏、干旱高寒,昼夜温差大、无霜期短。在这样一种气候条件下,畜牧业成为吐蕃王朝最基本的一个经济门类,吐蕃民族也自然被视为游牧民族。但实际上,吐蕃地区的农业生产也起源很早,至迟在吐蕃王朝建立初期便已经开创了独具高原特色的农业文明。布德贡杰时期,贤臣茹列杰"烧木为炭,炼矿石而为金、银铜、铁;钻木为孔,制作犁及牛轭;开垦土地,引溪水灌溉;犁地耦耕,垦草原平坦而为田亩;于不能渡过的河上建造桥梁;由耕种而得谷物即始于此时"[37]。《西藏王统记》也载:"(茹列杰)钻木为孔作轭犁,合二牛轭开荒原,导汇湖水入沟渠,灌溉农田作种植。自斯以前,未有农事。"[38]茹列杰因发明农事而被后世尊为"吐蕃七贤臣"之首。此后,吐蕃王朝的统治者都比较注重发展农业生产,松赞干布时期便曾大力提倡"开拓荒地",并"引河水灌溉,又在谷口处垦田引水浇地"[39]。这一时期,吐蕃本土的雅鲁藏布江谷地及其支流拉萨河谷地成为吐蕃本土内粮食的主产区。"雅

[①] 《通典》卷2《食货》所载天宝八年(749年)陇右道屯田粮食总产量远低于高宗末年河湟地区的屯田岁入,崔永红先生分析主要原因是这一年哥舒翰调集6万唐军强攻吐蕃石堡城,大规模用兵导致屯田收获量降低。详见崔永红:《青海经济史》,青海人民出版社1998年版,第103页。

鲁藏布江谷地以及拉萨河谷地区海拔均在3500米左右,属于温暖半干旱气候",[40]是吐蕃地区水土条件最好的地区,具有成为农业区的先决条件。《隋书·附国传》中介绍青藏高原地区说"其土高,气候凉,多风少雨。土宜小麦、青稞"[41]。《旧唐书·吐蕃传》也记载"其地气候大寒,不生粳稻,有青稞麦、(豌豆)、小麦、乔(荞麦)"[42]。在以上这些农作物中,以青稞在青藏地区的种植最为普遍。青稞是一种抗逆性、广适性均非常强的农作物,至今在青藏高原仍广泛种植。"在卡诺文化和曲贡文化遗存中发现了碳化的粟米以及人工栽培的青稞,说明吐蕃先民是最早发现和栽培青稞的民族之一。"[43]由于吐蕃民族具有悠久的农业传统,吐蕃王朝建立之初农业就与畜牧业一样成为其重要的经济支柱。因此,在吐蕃占领青海全境之后,这一地区的农业并未完全停滞,而是继续得以保留和发展。

敦煌吐蕃文书显示,在吐蕃占领的瓜州、沙州等农耕生产已比较成熟的地区,依然沿用唐制,"设置有诸如屯田、营田的官吏,即所谓'营田使'或'农田使'等"[44]。在吐蕃占领地区,"开垦荒地被多次记载"[45],说明当时吐蕃统治者对于这些新占领地区的农业生产还是比较重视的。正是对农业生产的重视,才保证了这些新占领地区的社会稳定,也对其军事行动提供了有效的补给保障。限于史料的匮乏,我们难以厘清吐蕃时期在青海的具体农业措施,但作为与瓜、沙相邻的成熟农业区,青海河湟地区的具体情况应该不会有太大的差异。在唐蕃往来过程中,河湟地区的农业景观引起了很多唐朝使臣的注意,他们留下诗文成为当时河湟农业发展的重要证据。如侍御史吕温在贞元二十年(804年)作为入蕃副使途经河湟,为当时景致触动而写下了一首《经河源军汉村作》,该诗前四句是"行行忽到旧河源,城外千家作汉村。樵采为侵征虏墓,耕耘犹就破羌屯。"

说明当地留居着大量汉族百姓，而且还保留着农耕的传统。长庆二年（822年），唐政府委派大理寺卿刘元鼎出使吐蕃，刘元鼎行至兰州，见"故时城郭未堕，兰州地皆粳稻，桃李柳榆岑蔚，户皆唐人，见使者麾盖，夹道观"[46]。河湟与兰州毗邻，当时的农业发展情况应该所差不多。元鼎"至龙支城，耆老千人拜且泣，问天子安否，言：'顷从军没于此，今子孙未忍忘唐服，朝廷尚念之乎？兵何日来？'言已皆呜咽"[47]。数量众多的汉族农民的存在也侧面证实了当时这一地区农业生产的延续。

毋庸置疑，吐蕃虽然有悠久的农业传统，也有一定的农业发展规模，但受自然气候和生产技术等条件的限制，畜牧业仍是吐蕃的最基本的经济基础。汉文史籍中称"（吐蕃）俗养牛羊，取乳酪供食，兼取毛为褐而衣焉"[48]。牦牛作为青藏高原特有的动物，在这一时期就已成为青藏高原最重要的畜牧品种。吐蕃有所谓"六牦牛部"[49]，说明驯养牦牛早已十分普遍，有的史籍甚至以"牦牛国"来代指吐蕃，可见牦牛与其社会经济和生活息息相关。《新唐书》记载"其赞普居跋布川，或逻娑川，有城郭庐舍不肯处，联毳帐以居，号大拂庐，容数百人。其卫候严，而牙甚隘。部人处小拂庐"[50]。吐蕃君臣百姓均以毳帐为居，而毳帐是由牦牛毛编织而成，说明当时的牦牛蓄养规模就已十分惊人。除了牦牛之外，羊和马也在吐蕃的畜群结构中占重要地位，史籍当中对于吐蕃境内"畜多牦牛犬羊马"[51]，"其羊马满野，长数百里，是谓天赐"[52]。等记载比比皆是。

出于对自己生存环境的深刻认识，吐蕃时期畜牧业生产已经达到了相当高的水平。据《汉藏史集》记载，吐蕃七贤臣之首茹列杰开创了吐蕃牧区"在夏天将草割下成捆收藏以备冬天饲养牲畜"[53]，很大程度上解决了冬季牧草短缺的问题。吐蕃人还懂得了合理利用高原不同季节的水草资源而逐水草而牧。汉文史籍中记载："其人或随畜牧而不常厥居。"[54]，"其畜牧，逐水草无常所"[55]，"每岁盛夏，吐蕃畜牧青海，去塞甚远"[56]。藏文史料中也有相关情况的记载"及至猪年，赞普驻于辗噶尔……；及至虎年，赞普驻于美尔盖……；及至狗年，赞普夏驻于悉立，回至交拉，冬，至仑邦那"[57]。赞普的这种"游牧式"驻跸主要还是为了适应吐蕃民族驻水草而牧的生产特点。吐蕃的这种游牧生产方式，实际上是充分利用当地的自然条件，以生物气候的垂直差异为依据的季节牧场的划分和利用。[58]正是由于吐蕃具有根深蒂固的畜牧业传统，并在长期的实践中积累了大量适应青藏高原地区高寒气候的生产经验。在其逐步占领青海以后，与所征服的苏毗、党项、吐谷浑等民族一起推动了这一地区的畜牧业发展。这种发展，主要体现在这一时期青海畜牧业的规模上。由于这方面的史料匮乏，我们难以深入探讨吐蕃占领时期青海畜牧业经济的具体规模，仅能通过一些零星记载进行管窥。永隆二年，黑齿常之在青海湖畔击败吐蕃军，"获羊马数万"[59]。开元二年（714年）王忠嗣率军与吐蕃战于渭州西界武阶驿，"斩首一万七千级，获马七万五千匹，羊牛十四万头"[60]。开元六年（718年）郭知运在黄河九曲大破吐蕃军，"获镔甲及马牛羊等数万计"[61]。这些惊人的战争损失从一个侧面折射出吐蕃在青海的畜牧业规模。唐政府在太仆寺下设牧监，主要掌管官马的牧养。开元初，所牧官马总数下降到24万匹，玄宗遂任用王毛仲为太仆寺卿主持马政。王毛仲与吐蕃在赤岭互市，以茶、丝绢等易马。到开元十三年（725年），唐政府的官马养殖规模便发展到43万匹，并有牛5万头，羊28.6万只。只有相当规模的畜牧业基础才能支撑如此庞大的贸易量。

四、几点结论

1. 吐蕃对青海地区的争夺是基于青藏高原整体的自然与人文环境基础,青海与吐蕃本土地域相邻,地理环境相似,加之吐蕃与党项、吐谷浑等民族在文化上的相近性,向青海扩张是吐蕃王朝崛起以后的必然选择。

2. 地理环境是人类生存发展的基础,尤其农业生产受到水热条件的严格限制。自然资源的属性不一样,人类的利用方式就会存在巨大的差异。唐与吐蕃对青海的开发是对这一地区土地资源合理的选择性利用,也凸显出唐、蕃双方对这里不同地域农牧业生产条件的认识。吐蕃具有悠久的农业传统,但一直被视为游牧民族,关键原因就在于其所控制的绝大部分地域不宜农耕,只能从事畜牧业生产,农业生产在整个经济结构中所占比例很小。因此,吐蕃进占河湟这一宜农宜牧地区以后,这里的农业生产并未停滞,而是继续得以保留和发展。

3. 各个民族对于青海高原严酷的自然环境通过各种方式进行着积极响应,牲畜的驯化就是一个显而易见的例证,农牧业景观的营建是更为直观的表现。唐与吐蕃对青海的农牧业开发奠定了这里农牧业景观的基础。在唐以前,青海东部地区已经有了一定程度的农业开发,但总体而言其开发是局部的、阶段性的。在唐与吐蕃的对峙与开发过程中,今日月山以东的河湟谷地逐渐成为当地最为重要的基本农业区,日月山以西的畜牧业生产也得到了稳步发展。日月山成为青海省内最为重要的一条农牧业分界线。

注释：

[1][11][12][36][56] 司马光：《资治通鉴》卷199，卷202，卷201，卷216，卷224，中华书局1956年版，第6256页，第6386页，第6363页，第6919页，第7224页。

[2][3][4][5][6][7][13][14][15][17][18][19][29][42][51][52][54][59][60] 刘昫：《旧唐书》，卷1196，卷196，卷196，卷196，卷196，卷196，卷196，卷198，卷97，卷97，卷196，卷109，卷196，卷196，卷120，卷196，卷109，卷103，中华书局1975版，第5221页，第5221页，第221页，第5221页，第5221页，第5221页，第5223页，第5224页，第5300页，第3044页，第3043页，第5226页，第3295页，第5220页，第5220页，第3463页，第5200页，第3295页，第3197页。

[8][9][10][21][24][25][26][34][46][47][50][55] 欧阳修、宋祁：《新唐书》，卷216，卷221，卷216，卷216，卷135，卷216，卷196，卷53，卷216，卷216，卷216，卷216，中华书局1975年版，第6075页，第6227页，第6075页，第6085页，第4571页，第6087页，第5247页，第1372页，第4642页，第6102页，第6072页，第4622页。

[16][44][45] 王尧、陈践：《吐蕃简牍综录·吐蕃简牍综录本文·汉文译文及考释·经济》，文物出版社1986年版，第6083页，第24—25页，第32页。

[20] 董诰：《全唐文》卷384，中华书局1983版，第3903页。

[22][23][35][61] 王钦若：《册府元龟》，卷981，卷366，卷398，卷358，中华书局1960版，第11360页，第4514页。第4148页，第4036页。

[27] 班固:《汉书》卷69,中华书局1962版,第2986页。

[28][31][33] 崔永红:《青海经济史(古代卷)》,青海人民出版社1998版,第95页,第102页,第102页。

[30] 曹一贯:《中国农业经济史》,中国社会科学出版社1989版,第496—497页。

[32] (日) 玉井是博:《唐宋本大唐六典校刊记》,载《中国社会经济史研究》,岩波书店昭和十七年出版,第119页。

[37] 巴俄·祖拉陈瓦:《贤者喜宴》,民族出版社2005年版,第89页。

[38] 萨迦·索南坚赞:《西藏王统记》,民族出版社1981年版,第58页。

[39][58] 王辅仁:《藏族史要》,四川人民出版社1981版,第16页,第210—211页。

[40] 郑度:《中国的青藏高原》,科学出版社1985年版,第53页。

[41] 魏徵、令狐德棻:《隋书》卷83,中华书局1973年版,第1858页。

[43] 张亚生:《对西藏青作农业起源的再认识》,《西藏研究》2000年第4期。

[48] 杜佑:《通典》卷190,中华书局2016年版,第5159页。

[49] 藏族简史编写组:《藏族简史》(国家民委民族问题五种丛书),西藏人民出版社1986年版,第12页。

[53] 达仓宗巴·班觉桑布著,陈庆英译:《汉藏史籍》,西藏人民出版社1986年版,第136页。

[57] 王尧、陈践:《敦煌本吐蕃历史文书》,民族出版社1992年版,第145—146页。

原载于《青海社会科学》2019年第2期

地理环境与青藏关系历史发展述评

地理环境是人类历史演进的舞台，人类社会向前发展的过程中，人类为了生存的需要，不断地扩大和加深、改造和利用地理环境，同时地理环境影响人类活动，产生地域特征和地域差异。美国人文地理学家森普尔认为："人类是地表的产物，地球像母亲那样孕育他、哺育他，为他设定任务，又指引他思想，劳其筋骨，锐其心智……默默地对人类持续施加影响。"[1] 法国地理学家白吕纳进一步指出："一地的位置、地形、地质构造和气候都可以解释一个民族的历史。"[2] 地理环境是人类赖以生存的自然基础，也是不同区域之间交流往来的决定性因素。因此，研究青海、西藏两地的历史发展与互动往来，首先必须分析了解青海、西藏所在的青藏高原这一区域的自然地理环境及其区位特征。

一、青藏高原的自然地理环境及影响

号称"世界屋脊"的青藏高原雄踞于亚洲大陆的中部,具体地理位置为北纬25°—40°,东经74°—104°。东西横亘近2700公里,南北纵贯约1400公里,总面积290万平方公里。从行政区划而言,它包括西藏自治区全部、青海省大部,还包括甘肃省、云南省、四川省以及新疆维吾尔自治区各一部分。此外,与我国毗邻的印度、尼泊尔、不丹、阿富汗、巴基斯坦、塔吉克斯坦、吉尔吉斯斯坦等国的全部或部分地区在自然地理分区上也属于青藏高原地区。青海、西藏两省总面积195万平方公里,是青藏高原的主体部分,青藏高原的得名即源于此。青藏高原被誉为"地球的第三极",是地球上一块非常独特的自然地理区域,展示出许多独一无二的区域环境特征。

(一)地势高亢,山脉纵横

青藏高原的基本特征是高、大、新。[3]所谓高,是指这一高原平均海拔高;大,是指面积巨大,地域辽阔;新,是指形成时代新,是地球上最年轻的巨地貌单元。整个高原地势高亢,一道道险峰峻岭纵横交错,切割出一个个小的地理单元,构成了青藏高原基本的骨架。

青藏高原的地势大致由西北向东南倾斜,平均海拔在3500—5000米以上。据统计,青海省海拔4000米以上的地区占全省总面积的60.93%[4],西藏自治区海拔4000米以上的地区占全区总面积的86.1%[57]。其中,西北部的藏北高原海拔4500—5000米之间,面积35平方公里左右的阿里地区平均海拔更是高达5000米以上,被称之为"高原屋脊"。高原中部黄河、长江源头区域平均海拔约

4500米左右，到东部环青海湖地区以及南部的甘南地区、阿坝地区则降到3500米左右。高原上主要的山系有南部西藏境内的喜马拉雅山脉、冈底斯山脉、念青唐古拉山脉、在喀喇昆仑山脉，中部、北部主要分布在青海境内的唐古拉山脉、昆仑山脉、祁连山脉，以及北部边缘新疆境内的阿尔金山脉和东南部边缘四川、云南境内的横断山脉。高原边缘的巨大山系，海拔多在6000—7000米以上，南部的喜马拉雅山脉是一条长2400公里，宽200—300公里的巨大弧形山系，其主峰珠穆朗玛峰海拔8844.43米，是世界第一高峰。在其周围5000多平方公里区域内，汇聚了40多座海拔7000米以上的高峰，9座海拔8000米以上的超高峰。其中除珠峰以外，我国境内还有洛子峰（8516米）、马卡鲁峰（8463米）、卓奥友峰（8201米）以及希夏邦马峰（8012米）4座海拔8000米以上的山峰。"可见，青藏高原实际上是由一系列高大山脉组成的高山'大本营'，被地理学家称之为'山原'，因此，'高'是青藏高原最明显的特征。"[6]

　　高耸的地貌，纵横的群山为这里的各个民族提供了独特的生存空间，也成为一种难以克服环境的束缚。吐蕃王朝崛起以后，为了挣脱这种环境束缚，拓展自己的生存空间，不断对外进行扩展。而其扩张的最主要方向，就是今天的青海地区。西藏位于中国由西向东倾斜的三大地形阶梯中的最高一级——青藏高原的中心地带。其总体地形构造是西北高、东南低，由西北逐渐向东南倾斜，从西北向东南依次形成了藏北高原、藏南谷地、藏东峡谷区三个地形阶梯，"这种地处东亚地形板块的最西端、面向内地并向内地倾斜的地形构造，使它在地理单元上天然地与中国成为一个整体，也就是说，二者属于同一个地理单元"[7]。吐蕃四境群山环绕，奇雄险峻的喜马拉雅山脉蜿蜒于西部、南部，巍巍昆仑山脉自西向东横亘于北部。平均海拔均在6000米以上的喜马拉雅山脉和昆仑山脉成为难以逾越的天然的地形屏障,严重遏制了吐蕃势力的扩张。吐蕃东境虽然也有山脉阻隔,但其地形构造并不像其他三个方向那样难以突破。对此,著名藏学家石硕先生曾指出:"从吐蕃东北方向翻越唐古拉山进入青海,远没有从吐蕃南部和西部翻越喜马拉雅山进入泥婆罗和天竺以及由北部翻越昆仑山进入中亚和西域那种巨大的地形高差。吐蕃文明向东发展的地形条件要远比其向南、向西和向北发展的地形条件有利得多。"[8]

吐蕃王朝将青海作为主要扩张方向,直接影响了西藏、青海两地的历史发展进程,也决定了其后青藏关系发展的基本方向和内容。

(二)河湖众多,谷地宽广

青藏高原冰山林立,雪岭纵横。冰川、雪山的季节性融化加之降水的集中以及地势高低悬殊有利于河流的发育,使这里成为亚洲最主要的河流发源地。发源于此的著名江河有长江、黄河、澜沧江(下游称湄公河)、雅鲁藏布江(下游称布拉马普特拉河)、怒江(下游称萨尔温江)以及黑河、塔里木河等。"西藏高原西南边缘为印度河上源,向下流入印度洋,在本区流程短,流域较小。怒江、澜沧江均发源于青海唐古拉山地,向下流经藏东及德钦、中甸,流域面积较印度河为大。黄河、长江、雅鲁藏布江水系对本区最为重要,支流众多,流域面积宽广。"[9]按这些江河的最终归宿划分,它们分属于太平洋水系、印度洋水系以及内流水系,流域面积126万平方公里,占高原总面积的近一半。据研究,中国共有国际河流40多条,其中主要的有15条,而这15条河流有8条发源于青藏高原。

青藏高原也是我国湖泊分布最为密集的一个地区,在中国各大地理单元中这一地区的湖泊数量最多,湖泊面积最大。在内流区,河水一部分潜入地下，一部分损耗于蒸发，大部分注入洼地和凹陷盆地，形成数以千计的大小湖泊。据统计，青藏高原湖泊总面积为3.7万平方公里，占全国湖泊总面积的52%。青藏两省区面积大于100平方公里的湖泊有63个，1平方公里以上的湖泊多达1126个。

农业生产对土壤、温度、湿度等自然环境要素有着较高的要求。热量条件是生物繁衍的最重要的环境因子之一，栽培作物的生长发育就是在一定的温度条件下开始的，而且需要一定的热量积累才能完成其生命周期。局部地区的自然环境对该地区的耕作制度、作物类型、生产规模等有着很大的限制及引导作用。受自然环境的限制，青藏高原地区在土地利用方面以畜牧业为主、农林业次之。青藏高原众多的河流，星罗棋布的湖泊滋养了丰美的水草，为青藏地区畜牧业发展提供了优越的自然条件。而一些海拔较低的河谷地带，由于水热条件相对较好，也成为这一区域最为重要的农业区，发展了对青藏两省区均至关重要的河谷农业。河湟谷地和藏南谷地便是青藏地区最为重要的两大农业区。

河湟谷地主要由湟水谷地和黄河谷地两个河流冲击平谷构成。具体是指青海日月山以东、同仁以北的黄河龙羊峡河段以下流域及其支流湟水流域，是青海东部达坂山与积石山之间一片肥沃的三角地带。这里是青海省经济最为发达的区域，虽然它的面积仅为全省总面积的二十分之一，却聚集了全省三分之二以上人口和近80%的耕地。这里虽然气候高寒，热量条件较差，无霜期较短，但相对于整个青藏高原地区而言，这里地势平坦，土地肥沃，太阳辐射强、日照时间较长，具有发展河谷农业的自然禀赋。自新石器时代湟水流域就已经开始了零星的农业活动，由于青海其他绝大多数地区并不具备发展农业的自然基础，历史时期湟水流域的农田垦辟规模不断扩大，逐渐成为青海省内最为重要的基本农业区。尤其民国时期，在不断地垦辟之下，湟水流域"可耕之田现已逐渐垦殖"[10]。

与河湟谷地情况相似，藏南谷地是西藏地区水热条件最好的一个区域。这一谷地位于冈底斯山至念青唐古拉山以南的河谷地带，平均海拔 3700 米左右，地处雅鲁藏布江中游，由一系列串珠状宽窄相间的冲积与洪积平原组成。这里土壤肥沃，地势平坦，适宜一年一熟的青稞、春小麦、油菜等喜凉作物的生长。藏南谷地农业历史悠久，在吐蕃民族早期，这里即已开始了青稞等农作物的种植。青稞是广适性、抗逆性最强的粮食作物之一，能适应青藏高原区域的恶劣环境，至今仍是青藏高原及其毗邻地区的主要粮食作物。它是吐蕃居民制作主要食品糌粑和酿造青稞酒的原料，其秸秆富含蛋白质，可以充作牲畜防寒越冬的优质饲料。在卡诺文化和曲贡文化遗存中发现了碳化的粟米以及人工栽培的青稞，说明吐蕃先民是最早发现和栽培青稞的民族之一。[11] 吐蕃王朝历代统治者都比较注重发展农业生产，松赞干布时期便曾大力提倡"开拓荒地"，并"引河水灌溉，又在谷口处垦田引水浇地"[12]。这一时期，吐蕃本土的雅鲁藏布江谷地及其支流拉萨河谷地成为吐蕃本土内粮食的主产区。

（三）草原辽阔，牧业基础良好

中国是世界上草原资源最丰富的国家之一，草原总面积占全国总面积的 32.6%，达 47 亿多亩。青藏高原草原区的面积占全国草原总面积的 32% 以上，草原是当地生态系统中面积最大且最富特色的一个组成部分。在青海南部、西部以及西藏北部、中部、西部，草原辽阔无边，呈连续性带状分布。青海省的草原主要分布在环湖地区以及玉树藏族自治州、果洛藏族自治州及黄南、海北等地。"牧区面积占全省总土地面积的 94.76%，有可利用的草场 5 亿余亩，约占全省总土地面积的 46.39%。牧草虽然低矮，但营养价值高，具有高脂肪、高蛋白、高无氮浸出物及低粗纤维的三高一低的特点。牧草适口性好，耐牧性强，是发展草原畜牧业的优良地区。"[13]但是由于低温、干旱、缺氧、大风等不利自然条件的影响，青海草原牧草高度大都在 20—30 厘米，其中占全省草地面积 31% 的高山嵩草，高度仅 2—5 厘米，因此这里的天然草地产草量低，载畜能力差，游牧经济成为畜牧业的必然选择。

青海地区成规模的牧业生产可追溯到青铜时代，学术界普遍认为"青海地区大规模畜牧业的兴起是青铜器时代卡约文化时期的事，至于游牧经济的产生更晚至卡约文化后期"[14]。自史前青铜时代以来，有"西戎牧羊人"之称的古羌诸部，就拥有发达的牧羊业，并同时畜养了牛、马、猪、狗乃至骆驼等家畜。"古羌人成功地驯化了古盘羊，育成了古羌羊，又将古羌羊与中亚、近东的脂尾羊不同程度的杂交种羊，奉献给中国各民族。各民族在这样的基础上，培育出中国异彩纷呈，形态性能各异的中国绵羊。古羌人的文化和科学技术对中华民族的融谐和统一起着重要影响。"[15]

西藏草原从纬度上看属于亚热带和暖温带地区，但由于地处高原，突兀隆起，四周群山环峙。因此，印度洋的暖湿气流被层层阻截，从而形成了东南湿润向西北逐渐变干的规律性变化，各地牧草的生长情况也依此变化而有所不同。其中，最著名的是藏北的羌塘草原，这一草原和青海的青南草原联为一体，占青藏高原总面积的近 1/3。由于气候干旱、降水量少，藏北—青南草原牧草低矮稀疏，草高仅 15 厘米左右，牧草产量低。但由于草质良好，营养丰富，牛羊喜食，加之地域辽阔，这里成为青藏高原最重要的牧场之一。

西藏畜牧业起源也历史久远，吐蕃王朝时期就已展示出惊人的规模。但受自然气候和生产技术等条件的限制，畜牧业是吐蕃的最基本的经济基础。出于对自己生存环境的深刻认识，吐蕃时期畜牧业生产已经达到了相当高的水平。据《汉藏史集》记载，吐蕃七贤臣之首茹列杰开创了吐蕃牧区"在夏天将草割下成捆收藏以备冬天饲养牲畜"[16]，很大程度上解决了冬季牧草短缺的问题。吐蕃人还懂得了合理利用高原不同季节的水草资源而逐水草而牧，汉文史籍中记载"其人或随畜牧而不常厥居"[17]，"其畜牧,逐水草无常所"[18]，"每岁盛夏，吐蕃畜牧青海,去塞甚远"[19]。藏文史料中也有相关情况的记载"及至猪年，赞普驻于辗噶尔……；及至虎年，赞普驻于美尔盖……；及至狗年,赞普夏驻于悉立,回至交拉,冬,至仑邦那"[20]。赞普的这种"游牧式"驻跸主要还是为了适应吐蕃民族逐水草而牧的生产特点，是出于随季节迁移的游牧方式而"划定夏季牧场与冬季牧场"[21]。吐蕃的这种游牧生产方式，实际上是充分发挥当地的自然条件优势，以生物气候的垂直差异为依据的季节牧场的划分和利用。[22]

（四）气候严酷，气候类型复杂多变

青藏高原具有明显不同于同纬度其他地区的气候条件，"因青藏高原的热力作用、动力作用、下垫面差异以及山脉地形对风、降水、冷空气灭气影响，形成独特的高原气候特点，同时深刻制约着生态系统的发育"[23]。总体而言,这一地区以寒冷干燥气候为主,降雨稀少,气候干旱。在一些海拔较低的河谷、湖泊周围，气候条件相对较好。青藏高原的南缘雅鲁藏布江河谷、东南边缘的横断山区受地形绝对高差的影响，气候垂直地带性明显。"大抵一县之中，附近河谷平原之地气候最为温暖，有时较内地尤热；低山部分，温和；高山则渐凉爽，至达四千七八百米以上之山岭，则百物不生，人迹罕至，雪海冰川而已。"[24]青藏高原的总体气候特征是冬寒夏凉,年温差小而日温差大,日照丰富而多大风。[25]少暑多寒,长冬无夏是青藏高原地区最为鲜明的气候特点,只是在不同地区的具体表现略有差异。

受寒冷气候条件的制约,农业生产的产生与发展在青藏高原上受到很大的局限。首先,农业区分布范围窄,主要分布在较为温暖的河谷地带,而这些区域在青藏高原总面积中的比例很小,并且时常遭受低温冻害的侵袭,农业生产不稳定。这就决定了,在青、藏两省区95%以上的地域内,除了游牧经济,别无选择。对此,民国时期的学者就有精辟地概括,"青海位处西北,省区全部,自日月山以西,纯系天然草原,蒙藏人民,游牧其间,依赖水草,处此生活,东部河湟流域,虽是农耕之区,但因为大陆性气候,或旱或涝,灾情频仍,因生产受其影响,致民生多所疾苦"[26]。

气候严酷,农业种植面积狭小,粮食产量低始终是制约青、藏两省区的人口发展的一大瓶颈。这一地区人口发展从古至今一直在低值水平徘徊。根据统计,直至清咸丰三年(1853年)青海人口才达到92万,到1949年解放时,全省人口仅为147.6万人。[27]而西藏至1959年,全区总人口也仅仅123万。

众所周知,游牧业特有的生产方式需要大片草场的支撑,人口增长会对游牧民族生产体制产生压力,当人口增长而游牧面积无法扩充时,就会引起这种生产体制的急剧变化。青藏两省区游牧社会长期稳定存在的一个重要原因是与地广人稀的游牧经济要求相适应的人口低值增长。

二、区位地理对青藏关系的影响

任何一个特定区域内的民族历史，从来不是孤立发展的，而是同区域内外其他民族相互补益交融、互相推进的。区域历史发展是各种各样自然环境和社会人文因素共同作用的结果。研究青海、西藏两地的关系，除了分析其自然地理因素外，还必须将其置于中国历史演进的整体背景之中，分析其在这一大背景下所处的位置。而这种区位决定了中央政府与青海、西藏两地的关系，也对青海、西藏之间的关系施加了重大影响。

（一）位于青藏高原东部的青海对内地而言属于边疆，对西藏而言则属于内地

青海这种"内地的边疆，边疆的内地"特殊区位地理特征，为其与西藏的关系打上了深刻的烙印。青海省与西藏自治区同处在世界的第三极——青藏高原。虽然两省区的省会城市西宁和拉萨有近2000公里之遥，但从历史和现实看，由于地理的、民族的、政治的、经济的、文化的、军事的、宗教的等各种原因，两省区的生存与发展紧密相连，相互之间的牵动和影响十分明显。由于青藏所处的这种特定地理位置，使得在历史上交通、通信极不发达的条件下，青海在相当长的时间内扮演了"通藏咽喉"的重要角色。正因为青海与西藏之间，地域毗连，部落交错杂居，加之宗教上不可分割的内在联系。历来商旅往还，和睦相处，经济、文化交流频繁。在政治上，青藏关系代表着中原王朝和边疆少数民族地区的联系纽带；在经济上、文化上，双方由于地域毗邻，地理环境相似，一体化趋势非常明显。但青海作为内地与西藏之间的过渡地带，其政治、经济、文化状况

和西藏还是有很大区别的。由于地缘政治因素，发生在青海的一些历史事件，都曾对西藏产生过重要的影响，甚至决定了西藏历史的走向。如俺答汗与索南嘉措的青海会晤，罗卜藏丹津事件等都体现出两地间政治、宗教方面密切的连带关系。青海安定是治理西藏的重要前提，"稳藏必先安青"成为各个时期决策者的一个共识。

青海日月山以西地区广阔的草原游牧区与西藏山水相连，青海东部河湟地区则是游牧经济与农耕经济的过渡地区，这一地区因此成为历代中央政权控制青海游牧社会的必争之地。而这种控制，直接辐射并影响到西藏地区。河湟这种特殊的战略地位，历代王朝及地方官吏对此均有清醒的认识，也正因如此，自西汉王朝政治势力深入这一地区以后，历代中央王朝无不重视对此地的经营。自西汉以来，除唐后期及宋代等个别时期以外，青海东部地区一直牢牢置于在中央政权统治体系之下。也正因如此，不同历史时期青海游牧政权的势力范围基本被限制在日月山以西地区，难以向东发展。吐蕃王朝时期，唐、蕃两大帝国长期沿日月山一线对峙，直接促进了青海省内农牧业分界线的形成。[28]

（二）青海的地理区位使其在中国交通史上占有重要地位，连接内陆与西藏地区的唐蕃古道的开辟对青藏关系产生了重要影响

历史时期青海地区的道路交通发展主要表现为丝绸之路"青海道"的开辟以及唐蕃古道的形成。"丝绸之路"的开辟是中国古代交通发展史上的一件大事，它标志着中西方交流史上一个新时代的开始，对后来的东西方文明的发展有着重大而深远的意义。青海道（丝绸之路南线）是丝绸之路的一条重要路线，它是由青海省内若干条具体路线所构成的交通网络，这一网络在不同历史时期发挥着不同历史作用。隋唐时期，伴随着唐与吐蕃的密切往来，形成了举世闻名的唐蕃古道。唐蕃古道是唐都长安通往吐蕃都城逻些（今拉萨）的官道，也是汉藏两族政治、文化交往的一条纽带。目前，学术界已经逐渐将唐蕃古道视为丝绸之路青海道的支线，是丝绸之路的重要组成部分。这条交通通道对沟通中原王朝与西藏地区的交往发挥了不可替代的作用。同时对推动中国与印度以及其他南亚国家的交往也发挥了重要作用。唐蕃古道的形成与发展充分折射出青海在与西藏关系发展中特殊的区位优势。

吐蕃王朝勃兴以后，与唐时战时和，为唐蕃双方交往需要而开创的唐蕃古道成为汉藏两族政治、文化交往的一条纽带。唐蕃古道全长约4327里，古道东段道程的走向和路线是：由长安沿渭河西溯，越陇山，经天水、陇西、渭源，到临洮分为两道，或北上兰州，沿黄河北岸西行至乐都到西宁，或西北行到临夏，转北行，在炳灵寺或大河家一带渡黄河，又经乐都到西宁。唐蕃古道的东段道程实际上是唐朝都城长安至河湟地区的驿道，它还是丝绸之路青海道的重要组成部分。西宁以西的线路在《新唐书》卷40《地理志》鄯城县条下有翔实记载，现引述如下：

鄯城县"有河源军，西六十里有临蕃城（今湟中县多巴镇，一说镇海堡），又西六十里有白水军、绥戎城（今湟源县东之北古城），又西南六十里有定戎城（今湟源县日月乡），又南隔涧七里有天威军，军故石堡城（大小方台），……又西二十里至赤岭（日月山），其西吐蕃，有开元中分界碑。自振武（即石堡城）经尉迟川（今称倒淌河）、苦海拔（今称尕海）、王孝杰米栅（今共和县恰卜恰镇北东巴古城）九十里至莫离驿（今共和县东坝附近，一说在共和县达连海一带），又经公主佛堂、大非川（今兴海县大河坝）二百八十里至那录驿（水塔拉河中游地区），吐谷浑界也。又经暖泉（今温泉）、列漠海（今苦海）四百四十里渡黄河，又西四百七十里至众龙驿（今称多县清水河乡）；又渡西月河（今扎曲），二百一十里至多弥国西界。又经牦牛河，度藤桥（今通天河尕多渡口），百里至列驿（今玉树结隆乡）。又经食堂、吐蕃村（今玉树年吉措）、截支桥（今子曲），南北两石相当。又经截支川，四百四十里至婆驿（子曲河上游），乃渡大月河罗桥，经潭池、鱼池，五百三十里至悉诺罗驿（今当曲以北加力曲一带）……至赞普牙帐"[29]。

从唐蕃古道的走向和路线看，这条古道的形成使青海地区成为连结唐与吐蕃关系的纽带地区。唐亡以后，历代中央政府处理与西藏地区的关系，至关重要的一环便是对青海地区的治理，元代将西藏纳入中央政府管辖之后，青海的这种区位优势更显得尤为突出。

（三）青海的区位优势为青海、西藏游牧社会与中原地区的经济互补提供了便利条件

任何经济文化类型中的生计方式都是以该文化所处的生态环境为基础的，而生计方式根本的或最终的目的之一就是在特定的自然环境中通过劳动获取各种食物。可以说，正是经济结构上的差异，导致了农耕经济与游牧经济的分工互补，这也成为双方经济、政治交往的最主要推动力之一。历史时期，中原地区与周边少数民族的经济交往主要是通过朝贡贸易、互市贸易等多种形式实现的。而互市贸易是双方的最重要的经济交往方式，茶马互市是互市贸易最主要的内容。魏明孔先生曾为茶马互市下过明确的定义："茶马互市主要指我国西北地区从事畜牧业经济的少数民族，用马匹等牲畜及畜产品，交换内地农耕民族生产的茶叶、布帛、铁器等生产和生活必需品的比较集中的大规模的集市性贸易活动。它是游牧民族与农耕民族之间以物易物的一种特殊贸易形式，系一种互补性经济交往，在我国商贸史和民族史上占有非常重要的地位"，"茶马互市兴起于唐宋，发展于明朝，衰落于清代，维系时间长达千余年之久。它曾经对繁荣西北地区农牧业经济，改善农区人民和牧区人民的生产和生活结构或饮食结构，促进民族间的和平共处发挥了非常重要的作用。"[30] 青海的区位优势为游牧民族与中原政权间的茶马互市提供了便捷的地理条件，青海东部地区在历史上一直是茶马贸易的活跃区域，对生存在这里的游牧民族产生了重要的影响。

唐王朝建立以后，唐人对于茶叶"溺之甚，穷日尽夜，殆成风俗"[31]，茶叶成为人们日常生活中的必需品，与柴米油盐一样不可或离。这种饮茶风尚逐渐由内地向周边少数民族地区蔓延，吐蕃等活跃于青藏高原的游牧民族受此影响颇大。吐蕃人饮食"以茶为最要"[32]，而且"喜啖生物，无蕃茄醯酱，独知用盐为滋味，而嗜酒及茶"[33]。李肇在《唐国史补》中也记载吐蕃赞普帐内有许多内地名茶。[34]

开元十九年（731年），吐蕃政权要求与唐朝划界互市，提出吐蕃于赤岭（今青海湖东岸日月山）交马，互市于甘松岭（今四川松潘县境内）。唐朝中央政府则批准交马和互市地点均在赤岭。当时运往西北地区的茶叶主要来自四川和陕西汉中地区，这标志着正式的民族茶马互市由此开始。[35]

除正式的互市以外，据史籍记载，当时唐蕃间交往极为频繁。从唐太宗贞观八年（634年）至唐武宗会昌二年（842年）的209年间，吐蕃入唐朝的使团达百余次之多，而唐朝入吐蕃的使团也有52次。也就是说当时青海境内，平均16个月就有一次使团往来，有的年份多达4次之多。尽管每次的主要任务包括和亲、告哀、修好、吊祭、会盟、封赠、朝贡等等，但不可否认其带有购买货物的任务，互市是其中的基本内容。[36] 正因为如此，唐人在判文中就有吐蕃和市的内容。当时唐朝与吐蕃之间"金玉绮绣，问遣往来，道路相望，欢好不绝",是两者之间贸易往来的真实写照。[37]

宋金时期,青唐吐蕃政权在河湟兴起,"青唐吐蕃政权为了弥补自身经济发展的不足和改变物资较为匮乏的状况,也积极发展同中原地区以茶马贸易为主的经济贸易关系,并通过频繁的进贡,从中原获得丰厚的回赠"[38]。这一时期,茶叶在青海吐蕃各部已普遍饮用,宋人洪中孚说:"蕃部日饮酥酪,恃茶为命"[39],"夷人不可一日无茶以生。"[40]而此时,安多藏区的马也驰名天下,以致在藏文史籍中有"安多马区"之称。[41]宋人吕颐浩曾言:"今秦州接连熙州及青唐羌界乃自古产良马之地。"[42]有名的良马有:六谷马,即今天祝藏族自治县之岔口驿马;青海马,又称青海神驹,即吐谷浑人以中亚波斯马与当地马交配培养的良种马;河曲马,即今所称之南蕃马。宋代流传至今的李公麟《元祐三马图》中就有两匹为吐蕃奇骏。[43]"地愈西北,则马愈良"[44]是当时所公认的事实。

北宋前期,青唐吐蕃各部与宋朝的贸易主要在秦渭一带进行,中间需要长途跋涉。北宋末年,湟州也设立了茶马场,[45]湟州、西宁一带的吐蕃部落参与茶马贸易更为便捷,免受跋涉周转之苦。有宋一代在西北吐蕃各部向宋朝输出的马匹总数中,青唐政权所属各部占有最大份额,"国家买马岁二万匹,而青唐十居七八"[46]。这种经济上的往来对当时吐蕃各部影响是颇为巨大的。据称在熙州设置市易司后,"熙州人情甚喜",各族首领的子女"联袂围绕汉官踏歌"。他们说:"自今后无仇杀,有买卖,快乐作得活计,不被木征来夺人口牛马。"[47]通过互市贸易,除了茶叶以外,中原地区大量的手工业品、农副产品及文化用品也被传入吐蕃各部之中。对于吐蕃而言,中原地区各种物资的流入不单纯是一种物质的输入,不单纯是帮助吐蕃民族解决饮食、穿衣的问题。"更重要的是,代表当时国内先进水平的新技术传入了吐蕃部落中。由于新技术的输入,以致安多藏区自身经济产生质变性的飞跃,10至11世纪时,安多吐蕃部落由纯游牧生产走向了半农半牧,安多藏区许多部落甚至完全转化为农业民族。"[48]

明代,西北地区茶马贸易空前繁荣。一方面是由于明朝为抵御蒙古,需要从西北输入大量战马,另一方面也是受到内地封建商品经济日趋繁荣的影响。西宁与河州、洮州成为茶马贸易的三大中心。明政府于洪武三十年(1397年)设置了西宁茶马司。西宁茶马司在行都司西宁卫西,设大使、副史各一人,计有金牌16面,可纳马3296匹,主要是与这里的巴哇、申冲、申藏等部族进行交换。[49]

明代对青海地区的少数民族有不同的称谓,凡"岁时纳茶马者,谓之熟番",即社会发展程度比较高的部族;而山中远居同"熟番"从事贸易者,则被称为"生番",即社会发展程度较低的部族。当时西宁卫的"熟番"有13部族,包括申藏、章哑、隆奔、巴沙、革哑、申中、隆卜、西纳、果迷卜哑、阿齐、嘉尔即、巴哇、即尔嘉等。[50]由于青海河湟地区独特的区位优势,据记载西宁茶马司的库存占整个西北地区茶马司库存量的近三分之一。[51]

清代茶马贸易仍然是青海地区最主要的一种民族贸易形式。清沿明制,继续实行茶马互市,并在西宁、洮州、河州、庄浪、甘州设了5个茶马司,由陕西茶马御史管辖。[52]清初,清廷与青海蒙古诸部继续开展边口互市,丹噶尔地区的民族贸易由此盛极一时。丹噶尔即今青海湟源县,清雍正二年(1724年),罗卜藏丹津叛乱被平息后,中央政府制定了一系列善后措施,其中对青海地区各民族与内地之间的贸易作了明确规定。雍正三年(1725年),奋威将军岳钟琪上疏,请求扩大在丹噶尔的民族贸易:

"……大将军年羹尧定前例，青海与内地之人每年于二、八月贸易两次，择定纳喇萨喇地方为交易之所，经议政大臣议改四季交易，已觉宽容，……再察郡王额尔德尼、额尔克托克托鼐，郡王色布腾扎勒诸台吉部住牧黄河西边，相近西宁，请将贸易之地移在西宁口外丹噶尔寺。至蒙古贸易，全籍牲畜，每年六月以后，仍听不时贸易，则蒙古商贩均获利益矣。"[53]

岳钟琪的上疏得到了朝廷的批准，中央政府允许正式在丹噶尔设置固定的贸易市场，丹噶尔遂成为西北地区重要的贸易中心。因此，乾隆九年（1744年），西宁佥事杨应琚在《为边甿请添驻县佐以资治理议》中提到，"（丹噶尔）通西藏，逼近青海，自移多坝市口于此，为汉土回民并远近番人暨蒙古往来交易之所，至关重要"。经过不断发展，到清嘉庆、道光年间"丹地商业特盛，青海、西藏番货云集，内地各省，商客辐辏，每年进口货价至百二十万两之多"[54]。丹噶尔民族贸易进入最为鼎盛的时期。

游牧民族的畜牧业生产仅仅是他们经济生活的主体，它并不能满足游牧民族社会生活的全部需求。因此，游牧民族也需要其他行业作为他们经济生活的重要补充，与农耕民族的经济交往就是至关重要的一种补充形式。青海的区位地理条件使得这里的游牧民族与中原农耕民族间的物质交换能够得以顺利实现，青海东部地区也由此成为民族贸易的活跃地区。当然，这种民族贸易的主体是青海省内的游牧民族，但由于青、藏两省区地域相连，对于西藏地区的辐射作用也是非常明显的。

三、青海建省中的治藏筹边因素

1929年青海建省是青海历史演进过程中的一件大事，它是由当时国内外形势及青藏地区复杂的社会历史状况所决定的，既是青海行政当局多年追求与谋划的结果，也是中央政府实施的一项重大治藏措施。青海地区毗邻西藏、新疆，中央政府对于这一地区行政力量的强弱，直接关系到对西藏、新疆等地区的控制力度。青海建省，不但巩固了中央政府对青海地区的统治，有利于稳定青海蒙藏地区的政治局势，更为中央政府解决西藏问题搭建了一个新的平台。青海建省以后，使得西藏与青海、西康等地的行政边界在国家层面得以明确划定，有效地遏制了所谓"西藏独立"的企图，西姆拉会议上以划分内、外藏来分裂中国的阴谋愈加难以实现。而在青海建省过程中，不同人士的建省倡议均着重提出了青海建省是治藏筹边的需要，从一个侧面体现出地理环境对青藏关系的影响。

青海建省的动议始于清末新政推行时期，由时任邮传部尚书的岑春煊最早提出。光绪三十三年（1907年）4月，岑春煊上了《统筹西北全局酌拟变通办法以兴本利而固边卫》的奏折，提出了一个系统的筹边方案。在该奏折倡议将青海办事大臣管辖区域及其周边区域整合为一个新的行政单元，设立行省。岑春煊指出"窃维体国经野，为致治之良图；兴屯实边，实保疆之至计"[55]。其青海建省的提议实际是经略边疆的需要。民国三年（1914年），入京谋职的西宁举人丁耀奎向袁世凯呈交了《上袁大总统政见书》，再次提出了青海建省的主张。他指出："青海南为川、藏辅车，北接新疆后路，以中国视之，则为西陲屏蔽；以甘肃视之，则将来财富丰盈之后防，实业发达之基础……欲固西南边防，则必以改建青海为权舆。"[56] 明确提出若要稳藏固疆,首先要提升青海的行政建制。民国五年(1916年),甘肃督军张广建根据甘边宁海镇守使马麒的呈请,向北洋政府建议将青海划为特别行政区,以进一步推动这一地区的建设与开发。他提出:"西宁为入藏门户,青海为中国领土,英人擅改新藏,其意若曰:青海为达赖所有权,一旦时机成熟,以日本占领东三省手段窥我边疆,恐青海从此多事矣。"[5]然而北洋政府经过审议后,并没有批准这一建议。然而通过马麒的谋划,青海蒙藏地区与青海东部地区被初步整合了起来,实现了军政权力的统一,青海已经呈现出一个整体行政单元的雏形。

1922年,马麒向北洋政府呈交了《经营青海之意见书》,提出在英国干涉西藏、窥伺青海的局面之下,应将青海划为特别行政区以策万全。在意见书中"马麒将青海省的筹建始终与边疆开发和稳定藏区、维护西藏主权交融在一起"[58],其最为根本的依据便是阐述青海建省对于治理西藏的重要意义。在当时西藏与中央政府严重隔阂的局面下,若想恢复对西藏的正常管理,遏制外国侵略势力的进一步渗透,必须要大力经营青海这一稳藏固边的要地。而强化青海的行政建制是经营、开发青海的重要基础,行政建制的改变将带来职权及施政方针的重大变化。马麒等人在意见书中提到"青海界甘新川藏之间……兹值裁兵之际,内地较远,鞭长莫及……年来英人指青海为外藏,籍口北侵。俄人沿祁连而内向,势将南犯,若不从速开拓,终必继续断送。倘照以上办法,则内乱可灭,匪患不成,国防无西顾之忧,英俄绝内侵之望"。"自英人大倡内外藏之说以后,直以川边青海为外藏,有意染指,昭然若揭……青海不靖,波及西藏,是授英人以干涉之柄,而造其内侵之机也。藏事愈不可为,西陲从此多事。"[59]但当时北洋政府囿于内战,无暇顾及西陲局势,加之时任甘肃督军的陆洪涛与马麒素来不睦,害怕青海建省后马麒将更加难以控制,更担心青海脱离甘肃管辖后会引发甘、青之间的矛盾。于是强烈反对并从中作梗,青海建省的提议始终悬而未决。

南京国民政府建立前后,冯玉祥所部的西北国民革命军控制了陕甘局势,开始了对这一地区的经营。在冯玉祥所代表的西北军势力主导下,马麒等人酝酿多年的青海建省主张得以实现。冯玉祥为了进一步开发西北,扩展自己的势力范围,以"青海关系国防至为重要"为由,建议从甘肃省中析置,建为行省。以克服其辖境距省城过远,交通不便,政令难通等弊端,促进这一区域的发展。1928年9月5日,国民政府中央政治会议第153次会议通过了该项议案,"将青海改为行省,组织省政府"[60]。建省决议的通过,标志着国民政府正式从国家层面作出了青海建省的决策。1929年1月,甘肃、青海、宁夏3省联合呈报国民政府,自1月1日起,原甘肃省划归青海、宁夏两省的各县行政,一律由新成立的两省负责处理。[61]

综上所述,青海和西藏同处于青藏高原这一地理单元,地域相连,血脉相依,自然环境相似。青藏高原独特的自然因素在青藏关系发展演变过程中发挥着重要作用,是两地关系发展的地理环境基础。尤其青海的区位使其在相当长的时间内扮演了"通藏咽喉"的重要角色,是历代中原王朝与西藏交流的通道,唐蕃古道的形成与发展是这一区位特征的具体体现。对于内地而言,青海是连接西藏的边疆;对于西藏而言,青海又是沟通中原的内陆。正因如此,自清末以来各界人士的青海建省提议中无不重点凸显治藏筹边的因素。

注释:

[1] 理查德·皮特著,周尚意译:《现代地理学思想》,商务印书馆2007年版,第17页。

[2] 转引自陶克涛:《毡乡春秋》(桑然篇),内蒙古出版社1997年版,第221页。

[3][25] 任美锷:《中国自然地理纲要》,商务印书馆2009年版,第376页,第383页。

[4] 史克明等:《青海省经济地理》,新华出版社1988年版,第4页。

[5] 程鸿等:《西藏农业地理》,科学出版社1984年版,第16页。

[6] 马生林:《青藏高原生态变迁》,社会科学文献出版社2011年版,第8页。

[7][8] 石硕:《论地缘因素在吐蕃文明东向发展过程中的作用》,《西藏研究》1992年第1期。

[9] 张保见:《民国时期青藏高原经济地理研究》,四川大学出版社2011年版,第24页。

[10] 佚名:《青海省各县风土调查记》,甘肃省图书馆1959年复制,第32页。

[11] 张亚生:《对西藏青作农业起源的再认识》,《西藏研究》2000年第4期。

[12] 王辅仁等:《藏族史要》,四川人民出版社1981年版,第16页。

[13] 西北师范学院地理系、青海师范大学地理系编著:《青海省地理》,青海人民出版社1987年版,第164页。

[14] 崔永红:《青海经济史》,青海人民出版社1998年版,第14页。

[15] 薄吾成:《古羌人对我国养羊业的贡献与影响》,《农业考古》2008年第4期。

[16] 达仓宗巴·班觉桑布著，陈庆英译：《汉藏史籍》，西藏人民出版社1986年版，第136页。

[17]（后晋）刘昫：《旧唐书》，卷196《吐蕃传》，中华书局1975年版。

[18][29][32] 欧阳修、宋祁：《新唐书》，卷216《吐蕃传》，卷40《地理志》，卷216《吐蕃传》，中华书局2000年版，第4622页，第684页，第4622页。

[19] 司马光：《资治通鉴》，卷224"唐代宗大历八年十月条"，中华书局1956年版。

[20] 王尧、陈践译著：《敦煌本吐蕃历史文书》，民族出版社1992年版，第145—146页。

[21] 洛加才让：《论吐蕃悉补野部与畜牧业文化的发展》，《西藏研究》2000年第2期。

[22] 参见郑度等：《中国的青藏高原》，科学出版社1985年版，第210—211页。

[23] 文忠祥：《青海东部农业区气象灾害分析》，《青海师范大学学报》（自然科学版），1998年第1期。

[24] 杨仲华：《西康纪要》，商务印书馆1935年版，第77页。

[25] 房玄龄：《晋书》，卷97《四夷·西戎·吐谷浑传》，中华书局1974年版。

[26] 青海省社会处编印：《青海灾情实况》（民国卅七年元月至九月），影印本，青海省图书馆藏。

[27] 王天津：《青藏高原人口与环境承载力》，中国藏学出版社1998年版，第17页。

[28] 丁柏峰：《青海省农牧业分界线形成的历史考察》，《原生态

民族文化学刊》2015年第2期。

[30] 魏明孔:《西北民族贸易研究》,中国藏学出版社2002年版,第2页。

[31]（唐）封演:《封氏闻见记》,卷6《饮茶》,商务印书馆1936年版。

[33]（元）脱脱:《宋史》,卷492《吐蕃传》,中华书局1985年版。

[34]（唐）李肇:《唐国史补》下卷,上海古籍出版社1972年版。

[35]《中国大百科全书·经济学Ⅰ·茶马互市》,中国大百科全书出版社1988年版,第52页。

[36] 卢勋、萧之兴、祝启源:《隋唐民族史》,四川民族出版社1996年版,第502页。

[37]（清）董浩等:《全唐文》卷384,独孤及:《敕与吐蕃赞普书》,中华书局1983年版,第3903页。

[38][52][61] 崔永红、张得祖、杜长顺主编:《青海通史》,青海人民出版社2002年版,第248页,第384页,第498页。

[39]（宋）罗愿:《新安志》,卷下《洪尚书》,《宋元方志丛刊》本。

[40]（明）王圻:《续文献通考》,卷22《榷茶》,文海出版社1979年版。

[41] 智观巴·贡却乎丹巴绕吉著,吴均等译:《安多政教史》第1编第1章,甘肃民族出版社1989年版,第5页。

[42]（宋）吕颐浩:《忠穆集》,卷8《燕魏杂记》,宋辑珍本丛刊（第三十一册）2009年版,第806页。

[43]《东坡后集》,卷9《三马图赞》,宋辑珍本丛刊（第二十三册）2009年,第35页。

[44]（宋）周去非:《岭外代答》,卷9《蛮马》,清文渊阁四库全书版,

第 291 页。

[45] 徐松：《宋会要辑稿·职官四》，中华书局 1997 年版。

[46]（宋）赵汝愚：《宋名臣奏》，卷 141，台湾商务印书馆影印文渊阁四库全书 1986 年版。

[47]《续资治通鉴长编》，卷 241"宋神宗熙宁五年十二月丁酉条"，中华书局 1995 年版，第 5886 页。

[48] 汤开建：《宋金时期安多吐蕃部落史研究》，上海古籍出版社 2007 年版，第 378 页。

[49][51]《杨一清集》（上册），卷 3，中华书局 2001 年版，第 77 页，第 77 页。

[50]（清）梁份著，赵盛世等校注：《秦边纪略》，卷 1《西宁卫》，青海人民出版社 1987 年版。

[53] 张廷玉：《清朝文献通考》，卷 42《征榷考十四·榷茶》，商务印书馆 1936 年版。

[54]（清）张廷武纂修：《（光绪）丹噶尔厅志》，卷 5，清宣统二年甘肃官报书局排印本。

[55]《两广总督岑春煊统筹西北全局酌拟变通办法折》，载四川省民族研究所《清末川滇边务档案史料》编写组：《清末川滇边务档案史料》，中华书局 1989 年版，第 921—922 页。

[56] 丁耀奎：《西北筹边要言》，载《中国西北文献丛书》第 20 卷，兰州古籍出版社 1990 年版，第 403—404 页。

[57] 慕寿祺：《甘宁青史略》正编卷 28，兰州俊华印书馆 1936 年版，第 5 页。

[58] 勉卫忠：《论马麒与青海建省》，《中国边疆史地研究》2013 年第 2 期。

[59] 青海省地方志编纂委员会编:《青海省志·附录》,青海人民出版社2003年版,第462—465页。

[60] 黎小苏:《青海建省之经过》,《新亚西亚》1934年第8卷第3期。

原载于《西南边疆民族研究》2016年第2辑

民国时期湟水流域的主要气象灾害及其原因

湟水河是黄河上游区域最大的一条支流,"流贯于祁连山支脉达坂山与拉脊山之间,有百余条源自这两条山地大小支流汇入,形成羽状和树枝状水系,流域面积500平方千米以上的支流11条"[1]。湟水流域主要位于青海省东部地区,流域总面积32863平方千米,青海省内流域面积29063平方千米,是青海省内开发历史最早的地区,也是本省最为重要的基本农业区。由于特殊的地理环境加之数千年的持续开发,民国时期这一地区的环境已经逐渐趋于恶化,自然灾害频率增加,灾害种类繁杂多样,灾害程度不断加剧。自然灾害频发是严峻的生态环境叠加人类活动影响共同作用的结果,给当地民众的生产、生活带来了巨的危害,防灾、抗灾成为这一时期一个严重而难以解决的社会问题。

一、湟水流域的自然环境及开发历史

湟水流域处于青藏高原向黄土高原的过渡地带，主要地貌表现为黄土所掩盖的第三纪红岩低山丘陵，海拔高度介于1700米—2800米之间。湟水干流位于流域的南部，属于西北黄土高原区，最大支流大通河在流域北部，属于青藏高原区。两种截然不同的自然景观共处同一个流域，造就了这里地质条件复杂，地表差异显著的独特地理环境。由于深处内陆加之海拔较高，湟水流域呈现出"太阳辐射强，日照时间长，低温缺氧，日变化大，年较差小，生长期短；降水不平衡，时空分配差异悬殊"[2]的气候特征。对此，民国时期的学者就有较为深刻地认识，"青海位处西北，省区全部，自日月山以西，纯系天然草原，蒙藏人民，游牧其间，依赖水草，处此生活，东部河湟流域，虽是农耕之区，但因为大陆性气候，或旱或涝，灾情频仍，因生产受其影响，致民生多所疾苦"[3]。湟水流域总体而言，地势比较平坦，土壤肥力较高，而且日照时间较长，有利于植物的光合作用，尤其湟水河及其支流提供了优越的灌溉条件。虽然这里的自然条件也存在对农业生产不利的很多因素，但仍然具备发展河谷农业的自然基础。由于青海其他绝大多数地区不适宜发展农业，历史时期青海境内的农业活动主要集中于湟水流域，经过历代的开辟垦殖，这里逐渐成为本省最为重要的基本农业区。

据考古发掘观之，早在新石器时代湟水流域就已经出现了原始的农业生产，流域内大量的文化遗址呈现出采集、渔猎和种植业、畜牧业等多种经济形式混合并存的局面，出土了大量石镰、石刀、骨铲、石磨盘、石磨棒、石杵等农业生产用具和谷物加工工具，并且"在一半以上的马厂墓葬中都有容积较大的装有粮食（粟）的粗陶瓮作为随葬品"[4]。目前，学术界普遍认为"青海境内的农业生产活动，至迟在距今 5000 余年前的马家窑文化石岭下类型时期就开始了"[5]。

湟水流域虽然农业起源较早，但农业传统并未得到延续，到秦汉时期湟水流域成为西羌的主要分布地区，这时"河湟间少五谷，多禽兽，以射猎为事"[6]，在畜牧业为主体的西羌社会，农业活动所占比例微乎其微。西汉中期，湟水流域大部分地区被纳入中央王朝的郡县体系之中。为了巩固对这一地区的政治统治，汉王朝对这里开展了大规模、有组织的移民，中原先进的农业生产技术随之传入，湟水流域开始了第一次有计划的农业屯垦活动。史籍记载，赵充国在平定了这一地区的羌人叛乱后，曾经连续三次上书朝廷，提出了在湟水流域移民屯田的建议。他在奏疏中称"计度临羌东至浩亹，羌虏故田及公田，民所未垦，可二千顷以上，其间邮亭多坏败者。臣前部士入山，伐材木大小六万余枚，皆在水次。愿罢骑兵，留弛刑应募，及淮阳、汝南步兵与吏私从者，合凡万二百八十一人，用谷月二万七千三百六十三斛，盐三百八斛，分屯要害处"[7]。通过这次大规模的移民屯田，汉族人口的大量迁入湟水流域，为这里农业传统的延续奠定了基础。

湟水流域大规模农业开发始于唐代，伴随着吐蕃王朝的崛起与东扩，湟水流域逐渐成为唐王朝阻止吐蕃东扩的战争前沿。"为解决军粮供应问题，唐政府在这里大规模屯防，实行足食足兵政策，有力地推动了该地区农业经济的恢复和发展"[8]。唐以前，湟水流域虽然已出现了初步的农业开发，但那种开发是局部的、零星的。唐与吐蕃以赤岭（今日月山）为界长期对峙，在湟水流域驻扎了规模庞大的军队，为了保障军事供给，该流域内的屯田规模不断扩大。据记载，唐玄宗开元二十一年（733年）时，"陇右道屯田共172屯，主要分布在今青海境内"[9]。据崔永红先生考证，唐在青海地区的屯田共计123屯。[10] 唐制"州、镇、诸军每屯五十顷"[11]，以此推算，则唐蕃对峙期间，唐在青海的屯田达到了近6000顷，屯田区域主要集中在湟水流域。

通过唐代湟水河流域的屯垦开发，日月山成为农业区与牧业区的明显界限，其后的历史发展过程中，日月山以东的湟水流域农业活动一直得以延续。尤其宋、元、明、清时期，青海地区民族分布格局逐渐定型，形成了汉族、藏族、蒙古族、回族、撒拉族、土族六大世居民族大杂居、小聚居的分布格局。而汉、土、回、撒拉等以农耕为主的民族主要分布于湟水流域，在人口发展的压力下，"明清时期农地开发有所升级，尤其是湟水流域，局部地区农垦已进展到浅山（青海通常指海拔2600—2800米的低山丘陵地带为浅山，所垦农地称为旱地）和中山（又称脑山，一般指海拔在2800—3200米之间的山区背阴地带，所垦农地称为脑田）"[12]。

到民国时期，湟水流域农田垦殖力度明显加大，民国十二年（1923年），"甘肃省长陆洪涛设立甘边宁海垦务总局，设置了西宁、湟源、大通、循化、贵德、都兰、玉树、昂谦、大河坝、拉加寺等十个分垦局，举办放垦事宜"[13]。民国十六年（1927年），"成立西宁道垦务局，垦地按照三等九则规定地价，地价作为官署收入。这次办理垦务经时两年，计丈量抛荒地二万八千二百八十余亩，查得私垦熟地八千九百一十四亩。此次丈放荒地，西宁县地区最多，私垦土地则以湟源县较多"[14]。"自民国十六年（1927年）4月西宁道尹林竞办垦务，至民国二十二年（1933年）3月青海土地局成立，全省丈放生熟荒地共二十八万四千六百八十余亩。"[15] 民国二十七年（1938年）至民国二十八年（1939年），"全省垦荒七十五万六千亩。"[16] 在不断地垦辟之下，湟水流域"可耕之田现已逐渐垦殖"[17]。据民国二十四年（1935年）马鹤天的调查，当时青海耕地最为集中的是民和、乐都、互助、大通、西宁、湟源与共和七县[18]，几乎都在湟水流域。就连湟水源头的日月山前，也"山坡山根，尽为麦田……该地数年前几全为畜牧，辟地甚少，年来因连岁丰收，且人民知识渐启，故进步甚速。"[19] 据统计，在征收标准不变的前提下，1928年青海全省每年征收的所有田赋额比1912年的应征田赋增加73.5%[20]。由此可以大致推断，1928年的耕地面积较1912年增加了73.5%左右，所增加的耕地大部分是湟水流域的新垦农田。作为粮食主产区的湟水流域成为青海的财政赋税支柱，"除海东十余县外，二十县多为沮洳寒瘠之地，所有财政，尽依此十数县之收入，以资维持，拮据艰难，已达极点"[21]。

二、民国时期湟水流域的气象灾害表现

民国时期湟水流域的宜农之地在当时的技术条件下几乎已经全部辟为农田，但随着人地矛盾的加剧，以及御灾能力低下，频发的自然灾害成为这一地区农业生产严重的制约瓶颈。湟水流域的农田依据海拔高度以及水热条件可分为水田、旱地两种，当时"青海农田十分之七山地旱田，十分之二三为土地。"[22] 水田主要分布在海拔2600米以下的河谷平川地带，相对而言农业种植条件较好，一些地区有水利设施可供灌溉。旱田主要位于低山丘陵地带，基本上靠天吃饭。受地理环境影响，缺水、低温以及霜、雹等气象灾害易发，

严重制约了农业产量,对作物品种也有极大的限制。

湟水流域虽然是青海省自然条件最为优越的一个地区,但受大的区域环境影响,加之地处青藏高原与黄土高原的过渡地带,也是季风区与非季风区的交界地带,不仅地质条件错综复杂,气候条件也纷繁多变。民国时期,这里进入了一个自然灾害的高发期,灾害发生频率以及危害程度远超以往任何一个时代。

据不完全统计,在民国时期的38年中,"青海共发生灾害554次,其中气象灾害392次,占灾害总数71%;地质灾害36次,占6.5%;生物灾害126次,占22.5%。据不完全统计,全省因灾死亡约10万余人,死亡牲畜962万多头(只)。灾害的地区分布,西宁和海东为304次,分别占灾害总数的55%和45%"[23]。从以上记载可以看出,湟水流域的西宁和海东是青海省自然灾害的主要分布区①。

众多灾害中,旱灾对农业生产的危害最大,在湟水流域特殊的自然条件下表现得更为突出。湟水流域属于干旱和半干旱地区,对于农业生产而言有效降水不足,而且降水的季节分配也很不平衡,造成旱魃频繁关顾。据统计,公元1644年至1949年"全省共发生旱灾249次,接近10年8旱"[24]。由于降水的季节分布特征明显,这一地区干旱灾害也呈现出明显的季节性特征。春旱、夏旱的频率较高,秋旱和冬旱则较少发生。3—5月份正处于湟水流域农作物出苗—分蘖—拔节的阶段,这时如果降水不足,对农作物有极大的危害,甚至导致绝收。如民国十一年(1922年),"西宁春旱,谷贵民饥"[25]。民国十六年(1927年),"西宁持续干旱,春耕多未下种"[26]。民国二十一年(1932年),"四五月间,乐都大旱,禾苗多半枯死。

---

① 由于是全省政治、经济、人口中心,历史时期,人们对湟水流域自然灾害关注度远远超过本省其他地区,这也使得湟水流域灾害记载远多于其他地区。

循化铁尕楞、木厂、塔撒坡、查汗大寺旱，禾枯无收"[27]。夏季是农作物积极生长的季节，处于孕穗—灌浆—乳熟阶段，需水量相当大。湟水流域的老百姓形象地将夏旱称为"卡脖子旱"，具有致命的危害。民国三十二年（1943年），"农历六月七月初，西宁县达千乡达子隆及岗岔、白崖等庄，乐都县亲仁乡、双堡乡等由于久旱不雨，田禾均被焦干。西泉小等地亦旱不雨收无望"[28]。民国时期，湟水流域有些年份甚至会出现春夏连旱，危害程度更是不言而喻。民国二十五年（1936年），"春夏以来，西宁、贵德县境、乐都城北浅山一带，天气酷热，久未降雨，田禾枯萎"[29]。民国二十九年（1940年），"西宁、大通、乐都、民和春夏连旱。互助春、夏酷旱，庄稼枯死，造成歉收"[30]。民国三十四年（1945年），"自春至夏，全省滴雨未降，春种一半失时"[31]。民国三十五年（1946年），"乐都雨润、山城、峰堆、高店等乡春夏连旱，半数农田无法下种"[32]。民国三十七年（1948年），"春、夏之间，民和地区久旱"[33]。旱灾具有成灾范围广、持续时间长等特点，给湟水流域人民带来深重的灾难。民国十七至十八年（1928—1929年），"甘肃省连年大旱，所属西宁、大通、乐都、民和等地亦大旱，全省灾民244万多。民国十八年五月，国民政府内政部长薛笃弼视察后，致行政院电：甘肃灾民240万余，平凉又迭遭兵灾，草根树皮，掘食殆尽，而西宁、宁夏各区痛苦较平凉尤重"[34]。

洪涝灾害是湟水流域另外一种主要自然灾害，在民国时期也是频繁发生。笔者根据《青海省志》之《气象志》《自然地理志》《畜牧志》《水利志》及《中国气象灾害大典·青海卷》进行统计，在民国38年中，青海各县共发生洪涝灾害77次，主要发生在湟水流域的西宁、大通、乐都、湟源、互助等县。比较严重的有，民国三十二年（1943

年),"七月二十六日早晨8时,湟源县天降大雨。由西北发源之水势两丈有余,直冲而下,初时冲入西中沙乡第一保北小庄史春山家,将其房院荡涤一空,计房屋14间、牛圈一处,墙垣一围。还淌去董姓外院一处,计房屋14间。进而冲淌王生琏等6户,淹毙小孩3人、妇女7口,共计男女10口。其中王生琏一家最惨,计溺死70岁老母、35岁之妻、22岁之弟妻、12岁之长子、2岁之女、侄女及外甥女,一共7口。马元一家亦悲,妻女3口均遭劫难。尸躯寻获9具,1妇尸无存"[35]。民国十一年(1922年),"秋,西宁山洪暴发,小峡口河厉桥冲毁,南北交通中断。秋,湟水暴涨,碾伯沿岸淹没农田甚多"[36]。民国二十二年(1933年),"九月,西宁市郊山洪暴发,农作物损失九成以上,灾民达十二万人。西宁西关外的通济桥被洪水冲陷。其中九月十四日西宁东川中红堡大雨,洪水从山沟汹涌冲出,淹没村庄,墙倾房塌,淹死牛羊牲畜甚多,大片农田变为红泥沙潭"[37]。民国二十九年(1940年),"七八月,湟源骤降暴雨,三个区的三十七处村庄禾稼打伤殆尽,被灾旱地四万七千亩,水地一万二千亩,受灾人数达一万六千八十三人。农历八月十五后,湟源阴雨连绵,为时两月,禾捆霉烂,收成锐减,房屋墙垣倒塌,道路桥梁被水冲毁。加之前期干旱,后期疫病流行,口粮断绝,全县死亡一千四百六十六人"[38]。

冰雹灾害也是民国时期湟水流域的主要自然灾害。相关资料记载也较为频繁。民国十年(1921年),"夏秋以来,大通被雹甚重,大者如拳,小者如卵,加以水灾,禾苗无存,房屋损坏"[39]。民国二十年(1931年),"冰雹袭击新元堡,冰雹大如鸡蛋"[40]。民国二十二年(1933年),"七月,海晏县东北部和东南部冰雹大如鸟卵,经五天方消,牛羊损伤百余"[41]。"青海省大部分地区的冰雹出现在

4—10月，个别地区出现在5—10月或5—9月。但造成灾害的冰雹出现在6—8月，此期间出现得也最多，占全年的60—80%。这正是大部分农区的主要作物处于抽穗至成熟的发育阶段，作物遭雹灾后不能恢复，造成损失。成灾冰雹主要分布在青海东部农业区，其次是农牧交错区。牧区虽然降雹频繁，但灾情不甚严重"[42]。

由于湟水流域海拔高、气温低，而且冬季漫长，霜冻成为危害农业生产的另外一种频发灾害。民国时期，湟水流域由于霜冻而造成的农业危害的记载颇多。如民国二十五年（1936年），"九月，湟源县连日降霜，庄稼多属霉秕，除青稞尚半熟外，其余作物全枯死"[43]。民国三十一年（1942年），"五月十八日至十九日，午夜降霜，西宁、大通、乐都、民和、循化、化隆、贵德各县青苗俱受杀伤。贵德、乐都、民和等县果类全部失收"[44]。

民国时期，湟水流域个别年份也有雪灾的发生，虽然频率不高，但也会造成一定危害。例如民国二十三年（1934年），"八月三十日晚，民和一夜北风，积雪如山，树枝皆摧，田禾尽压，开空前绝后之奇象，成斯民未闻之灾情。循化县边都、尕楞、比塘、起台四乡春季连降大雪，播种失时，灾民三千余户"[45]。民国三十一年（1942年），"八月，湟源县一、二、三区气候严寒，雨后降大雪，所有禾稼皆冻枯，颗粒无存"[46]。

三、民国时期湟水流域气象灾害成因分析

"灾害是由于自然变异、人为因素或自然变异与人为因素相结合的原因所引发的对人类生命、财产和人类生存发展环境造成破坏损失的现象或过程"[47]。民国时期是湟水流域气象灾害的高发期，频

繁发生的气象灾害不仅受该流域自然地理因素的影响，而且与这一时期青海的人文环境有着密切的关联。

湟水流域有着明显不同于同纬度其他地区的气候条件，"因青藏高原的热力作用、动力作用、下垫面差异以及山脉地形对风、降水、冷空气灭气影响，形成独特的高原气候特点，同时深刻制约着生态系统的发育"[48]。受高原大陆性气候的影响，湟水流域年均降水量仅为300—400mm之间，而且季节性分布不均，干旱成为农业最大制约因素。湟水流域近40%的降水量集中于每年的7月、8两月，11月至翌年3月的降水量仅为全年总降水量的1%—5%"[49]。降水偏少加之分布不均成为旱魃肆虐的主要原因。据统计，目前湟水流域"春旱频率35%—60%、夏旱8%—45%、春夏连旱5%—25%"[50]，民国时期虽未做统计，但相差不会太大。前文已经提及，该流域河谷平川地带的水田尚有一些灌溉设施，具备一定抵御旱灾的能力。而低山丘陵地区的旱田，农业生产完全是靠天吃饭，降水失衡便会迅即成灾。

湟水流域的主要水源补给为降水、积雪融水以及地下水。每年4月、5月份由于冰雪融化，水量加大，容易形成春汛。同样由于降水的季节性分布不均，降水多集中在夏、秋季几个月，又往往造成夏汛。湟水流域7月至8月为雨季，6—9月份的径流量占全年总径流量的70%以上。湟水及其支流山地坡度介于30°—50°之间，河谷与山地相对高差大，岭谷高差甚至达2000米以上。这种复杂的地形，致使局部对流和涡流非常活跃，所以经常在夏日的午后形成强度较大的对流阵雨，导致洪涝灾害的发生，造成农业歉收或者绝收。

从气温来看，青海"全省年均温 -5.6℃至8.9℃，海拔高度不同，各地气温差异很大，如青海东部平均海拔2500米以下，年均温3℃—

9℃，成为全省的暖区；西北部柴达木盆地、共和盆地等，平均海拔3000米左右，年均温2℃—5℃，成为全省的次暖区；海拔4700米以上的青南高原可可西里、东昆仑山地、祁连山地等，年均温 - 4℃至 - 6℃以下，为全省冷区；其他区域，年均温在2℃左右，为全省次冷区"[51]。青海是我国降雹日最多的省份之一，湟水流域虽然是青海省内最为温暖的一个区域，但依然总体而言气温较低，加之地貌、地形条件复杂，多种因素造成了冰雹灾害的频发。雹灾多是由于气温变迁所致。"因水汽凝结时，温度在冰点以下，就形成固体之霜，而空气中水汽凝结过甚，又往往集合为大型的结晶体，冰雹就是这类结晶体中的一种"。雹灾常常具有突发性，难以预防，危害很大。尤其与洪灾相伴生时，会使灾害的破坏力极大地增强。同样，霜冻、雪灾等气象灾害的发生同样与高亢的地势，复杂的地形密切相关。

气候异常是自然灾害的直接诱因，但成灾与否则与当时的社会环境也有紧密的联系。民国时期湟水流域严重的灾害后果，既有特殊的高原性气候以及地形地貌等自然环境方面的原因，也有人口的急速增长、盲目垦殖、乱砍滥伐以及社会经济贫弱等社会经济方面的原因。

民国时期，是青海人口急剧增长的一个时期。"青海建省后，第一个见于记载的人口数是1931年统计的数据，当时青海省有15个县，同仁、囊谦两县未查报，其余西宁、玉树、都兰等13县共有114061户，637965人。此后人口增长速度加快。1936年，青海省人口达到229610户，1196054人……1942年度有户256940户，人口猛增至1512823人"[52]。湟水流域是青海省内人口最为集中的一个地区。由于人口数量增多，人类活动的规模和强度的增加，使得这里本就脆弱的生态环境进一步趋于恶化。伴随人口增长，人地矛盾不断加剧，

"灌溉条件较为便利的川水地区在乾隆年间已被开垦殆尽，人们只好将开垦的目光放在浅山、脑山地区……随着山旱地的不断增加，山地植被遭到破坏，河湟地区生态环境不断恶化"[53]。民国时期，随着垦辟规模的扩大，湟水流域水田所占比重不断降低。以乐都县为例，"耕地面积，共二八三方里二亩八方（十五万二千九百七十亩），就中旱田最多，水田次之，脑田又次之。各种田亩，分为上中下三等，上等田亩，若不遇意外，尚能丰收，下等除水田、脑田略有收成外，余因年来亢旱，已成不毛之地"[54]。互助县"可耕地约计十八万亩……水田占六分之一，旱田占六分之二，余皆为脑田"[55]。一方面环境破坏加剧了水土流失，使得湟水流域自然生态趋于恶化。另一方面，在不宜农耕的浅山、脑山地区发展农业，一遇灾害几乎毫无抵御能力。

随着人口的增长加之经济利益的驱动，民国时期湟水流域对森林的滥伐也极为严重。青海地方军阀马步芳曾经在兰州开设木器加工厂，为保障所需原料，在青海境内大肆砍伐林木，贩运至兰州牟取暴利。"互助县北山一带的森林即为马步芳派人砍伐殆尽"[56]。"到中华人民共和国建立前夕，黄河和大通河两岸已基本上没有可伐林木，森林资源遭到严重破坏"[57]。由于森林植被严重破坏，地表水土保持能力严重下降，洪水特别是山洪频发。如遇天降暴雨，随之也会引发滑坡、山崩、泥石流等自然灾害。

自然灾害通常是自然因素与社会因素共同交织作用的结果。民国时期湟水流域自然灾害频发既有该流域独特的地质与气象原因，也是人类持续开发，环境不断破坏的恶果。尊重自然，合理开发，因地制宜，科学规划是任何地区持续发展所必须遵行的基本原则。

注释：

[1][49][50][51] 张忠孝：《青海地理》，青海人民出版社 2009 年版，第 90 页，第 26 页，第 71 页，第 25 页。

[2][48] 文忠祥：《青海东部农业区气象灾害分析》，青海师范大学学报（自然科学版）1998 年第 1 期。

[3] 青海省社会处编印：《青海灾情实况》（民国卅七年元月至九月）影印本，青海省图书馆藏。

[4] 青海省文物管理处考古队，中国科学院考古研究所青海队：《青海乐都柳湾原始社会墓地反映出的主要问题》，《考古》1976 年第 6 期。

[5][8][9][10] 崔永红：《青海经济史》，青海人民出版社 1998 年，第 4 页，第 95 页，第 102 页，第 102 页。

[6] 范晔：《后汉书》，卷 87《西羌传第七十七》，中华书局 1965 年版，2875 页。

[7] 班固：《汉书》，卷 69《赵充国辛庆忌传》，中华书局 1962 年版，第 2968 页。

[11] 宋祁、欧阳修：《新唐书》，卷 53《食货三》，中华书局 1975 年版，第 1372 页。

[12] 张保见：《民国时期青藏高原经济地理研究》，四川大学出版社 2011 年，第 52 页。

[13][14][15] 青海省地方志编纂委员会编：《青海历史纪要》，青海人民出版社 1987 年版，第 289 页，第 301 页，第 320 页。

[16][23][24][34][35][39] 青海省地方志编纂委员会编：《青海自然灾害》，青海人民出版社 2003 年版，第 70 页，第 7 页，第 7 页，第 8 页，

第176页,第160页。

[17] 佚名:《青海省各县风土调查记》,甘肃省图书馆藏1959年复制,第32页。

[18][22] 马鹤天:《甘青藏边区考察记》,载《中国西北文献丛书》第四辑第20册,兰州古籍出版社2008年版,第311页,第315页。

[19] 侯鸿鉴、马鹤天:《西北漫游记·青海考察记》,甘肃人民出版社2003年版,第157页。

[20] 吕志松:《解放前青海征收田赋的概况》,载于青海省政协学习和文史委员会编:《青海文史资料集萃·工商经济卷》2001年版,第270页。

[21] 陈赓雅:《西北视察记》,甘肃人民出版社2003年版,第41页。

[25][26][27][29][30][31][32][33][36][37][38][40][41][45][46] 温克刚主编,王莘本卷主编:《中国气象灾害大典(青海卷)》,气象出版社2007年版,第19页,第20页,第20页,第21页,第21页,第21页,第22页,第22页,第55页,第56页,第57页,第113页,第113页,第170页,第170页。

[28][42][43][44] 青海省地方志编纂委员会编:《青海省志·气象志》,黄山书社1996年版,第72页,第78页,第103页,第103页。

[47] 马宗晋:《灾害学导论》,湖南人民出版社1998年版,第63页。

[52][57] 崔永红、张得祖、杜常顺主编:《青海通史》,青海人民出版社1999年版,第747页,第659页。

[53] 陈新海:《青海地区历史经济地理研究》,四川大学出版社2011年版,第124页。

[54][55] 顾执中、陆诒:《到青海去》,中国青年出版社2012年版,第178页,第263页。

[56] 青海省地方志编纂委员会编:《青海历史纪要》,青海人民出版社1987年版,第426页。

与袁瑞合著,原载于《宝鸡文理学院学报》(哲学社会科学版)2018年第3期

第二编　区域开发与经济发展

柳湾遗址与河湟古代文明探索

位于湟水中游北岸的乐都柳湾遗址是我国迄今已知规模最大、保护最完整的一处原始社会晚期氏族公共墓地，也是目前我国史前考古中发掘墓葬最多的地点。柳湾遗址于1974年7月中旬开始正式发掘，到1986共发掘墓葬1732座，出土石器、陶器、骨器、角器等文物37506件。关于这一遗址的发掘报告《青海柳湾－乐都柳湾原始社会墓地》由于出版较早，仅包含1974—1978年发掘的前1500座墓葬材料,其后发掘的M150l-M1732的资料尚未整理公布。[1]柳湾墓群在我国新石器时代考古发掘及研究史上具有非常重要的学术地位。柳湾遗址的发掘，使我们看到了一条流淌于黄土地上的人类彩陶文化长河，也为我们打开了一扇和先民对话的窗口，揭示出河湟这块土地悠久的历史和灿烂的文明。

一、柳湾遗址的文化内涵

柳湾遗址的文化内涵五彩缤纷，复杂多样。对于某些学术问题，学者们也意见纷纭，观点不一。目前已取得共识的是，这一遗址的年代从新石器时代晚期到青铜时代，前后跨越1000余年，包含了马家窑文化的半山类型、马厂类型以及齐家文化和辛店文化等多种考古文化类型。

马家窑文化发现于1923年，是由瑞典学者安特生最早在甘肃发现的，但安特生错误地将其列入了仰韶文化序列，并且提出"甘肃所出较多之彩色陶器，吾人亦不敢认为是真正中华民族之器"，"彩色陶器之故乡，乃近东诸部"，[2] 由此引出"中国文化西来说"。安特生之后，中国考古学家尹达、裴文中、夏鼐等人对甘青地区做了大量考古调查、发掘和研究工作，都指出了安特生对这一文化分期与"西来说"的错误。到1949年，夏鼐先生在《临洮寺洼山发掘记》一文中首次将这一类型的文化命名为"马家窑文化"[3]，将对这一类型文化的研究引入了正确轨道。新中国成立以后大量遗址的发掘，尤其是柳湾遗址的发掘，更是雄辩地证明了中国学者的正确论断。

目前考古学界将马家窑文化划分为石岭下类型、马家窑类型、半山类型、马厂类型四种类型。柳湾遗址中现已发掘半山类型墓葬257座，马厂类型墓葬872座。[4] 考古学界根据近年来的考古新发现和诸多资料的分析，将半山、马厂类型各分为早、中、晚三期。柳湾的材料是诸多考古发现中最典型、最全面的，也是最为重要的分期依据。

绝大多数学者认为，马家窑文化半山类型处于母系氏族社会发展阶段，马厂类型则处在由母系氏族社会向父系氏族社会过渡的阶段。柳湾遗址的研究证明了这一论断。从柳湾半山类型墓葬的规模大小、葬品的多寡、葬式异同等方面考察，当时氏族成员之间、两性之间不存在主从、贵贱、贫富之分，他们都是平等的，其实应该仍是以血缘关系为纽带组成的母系为中心的氏族社会。马厂类型阶段的墓葬，不论墓制、规模还是随葬品数量都明显地存在着差别。有的墓很小而且简陋，随葬品仅一两件，有的墓规模大，随葬品也很丰富。如柳湾M564墓，随葬品共有95件，仅陶器就有91件。[5]从中揭示出柳湾先民中已出现了私有制的萌芽和贫富不均的社会现象。但从大多数墓葬的情况看，两性间的社会地位差别并不是很突出。柳湾遗址中已发掘的单体墓共143座，其中男性墓76座，随葬陶器1739件，平均每一墓葬为22.88件，女性墓共67座，随葬陶器1498件，平均一墓葬27.35件。从合葬墓中男女两性的葬式和位置来看，均以仰身直肢葬为主，两棺并列，不分主次，说明他们的社会地位并没有太大差别。到马厂后期，一些男性墓规模较大，随葬品也比较丰富，显示出男性地位已开始超越女性。因此可以推断，这一时期，柳湾先民的社会发展阶段已处于由母系氏族社会向父系氏族社会过渡的时期。

齐家文化是晚于马家窑文化的史前文化遗存，因其最早发现于甘肃省广河县齐家坪而得名。柳湾遗址中共发掘齐家文化墓葬366座，是齐家文化遗址中发掘墓葬最多的一处。由于柳湾遗址以及甘肃天水师赵村、西山坪等处遗址的发掘研究，学术界现已基本明确地将齐家文化分为东、中、西部三个区域五个类型。其中西区指的是甘肃省西部和青海省东部地区，具体包括青海境内的黄河上游及其支流湟水流域及甘肃的河西走廊。依其文化内涵的差别，又将这一区域内的齐家文化分为皇娘娘台类型和柳湾类型。可以说，柳湾遗址的发掘极大地丰富了齐家文化的内涵，推动了学术界对这一史前文化的研究。

柳湾齐家文化墓葬出土的器物除造型多样的陶器外，还有大量用石、骨、玉等不同原料制作的生产工具和生活用具以及一些装饰物。这些器物既保留有马家窑文化马厂类型的部分特征，又包含了齐家文化的基本因素。在出土的160余件较为完整的陶器中，出现了高圈足陶杯、双耳彩陶罐、鸮面罐、带嘴罐和竖横耳相叠的罐等为其他文化类型所罕见的新颖器型，成为齐家文化柳湾类型特有的文化内涵之一。

柳湾遗址发掘研究以前，考古学界对齐家文化与其他考古学文化，如马家窑文化、辛店文化、卡约文化等文化遗存的相互关系存在较大的争议，甚至有的论著认为马家窑文化与齐家文化是平行关系。柳湾遗址的发掘材料毫无疑义地证明了齐家文化与马家窑文化的继承关系，即齐家文化是承袭了马家窑文化的马厂类型而来。根据目前的研究，柳湾墓地中有14组墓葬存在齐家文化与马厂类型之间的叠压关系或打破关系。如M392打破M391，M271打破M281。前者皆属于齐家文化，后者也就是被打破者均属于马厂类型。这就为判定两者的相对年代提供了确凿的地层证据，可以明确齐家文化的年代晚于马厂类型。此外，柳湾遗址中葬式的变化，彩陶纹饰、器形的演变也可以说明齐家文化是继承马家窑文化而来，消除了困扰学术界较长时间的一个争议。

柳湾遗址中齐家文化墓葬表明，这一时期乐都先民的社会发展阶段已经处于原始社会末期，私有制开始产生，贫富分化也非常悬殊。如柳湾第972号墓，是一个有墓道和墓室的大墓，通长4.2米，随葬品多达31件,其中有陶器27件,绿松石6颗,串珠1串。[6]
而971号墓,墓坑仅有1.5米长,并且没有任何随葬品。314号墓更能说明这一问题,这座墓的主人为一男性,仰身直肢平躺于木棺内,另一女子侧身屈肢置于棺外,而且一条腿被压在棺下,显然是为墓主人而殉葬的。[7]

辛店文化是1924年在甘肃临洮辛(店)村首次发现而得名的。这一文化分布范围广泛,在黄河上游及其支流渭河、洮河、大夏河、湟水等流域都有着疏密不同的分布。其中在大夏河流域和湟水流域分布最为集中。柳湾遗址中经过发掘研究的辛店文化墓葬仅有5座,数量较少,出土文物也不是很多。但这些材料是对该文化研究资料的重要补充,在辛店文化的分期断代上具有重大研究价值,对我们了解这一时段乐都先民的生产生活状况同样具有非常重要的意义。

通过目前的考古发掘成果,考古学家们已经排列出了中国西部地区史前文化的编年序列:

马家窑文化石岭下类型→马家窑文化马家窑类型(公元前2500—前2300年)→马家窑文化马厂类型(公元前2300—前2000年)→齐家文化→四坝文化(公元前1900—前1400年)→卡约文化(公元前1600—前600年)→辛店文化→寺洼文化→诺木洪文化(公元前1400—前700年)→沙井文化(公元前900—前600年)。[8]

而柳湾遗址文化内涵丰富,从马家窑文化的半山类型到辛店文化一脉相承,绵延不绝,发展序列清晰。这一遗址的发掘研究为我们清晰地揭示了生活在乐都这片土地上的原始先民艰难的跋涉奋进历程。

二、出土文物与先民的日常生活

柳湾遗址中出土了 3 万余件各类文物，通过对这些文物的器型、制作方法及用途的研究，可以为我们勾勒出先民们艰辛的生产活动场景。柳湾出土的生产工具，种类繁多，主要有石斧、石凿、石刀、石镰、石矛、石球、石锛、石凿以及陶纺轮、骨针，等等。

柳湾遗址出土的这些生产工具表明，农业生产是当时最主要的生产门类。《白虎通义·号》中说："古之人民皆食禽兽肉。至于神农，人民众多禽兽不足。于是神农因天之时，分地之利，制耒耜，教民农作，神而化之，使民宜之，故号之神农也。"这段话概括了种植业产生的过程，柳湾遗址的研究也说明了这一过程。当时人们进行农业生产的过程大体上符合《国语·鲁语》中的一段记载："昔烈山氏之有天下也，其子曰柱，能殖百谷百蔬。"也就是说当时种植的方式是放火烧山丘之草木，然后以"柱"（木棒）插洞点种。在柳湾墓地随葬的粗陶瓮内经常会发现有粟的朽粒。[9] 可以推断，粟是当时人们的主要食粮，是最重要的一种农作物。由于农业生产水平的低下，粮食产量不会很高，难以保障人们正常的食物来源。因此，采集与狩猎应该也是柳湾先民们非常重要的生产活动，是农业收获不足的必要补充，在经济生活中也发挥着很大的作用。

通过对柳湾遗址的研究并参考与其同类型的其他文化遗址，我们还可以确定，当时的原始先民已经开始饲养家畜了，猪、狗、羊等是当时的主要家畜。家畜的驯化，反映了社会生产力水平的进步。由于狩猎效率的提高，人们捕获量有所增加，对于那些吃不完而且尚能存活的动物，便开始考虑留待以后食用和进一步驯养的问题。

通过选择和淘汰,人们学会了"拘兽以为畜"的方法。家畜的饲养,更有保障地给先民们提供了肉、毛皮、油脂、骨头等生活资料,改善了他们的食物结构,推动了他们的体质进步。

柳湾出土的3万余件文物中有一多半是形态各异,制作精美的彩陶。通过对这些彩陶器形和具体用途的研究,可以为柳湾先民的日常生活尤其是饮食生活勾勒出一个粗略的轮廓,使我们对他们的基本物质生活产生一种亲切的感受。

陶器的出现意味着人和动物在饮食文化上的差异,因此学术界将陶器的制造列为新石器时代的一个重大标志。陶器的发明和使用使人类开始了经常、固定、持续不断的熟食生活。这就将人类和动物在维持生命的生物本能这一层面上彻底地区分了开来。从此以后,人类的饮食行为不仅是为了维持人的生命的一种生物性本能,而且同时还成为人类一种重要的文化创造,正如《礼记》所言"夫礼之初,始诸饮食"。"礼"的开始,也就是文化的起源和开始,其以饮食的出现为其外在表征,而饮食的出现,又是以陶器的发明为前提条件的,可见陶器的出现和陶器时代的到来,标志着人类文化的开始。

柳湾彩陶器型多样,造型各异,可以满足人们日常生活中的不同需求。从采用的原料和颜色来分,有泥制红陶、夹砂红褐陶、泥质灰陶等,以红褐色陶为最多。半山类型阶段的器型有陶壶、彩陶盆、彩陶罐、陶瓶等十余种。[10] 马厂类型阶段除平底器外,还出现了圈足器,器型有陶盆、长颈陶壶、双耳彩陶罐、粗陶双耳罐、敛口陶瓮、小口垂腹陶罐、侈口陶罐、四耳陶罐、方形彩陶器、葫芦形陶罐、提梁陶罐、人像彩陶壶、人面彩陶壶、粗陶瓮等三十多种。[11] 齐家文化阶段的陶器以平底器为主,其次为圈足器,还有一些三足器。器型主要有碗、盉、杯、尊、单耳罐、双大耳罐、三耳罐、四耳罐、侈口罐、敛口瓮、豆、盉、鬲等二十多种。[12]辛店文化阶段出土陶器较少,底部多呈圆底或小平底,主要有小口高颈陶壶和双耳陶罐等,腹部较浑圆,器形一般比较高大。[13]

柳湾遗址不同阶段陶器器型的变化折射出先民们在生活用具方面的不断进步,也反映出他们的日常饮食种类与烹饪方法正日益变得丰富多彩。

三、彩陶造型纹饰与柳湾先民的精神生活

在物质生活不断取得进步的同时,柳湾先民的精神生活领域也呈现出丰富的文化内涵。柳湾被誉为"彩陶的王国",这一遗址中最为世人所瞩目的便是数量巨大,制作精美的各类彩陶。柳湾彩陶之于中国艺术发展史,乃至整个人类艺术发展史的意义,在于它以数量的巨大、品类的丰富和时间跨度的久远而构成一个特殊的艺术天地。线条流畅,构图巧妙的彩陶纹饰既是先民们艺术才能的展示,更是先民们精神思维的一种表现,折射出先民在一个相当长的历史发展阶段的物质生活和精神世界的状况,特别是艺术创造精神和美感意识的特征。

柳湾彩陶的器型纹饰,大体上可分为几何线条、动物线条及写生图画几大类。几何线条纹饰是柳湾彩陶纹饰中图案最为丰富多彩的一种,主要有涡纹、葫芦形纹、圆圈纹、齿带纹、条纹、方格纹等等。它们以横、竖、斜、弧、涡、曲、折等形状的线条,通过平行、交叉、重复、叠压、连续、间隔、粗细、疏密等变化组合的手法,构成对称图案,有的还在线条之间填上红、褐、黑等颜色,使得图案色彩对比强烈而又和谐,画面线条流畅,构图严谨。其技法成熟程度至

今还令人赞叹不已。总的看来,各种图案的构成已经能根据器物的用途和器型来选择相应的题材,能随着同一器型的口沿、颈、肩、腹、圈足等不同部位而有相应的变化,并能运用连续、反复、对称、平衡等手法组织成各种布局对称、均衡的几何型成非几何型图案。柳湾彩陶纹饰的变化多样是令人叹为观止的,这里出土的旋涡彩陶罐、双耳彩陶壶、多圈纹彩陶罐、全蛙纹彩陶瓮和带盖彩陶瓮开论透型还是纹饰都十分精美。

需要指出的是,柳湾彩陶上的这些图案,并不是单一地出现在某一件器物上,而经常是几种图案出现在器物的不同部位上,形成统一的和谐的艺术效果。当时的人们已经能够注意到构图的均衡、协调,保持力度的均衡,对虚实、高低、轻重、大小、疏密、间隔等对比手法,运用的颇为熟练。还有一些纹样构成别具一格,对称中有不对称,连续中又显得不连续,方法多样,被认为是后世装潢图案艺术的源头,显示出图案的描绘者已具有相当的美术素养。

除了几何纹样外,还有一些彩陶上的图案纹饰是由植物花纹或动物(如青蛙)图案变形而来的,从中可以看出彩陶纹饰与人们生产生活深厚的渊源关系。柳湾彩陶上动物线条纹饰有蛙纹、鸟形纹、狗纹、鹿纹等多种,其中最主要最常见的是蛙纹,其他动物形纹饰仅零星出现在柳湾后期齐家文化的一些陶器上。据学者研究,新石器时代彩陶上出现的鱼纹、蛙纹、鹿纹、鱼纹等图案可能具有一定的宗教意义,青蛙纹饰有可能是远古图腾崇拜及生殖崇拜的一种侧面反映。柳湾彩陶上的青蛙纹饰出现频率极高,有全蛙、半蛙、蛙肢等多种式样,有学者研究指出,柳湾遗址中仅马家窑文化阶段在彩陶上出现的变体蛙纹就达 11 种之多。绝大多数学者认为,青蛙是性和生殖的象征,先民们对青蛙纹饰的钟爱,具有祈求繁殖,渴望丰饶的特殊意义。

在数量众多的柳湾彩陶中还有一些为数不多的器型纹饰具有写实性特征的器皿。这些器皿以其精美的造型和丰富的文化蕴涵引起了国内外学术界的关注和重视。其中彩塑裸体人像彩陶壶、鸮面罐、彩陶靴等国宝级文物是柳湾彩陶最高艺术水准的体现，从一个侧面折射出柳湾先民的审美情趣和精神信仰。

四、柳湾彩陶单体符号与文字的起源

文字，是记录语言的书写符号，是人类最为重要的辅助性交际工具之一。文字的产生，在人类面前展现了文明的曙光，人类社会也正是"由于文字的发明及其应用于文献而过渡到文明时代"[14]。

自从商代的甲骨文被确认以后，甲骨文就被视为中国最为古老的文字。但是通过对甲骨文的识读，人们发现那些刻划在龟甲、兽骨上的字符，已经具备了象形、形声、转注、假借、指示、会意等汉字"六书"构造，具备系统的字法和句法规则，是一种非常成熟的文字。据粗略统计，目前出土的16万片有字甲骨中，单字字数已多达4500个左右，完全可以满足人们的书写和记录需要。

作为一种成熟的文字，人们很自然地认为甲骨文的出现不可能是突发事件，在此之前一定有一段漫长的发展过程。也就是说，甲骨文不可能是中国文字的源头，探究汉字的起源，必须进一步探索商代以前的文明。随着新石器时代考古成果的不断涌现，当考古资料积累到一定程度时，研究者发现，很多新石器时代的陶器上都有一些刻画或书写的单体符号。这些单体符号最早在距今约8000年的大地湾一期文化中就已出现，在大地湾出土的二十多件器皿和陶片上，考古工作者发现了18种不同绘样的彩绘单体符号。[15]在距今约6000多年的大地湾二期文化（即仰韶早期）的彩陶器皿上也出现了十余种刻划符号。在其后的西安半坡遗址和临潼姜寨遗址中，彩陶上的单体符号数量不断增加，分别有22种和38种。柳湾遗址，许多彩陶上出现的符号都是相近或一致的，也就是说，其含义可能历经数千年而不变，具有较为稳定的文字特性。

郭沫若先生曾对半坡遗址发现的刻划符号进行过专题研究，他在《古代文字之辩证的发展》一文中指出："……刻划的意义至今尚未阐明，但这种数量上的增加到柳湾遗址时则出现了一个高峰。据粗略统计，柳湾遗址中仅马厂时期出现单体符号的彩陶器就多达679件，从中可以区分出139生的一些简单文字。"[16]古文字学家于省吾在《关于古文字研究的若干问题》[17]一文中也写被世人重新认识。两位学者表达的是同一个意思：这些符号虽然现在还不能释读，但是它们作为表达一定意思的原始文字是毫无疑义的。单体符号的研究为柳湾彩陶赋予了新的含义，随着研究的深入，河湟地区在中国文明起源中的地位也必将有种不同的符号式样。[18]更为重要的是，从大地湾遗址到半坡遗址、姜寨遗址再到柳湾遗址，无疑是具有文字性质的符号……可以肯定地说就是中国文字的起源，或者说中国原始文字的孑遗。[19]

注释：

[1][4][5][6][7][9][10][11][12][13][18]青海省文物考古队、中国社会科学院考古研究所：《青海柳湾》第3页，第3页，第84页，第192页，第184页，第97页，第25页，第98页，第200页，第236页，第159页，文物出版社1984年版。

[2]安特生著，乐升寻译：《甘肃考古记》，载《地质专报》甲种

第五号，农商部地质调查所1925年印行，第37—42页。

[3] 夏鼐:《临洮寺洼山发掘记》，载《考古学论文集》，科学出版社1961年版，第123—126页。

[8] 谢端琚:《甘青地区史前考古》，文物出版社2000年版，第241页。

[14] 恩格斯:《家庭、私有制和国家的起源》,《马克思恩格斯全集》第21卷，人民出版社1995年版，第35页。

[15] 甘肃文物工作队:《甘肃秦安大地湾遗址1979至1982发掘的主要收获》,《文物》1983年第8期。

[16][19] 郭沫若:《古代文字之辩证的发展》,《考古学报》1972年第1期。

[17] 于省吾:《关于古代文字研究的若干问题》,《文物》1987年第12期。

原载于《青藏高原论坛》2014年第1期

简论羌人对青海农牧业发展的开拓地位

羌是我国民族大家庭中一个历史非常悠久、分布广泛而又影响深远的民族。作为青海境内最早的民族,羌人活动构成了青海早期历史的主线。目前,越来越多的学者将青海地区所发现的卡约文化、辛店文化、诺木洪文化等青铜时代的考古学文化视为早期羌人所创造的。[1] "至于时代较早的齐家文化乃至更早的马家窑文化,视之为先羌文化也是大致不误的。"[2] 更有学者明确指出,"宗日文化虽然属于定居的农业生活,但他们也饲养羊、狗、猪等牲畜。在这一时期,羌文化的不少因素已经出现;齐家文化则属于定居向游牧转变时期,马家窑文化是羌文化发育、成长的标志时期;而辛店文化、卡约文化、寺洼文化等则是完全走向游牧的时期,即羌文化的相对成型期。"[3]

一、羌人对青海地区畜牧业发展的贡献

学术界普遍认为"青海地区大规模畜牧业的兴起是青铜器时代卡约文化时期的事,至于游牧经济的产生更晚至卡约文化后期"[4]。而青海境内所发现的卡约文化、辛店文化、诺木洪文化等青铜时代的考古学文化均被学术界视为早期羌人所创造的文化。也就是说,是远古羌人用悠悠的羌笛吹奏出了青海畜牧业发展的开篇,在青海畜牧业的发展历史上具有开拓性的"首创"之功。

两汉时期,羌人各部遍及西北,分布地域更加辽阔,"滨于赐支,至乎河首,绵地千里……南接蜀、汉徼外蛮夷,西北鄯善、车师诸国"[5]。而这一区域的大部分地区水草丰美,适于游牧,为其畜牧业的发展提供了广阔的空间。"自武威以西,……地广人稀,水草宜畜牧。故凉州之畜为天下饶。"[6]"(祁连)山张掖、酒泉二界上,东西二百余里,南北百里,有松柏五木,美水草,冬温夏凉,宜畜牧。"[7]历代史籍提及西北的地理环境时都将"宜畜牧"作为一个主要特征。而羌人最主要的聚居中心——河湟地区,位于青藏高原东部边缘,更是一个草场广阔,牧草丰美的理想游牧之所。"河湟间少五谷,多禽兽,以射猎为事"[8],是古人对这里生态状况的一个简要概括。基于这样一种地理环境,生活在这里的古羌人"所居无常,依随水草。地少五谷,以产牧为业"[9],可以想见诸羌的牧业更趋于发展且成为羌族主要的经济生产方式。[10]畜牧业生产不仅是羌人的衣食之源,而且为他们提供了必需的生产资料以及运输工具,涉及日常生活的每一个方面。因此,史籍当中在提及羌人的生产方式时才会说他们"以畜产为命"[11]。

畜种结构，是畜牧业最主要的生产结构。它基本上反映了草原自然生态环境和人类基本需要之间的关系，决定着其他生产结构的状态。放牧的家畜品种直接决定了人类对草地利用方式、程度和效率，也反映草地资源对家畜放养的促进和制约关系。羌人根据青海当地自然条件和生产生活需要，在长期的生产实践中，选择繁育出了许多家畜品种，已经形成了丰富的家畜品种资源和较为复杂的品种结构。"各种类、品种之动物皆因其动物性而有其所宜的生活环境。人们因其环境，选择牧羊特定动物性的牲畜，或经由选种、配种繁殖有特定'动物性'的牲畜，以获得主要生活资料。因此养何种牲畜，每一种应饲养多少，是游牧经济中的重要考虑——这就是所谓畜产构成。"[12]自史前青铜时代以来，有"西戎牧羊人"之称的古羌诸部，就拥有发达的牧羊业，并同时畜养了牛、马、猪、狗乃至骆驼等家畜。羌人对于青海游牧社会的贡献，首推对羊的驯化与繁育。

　　现代自然科学研究表明，今天青海草原上最主要的畜种——藏系羊，是由野生盘羊驯化而来的。"在全国范围内既是古盘羊的生存区，又是古盘羊现生种——野盘羊的生存区，还是与古盘羊、野盘羊生物学特性、特征（短瘦尾及螺旋形角）相一致的今日藏系绵羊的生存区，西北是唯一的。"[13]这不是偶然的巧合，这主要是古盘羊现生种—野盘羊与现在命名为藏系绵羊的其亲近的血缘关系，"即相互交配能繁殖外形一致的正常后代……古盘羊驯化的古今资源是一脉相传和齐备的。"[14]

　　家畜的驯化是畜牧业生产的先决条件，是人类社会历史演进的里程碑事件。一种野兽野禽驯化成家畜家禽，绝对不是一蹴而就的事情，需要经历漫长的畜种选择和优化。而各种野生动物的驯化除了种群资源的存在还必须具备一定的生态条件才能完成。生态条件不仅包括自然生态条件,而且还包含着社会经济条件。"在古代氐羌的族群和地域中,社会经济条件对古盘羊的驯化是重大的决定力量,施展这种力量的只有古氐羌人。在今天也找不到其他族群了。"[15]

马是古羌人驯养的另外一种重要动物,在卡约文化大华中庄类型中就有用马、牛与羊的腿、足、蹄来殉葬的习俗。此类习俗不仅反映这些牲畜在他们的日常生计中十分重要,也显示这些牲畜的"移动力"(以其腿、足、蹄为象征)对人们有特殊意义。[16]从某种意义上说,马是游牧民族的象征。马的使用,使游牧业的发展成为可能,马可以运输、曳车、作战、骑射和管理畜群,马可以给人们提供皮、肉、乳、鬃、尾。马强化了牧民的好动心理,加剧了其牧业生活的流动性,扩展了其生活半径。自从有了马,牧民就突破了许多地理限制,可以向远处乃至更远处运动。"马成了流动的家,马可以驮水载粮,人可以在马上打盹,老马识途,撒脱缰绳让马走,它也不会迷路。这样在运动中就不惮跋涉之劳。"[17]马还使游牧民族增大了活动能量,增加了冲杀搏击的勇气,塑造了其骁勇与剽悍的民族性格。总而言之,乘马使游牧人牧放大群牲畜成为可能,构建了游牧社会的基本结构。在许多游牧社会,牧人都常将移动力强的马群带到较远的草地去放牧,以免它们与牛、羊争食。而牛羊通常放牧在营地附近,就此形成了不同畜种的地域划分。在大华中庄遗址中,男人随葬马骨、女人随葬牛骨,也显示放牧上的两性分工——男人领着马群到较远处放牧,牛、羊在营地附近,由女人及小孩就近看管。近代河湟地区的游牧藏族也是如此。[18]

在青海今天的畜牧业品种构成中,马所占的比例已经非常微弱了,与藏系羊的饲养能够相提并论的只有牦牛。牛也是古羌人一个非常重要的畜牧品种,但羌人所牧之牛是否是"牦牛"则在学术界存在较大争议。在《后汉书·西羌传》中有"牦牛羌"的记载,以牦牛为族号说明了这一青藏高原的独特物种已经被羌人所驯化。但从另一个角度也说明牦牛的畜养并不普及,所以才成为区别"牦牛羌"与其他羌人的标志。另外,由"文献记载可知,汉代河湟羌人的生计活动离不开山谷,这个高度(约在2000—2300米)也不适于牦牛饲养"。因此"许多证据都显示,汉代河湟地区可能没有大量、普遍的牦牛畜养;即使有,其数量可能也相当少,而难以呈现在文献记载及考古遗存上"[19]。

两汉时期的诸羌部落除了畜牧业品种齐备以外,其畜养的牲畜数量也是十分惊人的,畜牧业发达程度远超过今人的想象。从以下《汉书》及《后汉书》中所载的历次汉羌战争中汉军所掳获羌人牲畜的记录,我们可以初步得出一个羌人社会游牧规模的概貌:

1. 神爵元年(公元前61年):虏赴水溺死者数百,降及斩首五百余人,卤马牛羊十万余头,车四千余两。(《汉书》卷69《赵充国传》)

2. 永光三年(公元前41年):左将军光禄勋奉世前将兵征讨,斩捕首虏八千余级,卤马牛羊以万数。(《汉书》卷79《冯奉世传》)

3. 建武八年(32年):(来)歙乃大修攻具,率盖延、刘尚及太中大夫马援等进击羌于金城,大破之,斩首虏数千人,获牛羊万余头,谷数十万斛。(《后汉书》卷15《来歙传》)

4. 建武九年(33年):(马)援乃发步骑三千人,击破先零羌于临洮,斩首数百级,获马牛羊万余头。守塞诸羌八千余人诣援降。(《后汉书》卷24《马援传》)

5. 建初二年(77年):烧当羌降,防还京师,恭留击诸未服者,首虏千余人,获牛羊四万余头。(《后汉书》卷19《耿弇传》)

6. 建初三年(78年):斩获千余人,得牛羊十余万头。(《后汉书》

卷24《马援传》)

7. 章和二年(88年):斩首虏六百余人,得马牛羊万余头……复追逐奔北,会尚等夜为羌所攻,于是义从羌胡并力破之,斩首前后一千八百余级,获生口二千人,马牛羊三万余头。(《后汉书》卷16《邓训传》)

8. 永元八年(96年):司马寇盱监诸郡兵,四百并会。迷唐惧,弃老弱奔入临洮南。尚等追至高山。迷唐穷迫,率其精强大战。盱斩虏千余人,得牛马羊万余头。(《后汉书》卷117《西羌传》)

9. 永宁元年(120年):上郡沈氏种羌五千余人复寇张掖。其夏,马贤将万人击之。初战失利,死者数百人,明日复战,破之,斩首千八百级,获生口千余人,马牛羊以万数,余虏悉降。骑都尉马贤与侯霸掩击零昌别部牢羌于安定,首虏千人,得驴骡骆驼马牛羊二万余头,以畀得者。(《后汉书》卷117《西羌传》)

10. 建光元年(121年):马贤率兵召卢忽斩之,因放兵击其种人,首虏二千余人,掠马牛羊十万头,忍良等皆亡出塞。(《后汉书》卷117《西羌传》)

11. 阳嘉四年(135年):马贤亦发陇西吏士及羌胡兵击杀良封,斩首千八百级,获马牛羊五万余头,良封亲属并诣贤降。(《后汉书》卷117《西羌传》)

12. 永和三年(138年):马贤将兵赴击,斩首四百余级,获马千四百匹。(《后汉书》卷117《西羌传》)

13. 永和四年(139年):四年,马贤将湟中义从兵及羌胡万余骑掩击那离等,斩之,获首虏千二百余级,得马骡羊十万余头。(《后汉书》卷117《西羌传》)

14. 永和五年(140年):武威太守赵冲追击巩唐羌,斩首四百余级,

得马牛羊驴万八千余头,羌二千余人降。(《后汉书》卷117《西羌传》)

15. 汉安三年(144年):赵冲与汉阳太守张贡掩击之,斩首千五百级,得牛羊驴十八万头。(《后汉书》卷117《西羌传》)

16. 延熹八年(165年):(段)颎凡破西羌,斩首二万三千级,获生口数万人,马牛羊八百万头,降者万余落。(《后汉书》卷65《段颎传》)

17. 建宁二年(169年):(段颎)凡百八十战,斩三万八千六百余级,获牛马羊骡驴骆驼四十二万七千五百余头,费用四十四亿,军士死者四百余人。更封新丰县侯,邑万户。(《后汉书》卷65《段颎传》)

从以上两汉书中的不完全统计可以看出,两汉时期西北诸羌部落主要畜养的是马、牛、羊三种牲畜,此外还有少量的驴、驼等品种。汉军动辄俘获数万、十数万乃至数十万头牲畜,每次战争过后,都是"降虏载路,牛羊满山"[20],足见羌人社会的畜牧规模已经达到了相当水平。

游牧是两汉时期羌人经济生活的普遍方式,"逐水草而居""所处无常"是其日常生活的真实写照。"在正常情况下,他们应是依季节变化、并大体上在一个相对固定的区域之内进行轮牧,并非时时处于仅为'逐水草'而无规律的长距离跋涉之中。"[21]汉昭帝时,汉酒泉太守辛武贤在给皇帝的上奏中提到:

"虏以畜产为命,今皆离散,兵即分出,虽不能尽诛,亶夺其畜产,虏其妻子,复引兵还,冬复击之,大兵仍出,虏必震坏。"[22]

晓畅羌人情况的辛武贤给皇帝建议,羌人在七月间要分散为一个个小群体,各自寻求水丰草肥之所进行畜牧。此时汉军最好散为小股部队,对其分而击之。冬天,羌人则聚集在越冬草场,就需要动用大部队进行军事打击。从辛武贤的建议可以看出,当时羌人并不是盲目的逐水草,而是有规律可循的。《汉书·赵充国传》还记载"至冬，庐皆当畜食，多藏匿山中，依险阻"。明确告诉我们，羌人冬天所居之地，与其他季节大为不同。该书的以下一段记载更能说明问题：

"光禄大夫义渠安国使行诸羌，先零豪言愿时度湟水北，逐民所不田处畜牧。安国以闻。充国劾安国奉使不敬。是后，羌人旁缘前言，抵冒度湟水，郡县不能禁。"[23]

这段记载明确告诉我们，先零羌之所以冒着极大的危险北渡湟水，是为了在湟水之北的广大区域放牧牲畜。这是其游牧生产的特性所决定的，畜牧业转场关系到整个部族的生存，先零羌才会"抵冒度湟水"。

二、羌人对青海地区农业发展的推动

除了畜牧业以外，两汉时期诸羌部落的农业生产在其经济结构中也占有一定比例。《后汉书》中对于河湟地区羌人农业活动的开始有着较为明确的记载。该书中的《西羌传》云：

"羌无弋爰剑者，秦厉公时为秦所拘执，以为奴隶。不知爰剑何戎之别也。后得亡归，而秦人追之急，藏于岩穴中得免。羌人云爰剑初藏穴中，秦人焚之，有景象如虎，为其蔽火，得以不死。既出，又与劓女遇于野。遂成夫妇。女耻其状，被发覆面，羌人因以为俗，遂俱亡入三河间。诸羌见爰剑被焚不死，怪其神，共畏事之，推以为豪。河湟间少五谷，多禽兽，以射猎为事。爰剑教之田畜，遂见敬信，庐落种人依之者日益众。羌人谓奴为无弋，以爰剑常为奴隶，故因名之。其后世世为豪。"[24]

可见从被奉为河湟羌人鼻祖的无弋爰剑时期开始，羌人就在从事畜牧业的同时兼营农业。史籍中也有很多羌人种麦或汉军从羌人那里掳获谷麦的记载。如赵充国进军河湟之时"皇帝问后将军,甚苦暴露。将军计欲至正月乃击罕羌,羌人当获麦,已远其妻子"[25]。在赵充国击败了先零羌以后,又下令让士兵"毋燔聚落刍牧田中"[26]。建武九年(33年)"朝臣以金城破羌之西,涂远多寇,议欲弃之"[27]。时任陇西太守的马援上奏,"破羌以西城多完牢,易可依固;其田土肥壤,灌溉流通。如令羌在湟中,则为害不休,不可弃也。"结果"帝然之,于是诏武威太守,令悉还金城客民。归者三千余口,使各反旧邑。援奏为置长吏,缮城郭,起坞候,开道水田,劝以耕牧,郡中乐业"[28]。以上记载都说明羌人在从事牧业生产的同时也以农业作为一个重要补充。

赐支河曲的大小榆谷(今青海黄河南岸贵德、尖扎、贵南、同德等县一带)是羌人的一个主要农业区,先零、卑湳、烧当等羌先后据此而部落强大。"自建武以来,其犯法者,常从烧当种起。所以然者,以其居大、小榆谷,土地肥美,又近塞内,诸种易以为非,难以攻伐。南得钟存以广其众,北阻大河因以为固,又有西海鱼盐之利,缘山滨水,以广田畜,故能强大,常雄诸种,恃其权勇,招诱羌胡。"[29]永元四年(92年)"居延都尉贯友代为校尉。友以迷唐难用德怀,终于叛乱,乃遣驿使构离诸种,诱以财货,由是解散。友乃遣兵出塞,攻迷唐于大、小榆谷,获首虏八百余人,收麦数万斛"[30]。可见这里的农业产量是颇为可观的。

三、几点结论

1. 古羌人书写了青海游牧社会的开篇,他们在牲畜驯化尤其是藏系羊的繁育上的贡献最为突出。"古羌人成功地驯化了古盘羊,育成了古羌羊,又将古羌羊与中亚、近东的脂尾羊不同程度的杂交种羊,奉献给中国各民族。各民族在这样的基础上,培育出中国异彩纷呈,形态性能各异的中国绵羊。古羌人的文化和科学技术对中华民族的融谐和统一起着重要影响。"[31]

2.在畜牧业作为经济主体的情况下,羌人还在一些水热条件相对优越的河谷地带兼营农业,这对于其部族的壮大起到了至关重要的作用。其农牧兼营的劳作方式充分利用了不同的自然资源,是古羌人对青海地区的自然环境有了充分认识之后的合理选择。

3.农业生产与畜牧业生产均要受到光、热、水、土等条件的限制,这些条件以及它们之间的不同组合决定了一个地区农牧业的资源禀赋。自然资源的属性不一样,人类的利用方式就会存在巨大的差异。游牧与农耕并不是截然对立的,而是相互依存的,是人类对于不同地理环境所作出的不同响应,二者并没有先进与落后之分。

注释:

[1] 周星:《黄河上游史前遗存及其族属推定》,《西北史地》1990年第4期。

[2] 崔永红、张得祖、杜常顺主编:《青海通史》,青海人民出版社1999年版,第19页。

[3] 耿少将:《羌族通史》,上海人民出版社2010年版,第13页。

[4] 崔永红:《青海经济史》,青海人民出版社1998年版,第14页。

[5][8][9][20][24][27][28][29] 范晔:《后汉书》,卷87《西羌传》,卷87《西羌传》,卷87《西羌传》,卷87《西羌传》,卷24《马援传》,卷24《马援传》,卷87《西羌传》,中华书局1965年版。

[6][11][22][23][25][26][30] 班固:《汉书》,卷28《地理志》,卷69《赵充国传》,卷69《赵充国传》,卷69《赵充国传》,卷69《赵充国传》,卷69《赵充国传》,卷69《赵充国传》,中华书局1972年版。

[7] 司马迁:《史记》,卷110《匈奴列传·索引录·西河旧事》,中华书局1965年版。

[10][21] 周伟洲:《西北少数民族地区经济开发史》,中国社会科学出版社2008年版,第262页,第263页。

[12][16][18][19] 王明珂:《游牧者的抉择——面对汉帝国的北亚游牧部落》,广西师范大学出版社2008年版,第15页,第165页,第165页,第165—166页。

[13][15][31] 薄吾成:《古羌人对我国养羊业的贡献与影响》,《农业考古》2008年第4期。

[14] 卢得仁:《野生羊原羊及藏羊杂交后代的观察》,青海省畜牧兽医科学研究所1959年论文。

[17] 孟驰北:《草原文化与人类历史》,国际文化出版社1999年版,第154页。

原载于《青海师范大学学报》(哲学社会科学版)2017年第2期

丝绸之路青海道的初辟
——先秦时期青海交通状况探赜

"路是人走出来的",人类的交通活动从人类产生之日起即已开始,人类的每一次历史进步也都是以交通的发展为先导。从这个角度而言,道路的历史几乎和人类的历史一样久远。虽然由于没有文字可考,人类蒙昧时期具体的道路开辟情况已经无法厘定清楚。但毫无疑问,道路的开辟始自于人类的史前时期,道路伴随着原始人类创榛辟桧,从蒙昧走向文明。大量而丰富的考古资料表明,青海地区至迟在新石器时代就已经形成了区域性的交通路线,伴随着人类在青藏高原的生息活动,逐渐开辟了这里最古老的道路。

一、青海境内的早期人类活动

根据目前的考古发掘材料,青藏高原东缘地带也是中国文明起源的一个重要地区，曾经有过高度发达的史前文明。1956年，中国科学院地质研究所在青藏高原进行普查时，在柴达木盆地南缘的格尔木河上游三汊口以及长江源头的沱沱河沿岸、霍霍西里等三个地点采集到10余件打制石器，据推断应该是旧石器时代的遗物。虽然学术界对这一结论的可靠性尚存争议，但就此引起了人们对青海史前文明探索的强烈关注。

1982年7月，中国科学院盐湖研究所、地质研究所、地球化学研究所澳大利亚国立大学生物地理地貌系组成的盐湖和风成沉积联合考察队在柴达木盆地小柴旦地区采集到了一批旧石器。1984年，中国科学院古脊椎动物与古人类研究所在同一地点找到了这批石器的原生层位。有地层根据的旧石器出土，毋庸置疑地说明三万年前青海就已经是史前人类的生存之所。当然，由于青海境内旧石器考古材料还十分稀少，要准确复原人类对青藏高原的早期开发，目前还处在理论建模的假设和推论阶段。

1980年发现的拉乙亥遗址拉乙亥遗址属中石器时代全新世早期人类遗址，[1]进一步证明了古人类在青海生存繁衍的延续性。拉乙亥原为青海省海南藏族自治州贵南县所辖的一个乡，位于龙羊峡上游的黄河谷地。由于龙羊峡水库的修建，这里的大部分文化遗存已沉入水库淹没区。经碳14测定该遗址的年代为公元前4745±85年，接近中原地区的新石器时代遗址的时代。拉乙亥出土的石器以打制为主，"没有发现新石器时代的磨光石器和陶片，也没有发现灰坑、窑穴和房屋居住面等新石器时代遗址中常见到的遗迹"[2]。通过与华北地区旧石器晚期的文化遗物对比可见发现，"拉乙亥遗址的文化遗物具有浓厚的旧石器晚期文化的特征"[3]。

拉乙亥文化之后，青海境内经考古发掘的新石器时代遗址遍及河湟谷地为中心的本省东部地区,能确定文化内涵的新石器时代文化主要是马家窑文化、宗日文化以及齐家文化。

目前,青海境内已经发现的马家窑文化遗址有近千处之多,具体分布范围是"东接甘肃,西到海西州和海南州同德县境内,北入大通县境内,南至贵德县和隆务河流域"[4]。进行过重点发掘的有:民和县的阳洼坡、核桃庄、阳山、马厂塬,乐都县的脑庄、柳湾,大通县的上孙家寨,贵南县的尕马台,循化县的苏呼撒,互助县的总寨,西宁市的朱家寨,同德县的宗日等。[5]涵盖了马家窑文化石岭下、马家窑、半山、马厂全部四个类型。从目前已有的考古发掘材料来看,青海境内的农业生产活动,至迟在距今5000余年前的马家窑文化石岭下类型时期就开始了。[6]而伴随原始农业出现的是原始的家畜饲养业,畜牧业尤其是游牧经济的产生要远远晚于原始农业的出现。

二、柳湾遗址所展示的青海与外部世界联系

青海新石器时代考古以马家窑文化半山类型至齐家文化阶段的资料最为丰富。在这些资料中又以乐都柳湾墓地的资料最完整,为我们研究青海地区史前农业和畜牧业的发展提供了十分丰富的资料。柳湾遗址是我国迄今已知规模最大,保护最完整的一处原始社会晚期氏族公共墓地,也是目前我国史前考古中发掘墓葬最多的地点。柳湾遗址对于探索青海交通道路的开辟乃至青海古代文明的起源都具有重要意义。

柳湾遗址于1974年7月中旬开始正式发掘,到1979年发掘工作结束,共发掘墓葬1762座,出土石器、陶器、骨器、角器等文物

37506件。目前的考古成果充分证实这里是我国迄今已知规模最大、保护最完整的一处原始社会晚期氏族公共墓地，也是目前我国史前考古中发掘墓葬最多的地点。柳湾遗址的文化内涵复杂多样，对于一些具体的学术问题，相关学者也意见纷纭，观点不一。目前学术界已取得的共识是，这一遗址的年代从新石器时代晚期到青铜时代，前后跨越1000余年，包含了马家窑文化的半山类型、马厂类型以及齐家文化和辛店文化等多种考古文化类型。

在新石器时代中晚期，中国各地的考古学文化面貌的统一趋势日趋增强，各文化、类型之间的交往、取代十分频繁。伴随人口流动与文化交流的增强，孕育、补充、传播推广了一些新的文化因素。柳湾遗址的各个文化类型的发展充分说明了这一问题。青海境内的"马家窑类型时期的遗址、墓葬中屡见海贝、蚌壳、绿松石等出土，这些均非青海所产。半山类型时期出土的这类东西数量又有增加。以主要产于湖北、陕西等地的绿松石而言，它是一种稀有矿石，颜色鲜亮，外表很美观。乐都柳湾半山类型26座墓中出土绿松石40件，都带有1—3个孔眼，显然当时以此作为贵重的装饰品"[7]。马厂类型时期，柳湾出土的绿松石更是多达204件，充分表明当时柳湾人与中原地区的密切往来。除此之外，柳湾遗址还出土了大量的海贝，在青海这样一个远离海滨的内陆地区，海贝的出土也证明了这里与外界的密切联系，而这种密切联系的最基本前提就是交通路线的开辟。

柳湾遗址的发掘表明，青海在新石器时代即已存在与中原地区往来的通道。大量考古发掘材料可以让我们初步推断，中原地区的古人类大致是沿渭水流域而上，进入洮河、大夏河流域，然后进入湟水流域，逐步拓展到整个河湟地区。仰韶文化向西拓展发展为马家窑文化的过程，也是中原通往河湟交通路线开辟的过程，青海境内交通路线的滥觞也可以追溯到这一时期。

柳湾遗址中除马家窑文化遗存外，还有齐家文化以及辛店文化的遗存，表明青海古代先民始终与其他区域的古代先民保持着密切交往。

齐家文化是晚于马家窑文化的史前文化遗存，因其最早发现于甘肃省广河县齐家坪而得名。柳湾遗址中共发掘齐家文化墓葬366座，是齐家文化遗址中发掘墓葬最多的一处。由于柳湾遗址以及甘肃天水师赵村、西山坪等处遗址的发掘研究，学术界现已基本明确地将齐家文化分为东、中、西部三个区域五个类型。其中西区指的是甘肃省西部和青海省东部地区，具体包括青海境内的黄河上游及其支流湟水流域及甘肃的河西走廊。依其文化内涵的差别，又将这一区域内的齐家文化分为皇娘娘台类型和柳湾类型。可以说，柳湾遗址的发掘极大地丰富了齐家文化的内涵，推动了学术界对这一史前文化的研究。

柳湾遗址发掘研究以前，考古学界对齐家文化与其他考古学文化，如马家窑文化、辛店文化、卡约文化等文化遗存的相互关系存在较大的争议，甚至有的论著认为马家窑文化与齐家文化是平行关系。柳湾遗址的发掘材料毫无疑义地证明了齐家文化与马家窑文化的继承关系，即齐家文化是承袭了马家窑文化的马厂类型而来。根据目前的研究，柳湾墓地中有14组墓葬存在齐家文化与马厂类型之间的叠压关系或打破关系。如392号墓打破391号墓，271号墓打破281号墓。前者皆属于齐家文化，后者也就是被打破者均属于马厂类型。这就为判定两者的相对年代提供了确凿的地层证据，可以明确齐家文化的年代晚于马厂类型。此外，柳湾遗址中葬式的变化，彩陶纹饰、器形的演变也可以说明齐家文化是继承马家窑文化而来，消除了困扰学术界较长时间的一个争议。

辛店文化是1924年在甘肃临洮辛（店）村首次发现而得名的。这一文化分布范围广泛，在黄河上游及其支流渭河、洮河、大夏河、湟水等流域都有着疏密不同的分布。其中在大夏河流域和湟水流域分布最为集中。柳湾遗址中经过发掘研究的辛店文化墓葬仅有5座，数量较少，出土文物也不是很多。但这些材料是对该文化研究资料的重要补充，在辛店文化的分期断代上具有重大研究价值，对我们了解这一时段青海河湟先民的生产生活状况同样具有非常重要的意义。

柳湾遗址文化内涵丰富，从马家窑文化的半山类型到辛店文化一脉相承，绵延不绝，发展序列清晰。这一遗址的发掘表明在这段漫长的历史时期，甘青地区的古人类不是故步自封而是保持着密切的相互交往，这种交往的一个重要前提就是道路的开辟。可以想见，当时青海东部地区与甘肃洮河流域、大夏河流域等地是存在相互往来的条件的。

三、宗日文化、齐家文化所展示的青海古人类生存空间拓展

马家窑文化之后，由于气候的变化以及人口繁衍所带来的生存压力，河湟地区的古人类又继续向西迁徙，开始了新的交通路线的开辟。

位于青海海南州同德县巴沟乡黄河冲击台地的宗日遗址是青海地区新发现的一支新石器时代文化，该遗址于20世纪80年代国家文物局组织的第二次全国文物普查中发现，当时定为马家窑文化半

山类型的遗址点。[8]考古学界经过1994年至1996年连续三年的全面发掘，对该遗址的文化内涵有了进一步地深入了解。通过已经掌握的材料可以看出，该遗址文化特征鲜明，与已知的马家窑文化差别较大，根据命名考古学文化的一般准则，将这一新的文化命名为宗日文化。

宗日遗存在整体上与马家窑文化一样属于定居的农业文化，但是还有一些自己的细微特点，最为突出的就是细石器数量比较多，装饰品随葬比较普遍。[9]考古学界普遍认为，细小石器通常"是觅食者或逐猎者们遗留下来的生活和生产工具……石器的细小化是为了方便携带，适合长距离的觅食移动"[10]。

宗日文化被认为是马家窑类型时期东部农业文化向西发展的结果，河湟谷地经过长期的发展之后人口迅速增长，超出了当时生产力条件下的自然阈值。于是，强大的人口压力促使古人类要寻找新的生存空间，在这一过程中，有一部分人向西迁徙来到了共和盆地。外来人群进入后，展示了自己的经济优势，吸引当地的先民狩猎采集民转化为农业定居民，从而创造了宗日遗存。[11]但是这里毕竟地处日月山以西，自然条件要逊于湟水中下游地区，适宜农耕的区域仅局限于狭窄的河谷地带，而河谷两侧辽阔的草原上数量巨大的野生动物资源无疑给他们提供了另外一种生存选择。

与宗日文化几乎同时代的齐家文化是黄河上游新石器晚期文化的重要组成部分，也是我国西北地区最早发现铜石并用的考古遗存，多数学者认为它是马家窑文化马厂类型的继承和发展。青海境内的齐家文化遗址分布范围与马家窑文化基本相同，集中分布在东部河湟谷地及其支流的台地上，但已进一步向西扩展至青海湖北岸的沙柳河边。目前全省范围内经调查登记的齐家文化遗存430处，经过考古发掘的遗址和墓地主要有贵南县尕马台、大通县上孙家寨、乐都县柳湾、民和县清水泉、西宁市沈那等。[12]齐家文化一个非常明显的特征是家畜饲养业无论规模还是种类都有了非常大的发展，狗、猪、羊、牛、马、驴等动物均已被驯化及饲养。[13]家畜的驯化与饲养，反映了社会生产力水平的进步。由于狩猎效率的提高，猎物的捕获量有所增加，对于那些吃不完而且尚能存活的动物，便开始考虑留待以后食用和进一步驯养的问题。通过选择和淘汰，人们开始"拘兽以为畜"，产生了原始的家畜养殖业。齐家文化反映出青海古人类在环境变化之后所作出的积极应对。

宗日文化与齐家文化的分布范围均极大地向河湟以西拓展，这反映了青海古人类生存空间的扩大，也反映出当时河湟地区已经有了通往青海湖流域的交通路线雏形。这一点，在青海地区青铜时代的考古文化遗存中展示得更为清晰。

四、青海境内青铜时代考古遗址所显现的古人迁徙路线

青海境内现已发现的青铜时代考古学文化主要有卡约文化、辛店文化以及诺木洪文化。从现已发掘的文化遗址来看，青铜时代省境内古人类的生存空间进一步向河湟谷地以外的地区拓展。卡约文化时期不仅在黄河和湟水谷地深入到浅山地区和部分脑山地区，而且向大通河、黑河流域以及青南地区延伸。诺木洪文化时期，聚落分布范围更是拓展到了海西柴达木盆地。

卡约文化是齐家文化的延续与发展，是青海省境内分布面积最广、遗址数量最多的青铜时代文化。其分布地域东接甘肃西境，西至海南州兴海县、同德县境内，北至海北州大通河流域，南达黄南

州泽库县。已调查登记的遗址达 1766 处，经过考古发掘的重要遗址有大通上孙家寨、循化阿哈特拉山、循化苏只、湟中下西河、贵南山坪台、湟源大华中庄等。[14]青海境内的卡约文化遗址中出土了大量的海贝、骨贝、石贝以及青铜贝和金贝。1978 年在大通上孙家寨卡约文化 455 号墓中出土了 32 枚金贝，还出土了 32 枚海贝，100 多颗绿松石以及石贝、金耳环等。[15]这证明了这一时期青海境内的古人类始终保持着与中原地区的密切往来。

20 世纪 80 年代发掘的湟源莫布拉遗址是一处重要的卡约文化居址。这个居址，被建在避风向阳的山谷中一个陡峭的斜坡上。一共有四所房子的遗迹，其中两所，只是些柱洞与石头垒成的灶，没有墙基或屋顶的痕迹。另两所房址，没有墙与屋顶，甚至没有柱洞，只有比较硬的居住面。据推测，这几所房屋，原来必然有某种形式的墙与屋顶，可能由于使用易腐朽的材料制成，因此没有保存下来。屋内外，都发现了大量的动物骨骼，其中两个屋址内，还发现了大量燃烧过的羊粪。所有这些证据表明，这很有可能是一个游牧人群过冬的居址。卡约文化的研究表明，分布地区越西的遗址中农业经济的成分显现得越微弱，反映出畜牧业排挤了农业，成为经济生活中的主导部门。据此，青海学者崔永红先生认为，日月山以西的卡约文化先民应是以逐水草迁徙的游牧生活为主。[16]可以推测，在先民的游牧活动中，一些交通路线会有意、无意地被开辟出来。卡约文化之后的诺木洪文化展示出，当时古人类的足迹已经到达了青海湖盆地以西的柴达木盆地。

诺木洪文化于 1959 年最先发现在青海省海西州都兰县诺木洪农场搭里他里哈，属于青海地区青铜时代晚期独立的一种文化遗存，其分布范围仅限于柴达木盆地。从器物上进行分析，似乎与卡约文化有密切的关系。因此，学术界普遍推断诺木洪文化是从卡约文化发展下来的或是卡约文化的一个分支。目前，青海省内调查登记的诺木洪文化遗址共有40余处，经过发掘的仅搭里他里哈一处。该遗址面积近5000平方米，共发现残余的土坯围墙一座，残房子11座，土坯坑9个，围栏1座，瓮棺葬3座，获得了大批遗物。遗址中发现的生产工具有铜、石、骨、角和陶器，其中以骨器较多。铜器有斧、刀、钺形器和镞等四种，石器有斧、锛、锤、凿、刀、镞、杵、研磨盘、球、纺轮和磨石等。骨器从原料可以辨认的有牛、马的骨骼。多以肩胛骨制作铲和刀等，肢骨制作镞、凿、匕、磨光用器、锥和针等，肋骨制作磨光用器。更为重要的是，搭里他里哈遗址中还出土了一具木制车毂，"残车毂用松木制成，中间有一个穿轴的圆孔，孔径6.5厘米。毂的外形凸起，长26厘米，复原后可以安装16根辐条，辐条用较细密的木材制成，安装辐条的孔内，涂有红色颜料，毂内侧的孔呈狭长方形，外侧呈椭圆形，辐条中部横剖面呈菱形，从毂轴、辐条的大小、粗细和数量等估计，车轮不会很大"[17]。车辆的发明是人类历史上的一项重大技术进步，人类有了车辆以后，便可以承载重物，远行千里。但是，车辆对于道路有着严格的要求，需要路面开阔、平坦才可以顺利行走。搭里他里哈遗址中木制车毂的出土，从一个侧面证明了青海境内的古人类已经开辟出了真正意义上的道路，可以车行无阻。

路是原始人类从蒙昧走向文明的历史见证，"在地貌复杂、环境艰苦的西北地区，早期的交通往来多是由游牧民族来完成的。另一方面，我们的先民从来没有打算将自己封闭在狭小的地域里，他们始终保持着对外交往的努力"[18]。从新石器时代的马家窑文化到青铜时代的诺木洪文化，展示出青海古人类历史演进的具体过程。还展示出古人类从中原溯渭水进入甘肃然后进入青海河湟地区并进一步向西迁徙的具体路线。在古人类迁徙的过程中，青海省内部以及与周边地区的交通路线都得到了初步开辟。交通路线的开辟，使青海地区的古人类摆脱了环境的束缚，拓展了生存空间，也使得他们始终保持着与其他地区古人类的密切联系。这些青海境内最原始的道路，在张骞凿空西域之后，随着青海与外部联系的加强，不断扩展并逐渐被固定下来，最终形成了丝绸之路的重要支线——青海道。

注释：

[1][14]许新国：《青海考古的回顾与展望》，《考古》2002年第12期。

[2][3]盖培、王国道：《黄河上游拉乙亥中石器时代遗址发掘报告》，《人类学学报》1983年第1期。

[4]白万荣：《青海考古学成果综述》，《青海社会科学》1994年第1期。

[5][12]崔永红、张得祖、杜常顺主编：《青海通史》，青海人民出版社1999年版，第6页，第12页。

[6][7][16]崔永红：《青海经济史》（古代卷），青海人民出版社1998年版，第4页，第30页，第17页。

[8]青海省文物管理处、海南州民族博物馆：《青海同德县宗日遗址发掘简报》，《考古》1998年第5期。

[9][11]陈洪海：《环境变迁与宗日遗存发展的关系》，载《中国史前考古学研究——祝贺石兴邦先生考古半世纪暨八秩华诞文集》，三秦出版社2003年版，第381页，第381页。

[10]汤惠生：《青藏高原旧石器时代晚期至新石器时代初期的考古学文化及经济形态》，《考古学报》2011年第4期。

[13] 中国社会科学院考古研究所编:《新中国的考古发现与研究》,文物出版1984年版,第120页。

[15] 青海省文物处、考古研究所编著:《青海文物》,文物出版1994年版,第77页。

[17] 吴汝祚:《青海都兰县诺木洪搭里他里哈遗址调查与实验》,《考古》1963年第1期。

[18] 李孝聪:《中国区域历史地理》,北京大学出版社2004年版,第41页。

原载于《青海师范大学学报》2018年第2期

丝绸之路青海道历史发展述评

"丝绸之路"这一名称是德国地理学家李希霍芬在1877年出版的《中国》一书中首先提出来的，原指汉代中国穿过西域腹地与中亚河中地区以及印度之间，以丝绸贸易为主的交通路线。其后，德国历史学家赫尔曼在《中国和叙利亚之间的古丝路》一书中，通过对文献记载和文物考古资料的进一步考察，把丝路延伸到地中海东岸和小亚细亚，从而确定了丝绸之路的基本内涵，即中国古代横穿亚欧大陆的贸易交往的通道。"丝绸之路"的开辟是古代中国人民对人类文明的一大贡献，在中西经济、文化交流史上写下了光辉的篇章。自张骞"凿空"西域以后，丝绸之路不仅成为我国和中亚、西亚以及欧洲等地相互往来的友谊之路，而且是中西经济文化交流的桥梁。丝绸之路的开通，开拓了人们的眼界，增进了中国人民与各国人民之间的相互了解和联系。

"丝绸之路"是由河西走廊通道这条主线及若干支线构成的庞大

交通网络，各个路段的具体路线在不同历史时期不断发生变化。"丝绸之路青海道"是丝绸之路的重要组成部分，它是由青海省内若干条具体路线所构成的重要通道，这一路线在不同历史时期发挥着不同历史作用。尤其当河西道因战乱而壅塞不通时，青海道的作用就会凸显出来。丝绸之路并非由于政治意念的干预，于一夜之间突然形成的。依据现有的考古和文献资料，该道是在许多相当古老的区域交通道路的基础上，经过无数磨合和探索而最后形成的，丝绸之路青海道的形成也是如此。可以说先后生存在这一地域的许多民族都为这条道路的开通作出过重大贡献，而道路的形成也对这些民族的历史产生了深远的影响。

一、秦汉时期的羌中道

羌是我国民族大家庭中一个历史非常悠久、分布广泛而又影响深远的民族。目前，越来越多的学者将卡约文化、辛店文化、诺木洪文化视为早期羌人所创造的，[1]"至于时代较早的齐家文化乃至更早的马家窑文化，视之为先羌文化也是大致不误的"[2]。而从新石器时代的马家窑文化到青铜时代的卡约文化、辛店文化以及诺木洪文化，展示出青海古人类历史演进的具体过程。同时还展示出古人类从中原溯渭水进入甘肃然后进入青海河湟地区并进一步向西迁徙的具体路线。这些古人类迁徙的过程就是青海省内交通道路开辟的过程。1978年在大通上孙家寨卡约文化455号墓中出土了32枚金贝，还出土了32枚海贝，100多颗绿松石以及石贝、金耳环等。[3]这一发现证明了这一时期青海境内的古人类始终保持着与中原地区的密切往来。在诺木洪文化的搭里他里哈遗址中还出土了一具木制车毂，

"残车毂用松木制成，中间有一个穿轴的圆孔，孔径6.5厘米。毂的外形凸起，长26厘米，复原后可以安装16根辐条，辐条用较细密的木材制成，安装辐条的孔内，涂有红色颜料，毂内侧的孔呈狭长方形，外侧呈椭圆形，辐条中部横剖面呈菱形，从毂轴、辐条的大小、粗细和数量等估计，车轮不会很大"[4]。车辆的发明是人类历史上的一项重大技术进步，人类有了车辆以后，便可以承载重物，远行千里。但是，车辆对于道路有着严格的要求，需要路面开阔、平坦才可以顺利行走。搭里他里哈遗址中木制车毂的出土，从一个侧面证明了青海境内的古人类已经开辟出了真正意义上的道路，可以车行无阻。

从先秦到两汉时期，青海地区的羌人部落始终处于不断地迁徙之中。通过文献考证和考古资料研究，可知先秦时古羌足迹几乎遍及甘、青、川、滇、藏，甚至远达新疆。古羌不仅与中原地区，还与北方蒙古、青藏高原西南、天山以南等地区民族均有十分密切的关系。

伴随着古羌人的迁徙步伐，横贯青海东西，东达陇西，西通鄯善的丝路羌中道逐渐展露了雏形，最终成为丝绸之路的重要南线辅道。这条路线一般经由今甘肃兰州或临夏过黄河，由祁连山南，沿湟水西行至青海湖，再横穿柴达木盆地而到达今新疆婼羌等地，与通往西域的道路相接，是当时一条主要的交通干线。[5]著名考古学家裴文中先生曾认为"湟水两旁地广肥沃，宜于人类居住；况湟河河谷文化发达，由史前至汉，皆为人类活动甚盛的地方，史前遗物，到处皆是，与渭河及洮河流域相类似"，因此推断"汉以前的东西交通，是以此为重要路线"，而且"是主要之道"。[6]裴先生此论无疑是极有见地的，湟水正北通往张掖的古代道路至迟于西周晚期已经开通。比如成书于东周时期的《穆天子传》和《山海经》中，就有关于湟水流域北向前往张掖里程的记载;[7]再如,西汉北征匈奴等也大都启用这个通道。[8]湟水正西通往西域的古代通道至迟商周至两汉间已经开通。比如商周时期中原所见大量和田玉石就有可能经此道东来,张骞由西域返回中原,也曾试图经行此道。①

二、魏晋南北朝时期的吐谷浑路

吐谷浑民族是公元 4 世纪初至 7 世纪中叶活动在我国西北地区的一个重要民族,它所建立的政权前后存在了 350 年,为西北尤其是青海历史留下了极为深远影响。吐谷浑原为辽东鲜卑慕容部首领涉归的庶出长子人名,公元 4 世纪初,吐谷浑率领本部落 1700 余户在马背上漂泊跋涉万里之遥从辽西来到了西北。在与当地羌、氐、汉、匈奴(铁弗)等族长期共同生活,互相交往的过程中逐渐融合形成吐谷浑族。至吐谷浑之孙叶延时,"以王父字为氏",即以祖吐谷浑名为姓氏部落名,亦为国号,正式建立政权。

西晋永嘉之乱以后,河山破碎,南北分裂。受其影响,在河西走廊及其附近地区相继出现了前凉、后凉、前秦、后秦、西凉、北凉、南凉、西秦、高昌等割据政权。这些政权相互敌视,竞相对其他政权进行军事掠夺和经济封锁,最终导致丝绸之路河西道几近瘫痪。吐谷浑建国以后,在几代国王的积极主导与精心经营下,其辖境内的青海道成为连结中西交通的纽带,肩负起中西方政治、经济、文化交流的重任。对于国内各割据政权而言,吐谷浑更是一个联络塞北与江南的中继站。在南北对峙的状态下,吐谷浑人游离于南朝的三大势力——长江流域的南朝、黄河流域的北朝和塞北的柔然

---

① 《汉书》卷61《张骞传》载:"留岁余,还,并南山,欲从羌中归,复为匈奴所得。"

之外，占据沟通东西的西北"形胜之地"[9]。南朝与塞北之间的互相交往，吐谷浑从中为双方开路引道。南朝使者从建康溯长江而至益州，进入吐谷浑境内，由吐谷浑人送到鄯善，再经高昌达柔然之地，柔然使者同样地由高昌、鄯善国，经吐谷浑地而顺江而下安全到达南朝。总之，吐谷浑在魏晋南北朝政权更迭的大动荡时期，发挥了沟通中外交通、联系塞北与江南的重要作用。

由于强烈的政治需求以及巨大的经济诱惑，吐谷浑对于丝绸之路的维护与经营可谓不遗余力，把道路通达视为国之命脉。学术界相关研究表明，在吐谷浑的大力经营之下，其辖境内实际上一共形成了四条通往各地的分道，即西蜀分道、河南分道、柴达木分道和祁连山分道，这四条分道共同构成了丝绸之路吐谷浑道。由于吐谷浑控制的地区主要在黄河以南，有些史籍中称吐谷浑政权为河南国，吐谷浑路也就被称之为河南路。其中，西蜀分道是由吐谷浑境通往四川的通道；河南分道是沟通西蜀道与柴达木分道及祁连山分道的通道；柴达木分道是沿柴达木南、北通往西域的通道；祁连山分道是由河湟通往河西走廊的通道。这四条主干道之间相互衔接，即西蜀分道北接河南分道，河南分道西接柴达木分道并北接祁连道，而且这主干道枝丫绵绵瓜瓞，形成一个通达四方的交通网络。终吐谷浑之世，以上诸条通道中西蜀分道与柴达木分道使用最为频繁，对吐谷浑政权而言显得尤其重要。这两条通道，一条通往益州（成都），然后与其他道路相接，能够沟通长江流域；一条连接西域，然后通往西亚、中亚乃至北非、欧洲，沟通中西。其作用无法替代，其影响不容低估。西蜀分道"在环湖地区与古青海道分途，东南行，过黄河，经今贵南县、同仁县、越甘南草原，然后南下龙涸（今四川松潘），沿岷江入益州。过黄河后的另一支路是经今同德，沿西倾山北麓东行,至四川境"[10]。柴达木分道则是从青海湖环湖地区通往西域,大体有三条路可以通行:"一是沿柴达木盆地南缘水草带西行,经由今香日德、诺木洪、格尔木、乌图美仁,然后西北行,经尕斯库勒湖,出今茫崖镇去西域,这条路大致与今青新公路走向一致,是青海道的主线;二是沿柴达木盆地北缘水草带西行,经由柯鲁克湖、小柴旦、大柴旦,至阿尔金山南麓时,北出当金山口入敦煌西去;三是沿盆地南缘经格尔木、乌图美仁后,西南行,经布轮台,沿楚拉克阿拉干河谷,西越阿尔金山去西域。此道较为捷近,但路途多山岭,是一条支线。"[11]

1955年在西宁曾一次性出土了七十六枚波斯萨珊卑路斯王朝(457—483年)的银币为当时吐谷浑路上的中西方经济文化交流提供了实证。萨珊王朝是在公元226年,是在今伊朗南部的波斯人阿尔达希尔率军攻占安息首府泰西封以后建立起来的。"这个王朝统治了四个世纪之久,直到阿拉伯帝国的兴起。萨珊王朝同拜占庭帝国之间为争夺商路进行了长期战争,最终是萨珊王朝控制住了中国通中亚细亚、西亚细亚和通拜占庭的商队往来要道,萨珊王朝又将近东、印度和中国之间的海上居间贸易也攫归自己掌握。"[12] 萨珊王朝是丝绸之路中国境外线路的重要开拓者和维护者,河西地区不断有该国货币的出土,说明其在丝绸之路贸易上非常活跃。史籍中也屡见萨珊王朝遣使南朝的记载,"梁中大通二年,(波斯)始通江左,遣使献佛牙"[13]。"是岁(553年),河南、波斯、盘盘等国遣使朝贡。"[14]"(535年)波斯国献方物。"[15] 就其地理位置而论,其向南朝遣使朝贡应当是由西域进入柴达木盆地后,经吐谷浑境前往四川,再趋江南。西宁地区发现该国银币,也证明了萨珊王朝正是通过吐谷浑路与中国内陆有着密切的联系。

三、唐蕃古道的形成与发展

吐蕃王朝勃兴以后，与唐时战时和，为唐蕃双方交往需要而开创的唐蕃古道成为汉藏两族政治、文化交往的一条纽带。纵观唐蕃之间的交往过程，不论是兵戎相见，还是和亲欢好，双方的政治、经济、文化交流始终非常频繁。频繁的交往过程中，唐蕃古道的路线逐渐稳固下来，成为丝绸之路的重要支线。这条交通通道对沟通中原王朝与西藏地区的交往发挥了不可替代的作用。同时对推动中国与印度以及其他南亚国家的交往也发挥了重要作用。

唐蕃古道是唐都长安通往吐蕃都城逻些（今拉萨）的官道，全长约 4327 里。吐蕃古道东段道程的走向和路线是：由长安沿渭河西溯，越陇山，经天水、陇西、渭源，到临洮分为两道，或北上兰州，沿黄河北岸西行至乐都到西宁，或西北行到临夏，转北行，在炳灵寺或大河家一带渡黄河，又经乐都到西宁。唐蕃古道的东段道程实际上是唐朝都城长安至河湟地区的驿道，它还是丝绸之路南线的重要组成部分。西宁以西的线路在《新唐书》卷 40《地理志》鄯城县条下有翔实记载，现引述如下：

鄯城县"有河源军，西六十里有临蕃城（今湟中县多巴镇，一说镇海堡），又西六十里有白水军、绥戎城（今湟源县东之北古城），又西南六十里有定戎城（今湟源县日月乡），又南隔涧七里有天威军，军故石堡城（大小方台），……又西二十里至赤岭（日月山），其西吐蕃，有开元中分界碑。自振武（即石堡城）经尉迟川（今称倒淌河）、苦海拔（今称尕海）、王孝杰米栅（今共和县恰卜恰镇北东巴古城）九十里至莫离驿（今共和县东坝附近，一说在共和县达连海一带），又经公主佛堂、大非川（今兴海县大河坝）二百八十里至那录驿（水塔拉河中游地区），吐谷浑界也。又经暖泉（今温泉）、列漠海（今苦海）四百四十里渡黄河，又西四百七十里至众龙驿（今称多县清水河乡）；又渡西月河（今扎曲），二百一十里至多弥国西界。又经牦牛河，度藤桥（今通天河尕多渡口），百里至列驿（今玉树结隆乡）。又经食堂、吐蕃村（今玉树年吉措）、截支桥（今子曲），南北两石相当。又经截支川，四百四十里至婆驿（子曲河上游），乃度大月河罗桥，经潭池、鱼池，五百三十里至悉诺罗驿（今当曲以北加力曲一带）……至赞普牙帐。"[16]

从唐蕃古道的走向和路线看，这条古道的形成使青海地区成为联结唐与吐蕃关系的纽带地区。同时，这条古道的形成也拓展了丝绸之路青海道的走向，成为连接中国与南亚各国的纽带。

四、宋夏时期的青唐道

吐蕃王朝崩溃以后，进入青海的吐蕃各部散居于河湟等地，最终建立了起了一个区域性地方政权——唃厮啰政权。"唃厮啰政权出现于11世纪初的河湟地区，是当时活动在今甘肃、青海地区吐蕃人的政治、经济、文化诸因素发展的必然结果。"[17] 唃厮啰政权存国期间，充分利用了宋夏之间的矛盾，在两大政权的夹缝中艰难地维持了河湟地区的安定，推动了这一地区的政治、经济、文化发展。同时，唃厮啰政权由于其所处的特殊地理位置，在沟通中西方交通中也发挥着十分重要的作用。由于唃厮啰政权以青唐为都，这一时期丝绸之路青海道也被称为"青唐道"。

历史上，河西走廊是著名的"丝绸之路"主路，是中国内地沟通西域、中亚乃至欧洲的重要通道。11世纪前叶，整个河西走廊被西夏所控制，西夏对过境的商人课以重税，史籍记载：

"回鹘土产，珠玉为最。帛有兜罗锦、毛氍、狨锦、注丝、熟绫、斜褐；药有腽肭脐、硇砂；香有乳香、安息、笃耨。其人善造宾铁刀、乌金银器。或为商贩，市于中国、契丹诸处。往来必由夏界，夏国将吏率十中取一，择其上品，贾人苦之。后以物美恶，杂贮毛连中，然所征亦不赀。"[18]

不仅如此，西夏人还经常劫掠往来商旅，过境商人苦不堪言。而在宋与西夏长期对峙期间，而唃厮啰政权在政治上基本上与宋一直保持着友好关系。因此，原本行经河湟作为辅路的丝绸之路青海道就成为宋与西域各国进行政治、经济往来的主要干道。

中西交通的主干道转移到唃厮啰地区，为河湟吐蕃的经济发展提供了契机。所以唃厮啰政权的历任执政者为了保持丝绸之路青海道的畅通，都制定了相应的政策措施。他们对过境的贡使、官员和商队，采取了与西夏人截然不同的做法。凡过境的商旅、贡使等，唃厮啰政权的统治者令族人予以友好相待，提供吃住与方便，商人只要付相应的费用或货物即可。对那些赴宋朝贡由此过境的各国使者以及他们携带的大批货物，则派专人保护，送出"蕃境"。例如，西夏占领凉州后，甘肃回鹘常与西夏人发生冲突，其赴宋的贡使原本走灵州路，但供奉多被西夏人劫掠。为此，回鹘首领夜落纥只好令贡使穿越祁连山，改走宗哥路。也就是从甘州南下湟水流域，经今西宁、乐都、民和、临洮、天水等地最终到达开封。对回鹘的过境贡使，唃厮啰"乃遣人援送其使，故频年的至京师"[19]。对于来自西域地区的过境贡使及商旅，唃厮啰政权的执政者同样予以厚待，派专人将使者导引至熙州等地。由于青海道安全，生活上又有保障，所以西域方面的贡使、商旅由此赴宋地者络绎不绝，可称得上行旅如流。

由于唃厮啰政权实行了维护丝绸之路青海道畅通，大力发展商贸的举措，西域和内地的商人云集于青唐城进行贸易活动，使青唐城成为闻名于世的贸易中心。《宋史·吐蕃传》中说："唃厮啰居鄯州，西有临谷城通青海，高昌诸国商人皆趋鄯州贸易，以故富强。"[20] 说明商业贸易对于唃厮啰政权而言也是至关重要的。青唐政权充分利用了青海的地缘优势，推动了东西方经济、文化的交流。吐谷浑与青唐吐蕃时期丝绸之路青海都繁荣一时。这说明：在北方分裂的局面下，青海地区的重要性就会凸显出来。而在统一的局面下，河西丝路畅通，青海道所发挥的作用就会被大大削弱，这是其区位地理的特点所决定的。

宋代以后，由于海上丝绸之路的兴起以及全国交通格局的变化，丝绸之路青海道的地位有所下降。但其作为西北地区地域性的交通通道，仍然发挥着重要作用。

丝绸之路青海道是整个丝绸之路的重要组成部分，它的发展演变过程与青海历史发展息息相关。习近平总书记在2013年9月和10月出访中亚和东南亚期间，分别提出建设"新丝绸之路经济带"和"21世纪海上丝绸之路"的战略构想，青海成为"新丝绸之路经济带"中的一个重要区域。这一宏伟蓝图的规划，为新的历史时期丝绸之路青海道的再次振兴带来了千载难逢的历史机遇，青海也必将伴随着"新丝绸之路经济带"的建设而插上腾飞的翅膀。

注释：

[1] 周星：《黄河上游史前遗存及其族属推定》，《西北史地》1990年第4期。

[2] 崔永红、张得祖、杜常顺主编：《青海通史》，青海人民出版

社1999年版，第19页。

[3] 青海省文物处、考古研究所编著：《青海文物》，文物出版社1994年版，第77页。

[4] 吴汝祚：《青海都兰县诺木洪搭里他里哈遗址调查与试掘》，《考古》1963年第1期。

[5] 崔永红、毕艳君：《古道驿传》，青海人民出版社2007年版，第8页。

[6] 裴文中：《史前时期之东西交通》，《边政公论》1948年第7卷第4期。

[7] 翁经方：《〈山海经〉中的丝绸之路初探》，载《上海师范学院学报》1981年第2期。

[8] 王宗维：《汉代祁连山路考述》，载《西北师范学院学报》，1983年第3期。

[9]（唐）房玄龄：《晋书》，卷97《四夷·西戎·吐谷浑传》，中华书局1974年版。

[10][11] 崔永红：《青海经济史》（古代卷），青海人民出版社1998年版，第72页。

[12]（苏）米·谢米·伊凡诺夫著、李希泌等译：《伊朗史纲》，三联书店1973年版，第29页。

[13][14]（唐）李延寿：《南史》，卷79《夷陌传》，卷7《梁本纪中》，中华书局1975版，第1986页，第210页。

[15]（唐）姚思廉：《梁书》，卷3《本纪第三》，中华书局2000年版，第53页。

[16]（宋）欧阳修、宋祁：《新唐书》，卷40《地理志》，中华书局2000年版，第684页。

[17] 祝启源：《青唐盛衰：唃厮啰政权研究》，青海人民出版社 2010 年版，第 3 页。

[18]（清）吴广成：《西夏书事》卷 15，文广书局 1968 年版。

[19][20]（元）脱脱：《宋史》，卷 490《外国一》,卷 492《吐蕃传》，中华书局 1985 年版。

原载于《中国土族》2015 年秋季号

简论唃厮啰政权时期青海的经济开发

唃厮啰政权的兴起与发展是公元 11 世纪至 12 世纪初我国西北历史上的重大事件。唃厮啰是在宋、辽、西夏政权并立的局面下诞生于河湟地区的一个以吐蕃民族为主体的地方政权,历经唃厮啰、董毡、阿里骨、瞎征、陇拶、小陇拶等六位国王,立国时间将近百年。唃厮啰政权在青海游牧社会历史演进过程中具有承上启下的作用,不仅在吐蕃民族发展史上具有重大而深远的意义,对于今天青海民族分布格局的形成以及文化景观分布均有不容忽视的影响。大量史籍记载表明:唃厮啰政权时期,河湟吐蕃的经济活动以畜牧业为主,兼事农业,商业和手工业。

一、唃厮啰政权的畜牧业经济

青海地区海拔较高,气候寒冷,草场面积分布广大,牧草丰美,因而有发展畜牧业的优越条件,畜牧业是这一地区传统经济形式。唃厮啰政权的主体是唐代进入青海地区的吐蕃后裔,"其国大抵吐蕃遗俗也"。畜牧业经济是唃厮啰政权最为重要的经济支柱,直接关系到其所辖吐蕃各部的兴衰。李远《青唐录》记载"海西地皆衍平。无垄断,其人逐善水草,以牧放射猎为生,多不粒食"[1]。"不粒食"即表明这一部分吐蕃人不从事农业生产,他们的经济生活基础主要是畜牧业。河湟蕃族的进贡中,以马匹为主要贡品,最多一次可达四千匹,牛、羊数量也以"数万计"[2]。熙宁六年(1073年)九月,岷州蕃族一次就进贡"牛五百头,羊二千口"王韶破踏白城、诃诺城等,"获牛羊八万余口"[3]。以上记载均明确说明了当时西北吐蕃畜牧业经济的发达程度。在唃厮啰各部之间经常发生冲突,并通过互相掠夺以扩大本部落财富。而掠夺的主要对象就是人口与牲畜。如《续资治通鉴长编》记载:

"洮西缘边安抚司言:'经略司使臣刘告同宗哥首领阿星等,送出先掳劫入蕃把扬族二十户,首领四人,丁壮妇女老幼九十六,马十,牛百五十,羊三百十二外,有三十余户,凡百余人,牛、羊、马六百余,尚未送出。本司已作番字再索于鬼章讫。'诏未送人畜,更急理索。"[4]

以上记载皆说明畜牧业不仅与唃厮啰各部的日常生活休戚相关,也直接影响着他们的政治生活。另据祝启源先生研究,在唃厮啰与宋的战争中,宋人进攻唃厮啰多选择牲畜瘦弱的春季。如熙宁、元符、崇宁年间几次大的战役都发生在三四月份。而唃厮啰挑起的战端,基本都是牲畜肥壮的秋季。如:大中祥符九年(1016年),唃厮啰、李立遵大举入秦州时,是在九月份;元祐二年(1087年),鬼章在洮、河二州大战宋军,也实在是年八月进入高潮。[5]说明畜牧业是唃厮啰的立国之基,一切大的行动都要围绕畜牧业来进行。

除了青海东部有一定的畜牧业外，唃厮啰的牧业区域，主要分布在青唐城以西的广阔草原。其北部、东南部的山沟、河谷，以及白云缭绕的雪山下的高山台地，亦水草肥美，是重要的牧业区。[6]通过爬梳史籍，可以看出唃厮啰的畜牧业主要以马、牛、羊以及骆驼为主，其中马匹是其畜牧业经济中最受重视的畜种，具有举足轻重的地位。有宋一代，河湟地区的马匹也驰名天下，宋人吕颐浩曾言："今秦州接连熙州及青唐羌界乃自古产良马之地。"[7]宋代流传至今的李公麟《元祐三马图》中就有两匹为吐蕃地区的奇骏。[8]"地愈西北，则马愈良"是当时所公认的事实。因此，"青唐吐蕃政权为了弥补自身经济发展的不足和改变物资较为匮乏的状况，也积极发展同中原地区以茶马贸易为主的经济贸易关系，并通过频繁的进贡，从中原获得丰厚的回赠"[9]。在西北吐蕃各部向宋朝输出的马匹总数中，青唐政权所属各部始终占有最大份额，"国家买马岁二万匹，而青唐十居七八"[10]。《宋史·兵志》对当时青唐吐蕃各部的贡马情况有着较为详尽的记载：

"大抵国初市马，岁仅得五千余匹。天圣中，蕃部省马至三万四千九百余匹。嘉祐以前，原、渭、德顺凡三岁市马至七千一百匹，秦州券马岁至万五千匹。……若委之熙河蕃部，当不至重费。蕃部地宜马，且以畜牧为生，诚为便利。……其后，熙河市马岁增至万五千。绍圣中，又增至二万匹，岁费五十万缗。后遂以为定额，特诏增市者不在此数。崇宁四年，提举程之邵、孙鳌抃以额外市战马及二万匹，各迁一官。鳌抃仍赐三品服。大观元年，庞寅孙等又以买物前良马及三万匹，推恩如之邵例。"[11]

以上记载说明，北宋的马匹需求量是逐年增加的，到绍圣时期逐渐定额为两万匹。实际每年的交易量远远不止这一数字。如北宋大中祥符八年（1015年），仅唃厮啰、李立遵等4个部落便向宋廷贡马5万余匹。[12]没有发达的畜牧业支撑，是难以供给如此数量庞大的马匹的，当时河湟吐蕃各部的畜牧业规模由此可窥一斑。有学者研究表明，宋神宗、哲宗、徽宗三朝，根据二十六、七年有明确资料的买马司所购吐蕃马匹统计，约近六十万匹。[13]

除马匹以外，犏牛也是唃厮啰各部大量放牧的一个优良畜种。犏牛是牦牛与黄牛杂交的后代，具有明显杂交优势，乳、肉生产能力、役用能力均优于牦牛。"犏牛，牡者用以驮运，牝者资以取乳，乳最多而且佳。"[14]史籍记载，元祐元年（1086年），"董毡等贡乳香及温溪心贡犏牛，合行回赐。诏并增二分赐之，其阿里骨近差到进奉首领等，仍并依董毡改赐例支赐"[15]。邈川大首领温溪心将犏牛作为贡物，说明了这一畜种的珍贵。

二、唃厮啰政权与北宋对河湟的农业开发

唃厮啰政权时期农业发展的具体情况由于史料缺失难以详细探讨。但从宋人对这一带地理景观的一些描述中，可以推知农业也是唃厮啰政权的一个重要经济部门。当时北宋将领韩琦曾说过，"秦州古渭之西，吐蕃部落，散居山野，不相君长，耕牧自足"[16]，呈现出一片农业和牧业丰足的小康景象。王韶在熙宁开边西进时也指出："武威之南，至于洮、河、兰、鄯，皆故汉郡县。所谓湟中、浩门、大小榆、枹罕，土地肥美，宜五种者在焉。"[17]而李远作为亲临唃厮啰政权腹地的北宋使者，他的描述就显得更加具体而生动。李远在《青唐录》中叙述道：

"河州渡河至炳灵寺，……三十里至墨城（又称陇朱黑城，后

改安陇砦,今乐都南),城因山削城,曲曲相重,自墨城西,下坡十余里始得平川,皆沃壤,中有流水,羌多相依水筑而居,激流而碨。由平壤中有行三十里至湟州,城周七里,东倚高山,北临宗哥桥,西入省章峡,……四十里出峡,屈曲下至大川,城川也,长百里,宗河行其中,夹岸皆羌人居,间以松篁,宛如荆楚"。[18]

这段记载告诉我们,虽然历史上河湟地区屡遭战火,农牧业生产遭受巨大破坏,但其宜于农耕的良好自然基础始终未变。当时唃厮啰政权的庶民沿河而居,引水灌溉,定居务农。而且"夹岸皆羌人居",形成了一个个大大小小的村落,并且修起了水碨,利用流水的动力来磨面,说明农业生产已经具有相当水平。元符二年(1099年)宋军解宗哥之围"诸羌为乱者闻之,皆踰城遁去。收见粮得四万余斛"[19]。同年王赡并进青唐时,"瞎征尝语人曰,吾蓄积甚多,若汉兵至,可支一万人十年之储。赡不进,瞎征又弃其城凡一十八日,尽为诸蕃族争取,其谷几近"[20]。说明唃厮啰政权的粮食储备是较为充裕的,没有较为稳定的农业基础,这一点是很难做到的。崇宁三年(1104年),王厚兵进河湟,唃厮啰政权瓦解。王厚曾经向朝廷奏报大军所占田地的处理办法,他在奏章中说:

"心白人户田土依旧为主,秋毫不得侵占外,因与官军抗敌,杀逐心黑之人所营田土,并元系西蕃王子董毡、瞎征、温溪心等田土,顷亩不少。已指挥逐州进行拘收入官,摽拨创置弓箭手,应副边备,可省戍兵经久岁费,为利甚博。"[21]

孔仲平在《谈苑》中称"羌人……以心顺为心白人,以心逆为心黑人"。王厚将未参与抵抗宋军的"心白人"田地发归故主,而"与官军抗敌,杀逐心黑之人所营田土"以及董毡、瞎征、温溪心等河湟吐蕃大酋的田地"尽行拘收入官"。

这段记载说明唃厮啰政权从王族到平民均拥有多少不等的农田。另外，史籍当中也不乏宋军购买或易换当地吐蕃部落田地的记载，"帅臣相度以钱、银、茶、彩或以羌人所嗜之物与之贸易，土田既多，即招置弓箭手入耕出战，以固边圉"[22]。以上记载说明，农业是其畜牧业之外的另外一个重要经济支柱当属确凿无疑。

宋军二进河湟之后，为解决粮食供应问题，遂将这一地区的农业开发作为头等要务，加以推行。于是，河湟地区的农业在唃厮啰政权的基础之上有了进一步的飞跃与发展。

宋廷当时任命何灌为湟州知州，何灌修渠引邈川水溉田千顷，使百姓受益，故百姓将此渠称为"广利渠"。此后何灌又建议"汉金城、湟中谷斛八钱，今西宁、湟、廓及其地也，汉、唐故渠尚可考。若先葺渠引水，使田不病旱，则人乐应募，而射士之额足矣"[23]。建议在河湟地区修渠引水，全面屯田。他的建议被采纳后，"甫半岁，得善田二万六千顷，募士七千四百人，为他路最"[24]。宋臣赵隆知西宁州时，看到湟州农业欣欣向荣的景象，也开始效法，主持修渠引湟水，以灌溉西，宁州周围的土地，并从河州等处招募人丁前往耕种。在这些地方官员的大力倡导实施下，河湟地区的农业发展盛极一时。

三、唃厮啰政权的商业贸易

唃厮啰政权与宋廷的贸易主要通过"茶马贸易"与"贡赐贸易"两种形式来实现。宋廷与之贸易的目的不仅局限于经济利益，正所谓"互市之设，其怀柔羁縻之旨欤！爰自汉初，始建斯义，历代遵守，斯亦和戎之一术也"[25]。张齐贤任兵部尚书时就曾说："……且六谷者，西北之远蕃，羌夷之内，推为雄豪。若于平时，得以市马须示羁縻，则怀化将军亦已厚矣。"[26] 宋神宗更是明确指出"市易、耕田与招纳，乃是一事尔"[27]。

北宋与辽和西夏长期对峙，在冷兵器时代，拥有数量充足的强健马匹是夺取胜利的一个关键因素。正所谓"夫兵家制胜莫如马，步兵虽多，十不当马军之一"[28]。宋朝君臣对这一点有着清醒的认识，高宗在建炎四年曾说："大观、宣和间，茶马司川茶不以博马，唯市珠玉，故马政废阙，武备不修，遂致胡虏乱华，危弱之甚。"[29] 故而有宋一代极为重视马政，宋初的马政便已"规制具备"。官马的来源主要有二，其一为沿袭汉唐旧制设监养马，王安石变法以后又让民户、保甲户养马，实行户马法、保马法。其二便为市马，最主要的途径就是与西北吐蕃各部所进行的茶马贸易。北宋时期，茶叶已经成为市场上的大宗商品，"伏以江南百姓营生，多以种茶为业"[30]。故而宋人李新在谈到宋代的商品经营结构时说："商于海者，不宝珠玉，则宝犀帽；商于陆者，不宝盐铁，则宝茶茗。"[31] 宋神宗时期，河南监牧使吕希道建议："川茶色帛，蕃部资以为急用，邛蜀茶岁出不胜计，积久贱则弃之，内帑嫌帛新压，故不时泄且坏，请以西川上贡银易茶帛，渍损者变绯，缘转致塞下以易马。诏即行之。"[32] 从此，买马与售茶便紧密联系了起来。茶叶开始大规模的"转致于西北，以致散于夷狄"[33]。

北宋前期，青唐吐蕃各部与宋朝的贸易主要在秦渭一带进行，中间需要长途跋涉，但交易量相当可观。宋臣王襄在《上钦宗论慧星》书中指出："青唐之马最良，而蕃食肉酥，必得蜀茶而后生。故熙丰时，置茶马司，大率以茶一笼计费三千，而易百千之马，岁以蜀茶易马二万匹，以三十年为率，则国用马常四十万矣。"[34] 宋神宗熙宁三年

（1070年），时任同管勾秦凤路经略机宜文字的王韶也曾言："沿边州郡惟秦凤一路与西蕃诸国连接，蕃中货物四流，而归于我者，岁不知几百千万，而商旅之利尽归民间。欲于本路置市易司，借官钱为本，稍笼商旅之利，即一岁之入亦不下一、两千万贯。"[35]康定元年，宋仁宗曾给唃厮啰许诺，如唃厮啰愿意助宋讨元昊，"如有功，则加以王爵，置榷场，许市易羊马，以通财货"[36]。但史籍当中并未记载仁宗的许诺是否兑现。熙河之役以后，宋朝在熙河各州设立市易司主持商务，"募牙侩引蕃货赴市易务中贾"，同时还在各州广设茶场，官运川茶，"出卖博马"由都大提举成都府、利州、秦凤、熙河等路茶场司，提举陕西买马监牧司等机构对茶马贸易进行统一管理和操作。史籍记载，熙宁十年各卖茶场卖茶数额为："秦州5924驮，熙州10379驮，通远军6960驮，永宁军7091驮，岷州3386驮。元丰元年政府规定应卖茶额：秦州6500驮，熙州10900驮，通远军7600驮，永宁军7500驮，岷州4000驮。"[37]前文在论述唃厮啰政权畜牧业经济时已经列举了大量向宋廷市马的数据，这里不再赘述。以上数字从一个侧面反映了北宋与青唐政权为主的西北吐蕃的贸易量。北宋末年，湟州也设立了茶马场，青唐吐蕃部落参与茶马贸易更为便捷，免受跋涉周转之苦。

需要明确的是，虽然名之曰"茶马贸易"，是指以"茶"与"马"为大宗，其他商品也占有相当份额。据记载"蕃部出汉买马，非只将马一色兴贩，亦有将金、银、解斗、水银、麝香、茸褐、牛羊之类博买茶货转贩入蕃"[38]。"卢甘、丁吴、于阗、西蕃，旧以麝香、水银、朱砂、牛黄、珍珠、生金、犀玉、珊瑚、茸褐、驼褐、三雅褐、花蕊布、毧罗绵、碙砂、阿魏、木香、安息香、黄连、牦牛尾、狨毛、羚羊角、竹牛角、红绿皮交市，而博买牙人与蕃部私交易，由小路入秦州，避免商税打扑。"[39] 通过互市贸易，除了茶叶以外，中原地区大量的手工业品、农副产品及文化用品也被传入青唐吐蕃各部之中。对于吐蕃而言，中原地区各种物资的流入不单纯是一种物质的输入，不单纯是帮助吐蕃民族解决饮食、穿衣的问题。正如有的学者指出的那样："高寒草原地区的牛、羊、兽皮、药材和其他农副土特产品大量流入汉族地区，而汉族地区的绸绢、布匹、陶器、食盐和其他手工业品以及农副土特产品也大量流入少数民族地区，不但促进了当地手工业等产业的发展，而且促进了市场的繁荣和人民生活的提高。同时，频繁的经济活动，也促进了科学技术和文化艺术的交流，对推动边疆地区的开发和社会进步都产生了深远影响。"[40]

除茶马贸易之外，唃厮啰政权与宋王朝的贡赐贸易也是双方经贸往来的一种重要形式。贡赐贸易是一种政治掩盖下的商业贸易形式，"彼云进奉，实利贾贩"，实则可以视为茶马贸易的另一种形式。从贡品的种类来看，吐蕃输入的大宗商品主要是马匹方物，宋回赐的主要是绢、钱、银、茶等。元祐元年"西蕃阿里骨为进奉所得回赐物色数少，乞依旧例"。枢密院言："所赐比元丰四年以前旧例已为数多，其逐次回赐，并于进奉物估价外添二分支赐，亦无裁减。"[41] 可见，宋廷的回赐的物品价值远远大于贡品的价值。正如有些学者指出的那样，"贡赐贸易是一种特殊的经济活动，带有浓厚的政治色彩。这种经济活动一般说来并不是一种完全的等价交换，往往是'回赐'价值高于'进贡'价值。尽管如此，'互通有无'却是这种经济活动客观上遵循的一个原则"[42]。因此，青唐各部均乐此不疲，朝贡极为频繁。如大中祥符九年（1016 年），唃厮啰与李立遵向宋朝贡马 582 匹，宋廷"诏赐器币总二万二千"[43]。元丰二年（1079 年），"赐董毡进奉马四百六十三匹价钱一万一千二百缗，银彩各千，对衣、金带、银器、衣著等"[44]。元祐八年（1091年），"阿里骨进马一百七十九匹，诏户部逐疋估价，于都数内增二分回赐"[45]。翻阅相关史籍，此类记载可谓比比皆是，不绝于书。据不完全统计，从1015年唃厮啰本人第一次向宋朝贡，到其政权于1104年崩溃，唃厮啰政权及属下河湟吐蕃各部首领向宋朝进贡45次，宋朝回赐或封赐多达150余次。[46]其中，有些时候的"贡赐贸易"规模相当惊人。如宋仁宗时，就曾给永宁寨诏书，"以官屋五十间给唃厮啰收贮财物"[47]。

在与北宋政府进行"茶马贸易""贡赐贸易"的同时，唃厮啰政权由于其所处的特殊地理位置，在沟通中西方交通中也发挥着十分重要的作用。

历史上，河西走廊是著名的"丝绸之路"主路，是中国内地沟通西域、中亚乃至欧洲的重要通道。11世纪前叶，整个河西走廊被西夏所控制，西夏对过境的商人课以重税，史籍记载：

"回鹘土产，珠玉为最。帛有兜罗锦、毛毼、狨锦、注丝、熟绫、斜褐；药有腽肭脐、硇砂；香有乳香、安息、笃耨。其人善造宾铁刀、乌金银器。或为商贩，市于中国、契丹诸处。往来必由夏界，夏国将吏率十中取一，择其上品，贾人苦之。后以物美恶，杂贮毛连中，然所征亦不赀。"[48]

不仅如此，西夏人还经常劫掠往来商旅，过境商人苦不堪言。而在宋与西夏长期对峙期间，唃厮啰政权在政治上基本上与宋一直保持着友好关系。因此，原本行经河湟作为辅路的丝绸之路青海道就成为宋与西域各国进行政治、经济往来的主要干道。

中西交通的主干道转移到唃厮啰地区，为河湟吐蕃的经济发展提供了契机。所以唃厮啰政权的历任执政者为了保持丝绸之路青海道的畅通，都制定了相应的政策措施。他们对过境的贡使、官员和商队，采取了与西夏人截然不同的做法。凡过境的商旅、贡使等，唃厮啰政权的统治者令族人予以友好相待，提供吃住与方便，商人只要付相应的费用或货物即可。对那些赴宋朝贡由此过境的各国使者以及他们携带的大批货物，则派专人保护，送出"蕃境"。例如，西夏占领凉州后，甘肃回鹘常与西夏人发生冲突，其赴宋的贡使原本走灵州路，但供奉多被西夏人劫掠。为此，回鹘首领夜落纥只好令贡使穿越祁连山，改走宗哥路。对回鹘的过境贡使，唃厮啰"乃遣人援送其使，故频年的至京师"[49]。对于来自西域地区的过境贡使及商旅，唃厮啰政权的执政者同样予以厚待，派专人将使者导引至熙州等地。由于青海道安全，生活上又有保障，所以西域方面的贡使、商旅由此赴宋地者络绎不绝，可称得上行旅如流。李远在《青唐录》中说青唐城东有"于阗、回纥往来贾贩之人数百家居之"。城内"积六十年宝货不赀，唯珍珠、翡翠以柜，金、玉、犀（角）、象（牙）埋之土中。元符末年，官军下青唐，皆为兵将所有，县官十不一二。王赡以马驮真珠，每线六尺，象、犀为粗重，弃之不取"。各国商人到此，一般"货到每十橐驼税一"[50]。这些记载说明，在唃厮啰政权的允许之下，一些西域商人们甚至在青唐城等地拥有货栈，定居经营商业贸易。也可说明当时的青唐商人中，仅于阗、回纥人就已为数不少，汉人、吐蕃人、西夏人在此经商的人数也应该非常可观。

由于唃厮啰政权实行了维护丝绸之路青海道畅通，大力发展商贸的举措，西域和内地的商人云集于青唐城进行贸易活动，使青唐城成为闻名于世的贸易中心。《宋史·吐蕃传》中说："唃厮啰居鄯州，西有临谷城通青海，高昌诸国商人皆趋鄯州贸易，以故富强。"[51]说明商业贸易对于唃厮啰政权而言也是至关重要的。正因如此，祝启源先生曾对唃厮啰政权在当时中西方经济文化交流中所发挥的作用做出如下中肯的评价:"唃厮啰政权的历代统治者都十分重视以青唐为中心的中西交通青海道的东西走向的贯通,千方百计维护这一条交通线。交通的发展为经济发展繁荣提供了有利的条件,它不仅为河湟各族人民直接带来了好处,而且也为中原地区的发展起了积极作用。同时,中西交通的畅通,使西域地区与中原地区的政治、经济、文化关系得以维系,究其原因,唃厮啰的作用不可低估。"[52]

注释:

[1][18](宋)李远:《青唐录》卷35,《说郛》,青海人民出版社1989年版。

[2][3][4][15][19][20][26][27][36][39][41][44] [45] [47](宋)李焘:《续资治通鉴长编》,卷247"熙宁六年十月庚辰记事",卷252"熙宁七年四月丁酉记事",卷309"元丰三年润九月庚子记事",卷368"元祐元年二月己丑记事",卷514"元符二年八月丙戌记事",卷515"元符二年九月己未记事",卷49"咸平四年八月丁未记事",卷214"熙宁三年八月辛未记事",卷127"康定元年四月丁亥记事",卷299"元丰二年七月己卯记事",卷391"元祐元年十一月乙卯记事",卷297"元丰二年三月癸未记事",卷460"元祐六年六月丙午记事",卷135"庆历二年二月庚辰记事",中华书局1995年版,第6022页,第6197页,第7496页,第8862页,第12217页,第12248页,第1077页,第5205页,第3004页,第7272页,第9509页,第7221页。

[5][6]祝启源著,赵秀英整理:《青唐盛衰:唃厮啰政权研究》,青海人民出版社2010年版,第148页,第148页。

[7](宋)吕颐浩:《忠穆集》,卷8《燕魏杂记》,宋辑珍本丛刊(第三十一册)2009年版,第806页。

[8]（宋）《东坡后集》，卷9《三马图赞》，宋辑珍本丛刊（第二十三册）2009年版，第35页。

[9] 崔永红、张得祖、杜常顺主编：《青海通史》，青海人民出版社2002年版，第248页。

[10]（宋）赵汝愚：《宋朝诸臣奏议》，卷141《任伯雨上徽宗论湟鄯》；卷125《陈次升上徽宗论西蕃市马》；卷45《王襄上钦宗论彗星》，上海古籍出版社1999年版。

[11]（元）脱脱《宋史》，卷198《兵志十二》，中华书局1985年版。

[12][43]（清）徐松：《宋会要辑稿·蕃夷六·唃厮啰》，中华书局1957年影印本。

[13] 汤开建：《北宋与西北各族的马贸易·附表》，载《中亚学刊》第三辑，中华书局1992年版，第139—163页。

[14]（清）张庭武修，杨景升纂：《丹噶尔厅志》，卷4，清宣统二年甘肃官报书局排印本。

[16]（宋）韩琦：《韩魏公集家传》，新文丰出版公司1985年版，第581页。

[17]（元）脱脱：《宋史》，卷328《王韶传》，中华书局1985年版。

[21]（清）黄以周等辑：《续资治通鉴长编拾补》，卷24《徽宗》，中华书局2004年版。

[22][35][37][38]（清）徐松：《宋会要辑稿》，《方域六》，《食货五五之三一》，《职官四三之五一》，《职官四三之五八》。

[23][24][49][51]（元）脱脱：《宋史》，卷357《何灌传》，卷357《何灌传》，卷492《外国一》，卷492《吐蕃传》。

[25][30]（宋）王钦若：《册府元龟》，卷999《互市序》，卷494《邦计部·山泽二》，中华书局1960年版，第11725页，第5906页。

[29]（宋）王明清:《挥麈前录》卷1，中华书局1961年版。

[31]（宋）李新:《跨鳌集》，卷12《上王提刑书》，四库全书集部别集。

[32]（清）陆心源:《宋史翼》，卷1《吕西道传》，中华书局1991年版。

[33]（元）马端临:《文献通考》卷18《征榷考五·榷茶》。

[40] 吕维新:《宋代的茶马贸易》,《农业考古》1998年第2期。

[42] 刘建丽:《宋代西北吐蕃研究》，甘肃文化出版社1998年版，第323页。

[46] 祝启源:《唃厮啰——宋代藏族政权》，青海人民出版社1988年版，第228页。

[48]（清）吴广成:《西夏书事》，卷15，文广书局1968年版。

[50]（宋）张舜民:《画墁录》,《青唐宝货条》,中华书局1991年版。

[52] 祝启源:《唃厮啰政权对维护中西交通线的贡献》,《中国藏学》1998年第1期。

原载于《青海师范大学学报》（哲学社会科学版）2014年第4期

明代对河湟地区的经营及其效果

河湟地区即今青海湖以东、兰州以西、祁连以南、黄河以北的湟水流域广大地区。这一地区因战略位置极其重要，西汉以来一直是历代王朝重点经营的区域。在河湟开发的漫长历史中，明代是一个关键时期。明王朝总结汉唐以来历代政府经营河湟地区的经验教训，对这一地区实施了有效的统治，由此大大促进了河湟地区政治、军事、经济、文化的发展。

一

河湟地区地处西北边陲，是明王朝的边防前沿，周围群番环立，"乃甘肃凉州之右背，河州洮泯之前户"[1]，是兵家必争之地，也是稳定西北的关键地区。有鉴于此，明政府对这里的经营尤加青睐，制定了一系列切实可行的政策，在实际推行中颇有建树。

（一）建立卫所行政体制，将河湟地区纳入中央行政体系

河湟地区的特殊战略地位，使得明王朝在这里推行的是军政合一的卫所行政体制。洪武四年（1371年）设河州卫，属西安都司。卫下设千户所，河湟地区主要有积石州千户所和归德守御千户所。洪武六年（1373年），出于对河湟地区的重视，明朝又在这里设西宁卫。"西宁卫，元西宁州，直隶甘肃行省。洪武初废。六年正月置卫。宣德七年十一月升军民指挥使司，属陕西都司，后来属陕西行都指挥使司。"[2] 明朝视西宁为"西夷重地""河西巨镇"，不断强化其军事职能。明制，每卫下辖左、右、中、前、后五个千户所，而在西宁卫下设了左、右、中左、中、前、后六个千户所，"甘肃一镇，计十五卫所，唯西宁卫六所。惟祖宗之意，盖以西宁控制近番申中等十三族，远番罕东等四卫，故多设一所，以震压之，视他卫不同也"[3]。西宁卫作为一个兼司地方行政的机构，下辖有编户四里，即巴州、红崖、老鸦和三川，由卫经历司进行管理[4]，对周围藏族各部也行使监督权，各部落僧俗头目每月赴卫听受约束。卫指挥一级的官员中有专司"抚夷"之职者。卫所制的建立大大加强了明政府对河湟地区的控制，有效稳定了该地区的政治局势。

（二）因俗施政，推行土流官参治制度

明军在向甘肃地区进军过程中，对这一地区的蒙古贵族和各族头目进行"招抚"，河湟地区各族首领纷纷望风归附。明政府"因其习俗，官其渠魁"，"授以官职，厚加赏赉"，共同保塞宁边。从明初开始，明朝结合卫所建置，在河湟各少数民族中广泛地封建土官，分别授以卫指挥使、指挥同知、指挥佥事、千户、百户等世职，为土司制度的确立奠定了基础。尤其是在西宁卫所各级官员中，大量地参用当地少数民族首领，形成了"土流参治"的格局。土官的主

要职能，是在封建国家的授权之下，以当地少数民族头人和朝廷命官的双重身份来统治所属部众。各族大小士官的统治也就构成了明王朝封建统治体系在河湟地区的重要组成部分。各家土司"世官其职，世有其民"，土民"世耕其地，世为其民"，平时耕牧，战时自备鞍马出征。河湟土司多次领兵征战，战功累累。如撒拉族士兵被征调十七次，西祁土司被征调十八次以上。李英以军功封会宁伯，李文以军功封高阳伯，这在全国土官中都极为罕见。

（三）分封地方宗教首领，推行"多封众建，尚用僧徒"政策

明王朝针对这一地区藏传佛教盛行的特点，沿袭元朝"因其俗尚，用僧徒导化为善"的政策，公开支持新兴黄教；采用"多建众建"的办法，对藏传佛教上层僧人分别授予大国师、国师、禅师、都纲、喇嘛等僧职，并准其世世相袭。同时，对他们已有的治民特权也予以确认，形成"国师、禅师管理族民如土司之例"的普遍现象。在这种政策下，每一座寺院都是一个小型的政教合一统治机构。如明初在民和修建的弘化寺，其周围的山场地亩和佃户均由寺院"都纲"管辖，其他寺院系统也各有管辖的百姓和土地。洪武二十五年（1932年）敕建的乐都瞿昙寺地位更是显赫一时。这座寺院的初创僧三罗喇嘛被封为西宁卫僧纲司都纲，统领河湟地区大小宗教头目。永乐六年（1408年）明成祖在瞿昙寺立"敕谕碑"，下令保护寺院、寺僧和财产，并强调指出："若有不遵联命，不敬三宝，故意生事，侮慢欺凌，以沮其教者，必罚无赦！"[5]永乐十年（1412年）封三罗喇嘛的侄子班丹藏卜为"灌顶净觉弘济大国师"，封另一宗教首领索南坚参为"灌顶广智弘善国师"。从永乐开始，中经洪熙、宣德，直到成化，明王朝派员在瞿昙寺大兴土木，陆续建成宝光殿、隆国殿、钟鼓楼、画廊等建筑物。与此同时，又立了"御制瞿昙寺碑"和"御

制瞿昙寺后殿碑"两通石碑,强化了瞿昙寺在河湟地区的宗教地位。这两通碑刻至今仍存于瞿昙寺内,全面记述了这座佛刹的缘起及发展,充分说明了明王朝统治者在当时条件下的营边方略。

（四）推动"茶马互市"与"贡赐关系"的发展,促进河湟地区与内地的经济交流和互补开发

始于唐宋时期的"茶马互市"规模在明代河湟地区进一步扩大。明政府始终以"茶马互市"作为控制西北少数民族的一种有效手段,茶马贸易规模空前。洪武四年（1371年）明廷在秦州（今天水）、洮州（今临潭）、河州（今临夏）等地设立茶马司,专管以内地茶叶换取河湟、河州、洮州、甘州等地的马匹。为了使茶马互市正规化,明廷实行金牌信符制度。金牌刻有12字：上为"皇帝圣旨",左为"合当差发",右为"不信者斩"。对剖为二,上号藏于内府,下号分给各族首领,每三年派人召集各部首领,合符交马一次。[6]明政府曾派曹国公李景隆送金牌41面分发给河州、西宁等卫属的各藏族部落及西宁卫统辖的曲先、安定、阿端、罕东塞外四卫,其中西宁卫金牌16面、纳马3000余匹,河州卫金牌21面、纳马7000余匹,洮州卫金牌4面、纳马3000余匹。后来为了抑制私商横行,便利番民交马换茶,裁撤了距河湟较远的秦州茶马司,改设西宁茶马司,西宁与河州、洮州成为茶马贸易的三大中心。仅洪武三十年（1397年）,明政府便以茶50万斤换取马匹1.3万余匹。整个明代,茶马贸易呈现繁荣景象,成为民族经济生活中不可缺少的一环。同时,在明代河湟地区与内地的经济交往中,朝贡和回赐制度也是非常重要的一环。随着青海各族与明朝的关系日益密切,许多土官和僧侣络绎地赴京朝贡,贡纳马匹和方物（如足力麻、牦牛尾等）。明朝廷为了表示"恩典"和笼络人心,照例给以茶叶、丝织品、金银器皿

等"回赐"。而贡使往返,还可借沿途驿乘之便交易买卖,促进物资交流。正因为朝贡有诸多利益可图,各族上层分子常常乐此不疲,假借各种名义频频朝贡,以致朝贡成为朝廷的沉重负担,正统时明英宗就指出"近者西宁等处番僧喇嘛来朝贡者甚众,沿途军民供给烦劳"。

（五）移民实边,大兴军屯、民屯

明代是汉族迁居河湟并取得较大成就的一个重要时期。洪武年间,为了加强对西北边疆的统治,大力推行"移民实边"政策,以军屯、民屯和商屯解决卫所士兵的粮饷。在河湟地区,西宁自洪武十年(1377年)开始实施屯田生产。其后,归德千户所也于永乐十年（1412年）开始屯田生产,"每卫委指挥一员,每所委千户一员提督屯种"。西宁卫还设有监牧判官、屯田通判等官,专职负责兵饷出入、屯粮征纳及水利灌溉等事务。据《明宣宗实录》卷42、卷80中的记载:宣德时期,西宁卫士卒3560人,其中入屯生产的士卒就达3000人之多,屯、戍之间的比例超过了三分守城、七分屯田的标准。与此同时,大量军士家眷、内地移民乃至一些商人也在河湟地区大兴屯田,促进了这一地区的经济开发。湟中县鲁沙尔镇赵家庄《张氏家谱》(清顺治三年九月修纂)中记载:"张氏本是南京凤阳府凤阳县人,明洪武初有一祖从军征剿西番有功,补升百户,后奉朝旨与十八家千户共防边地,拨发古湟中新设西宁卫之地,每房分田二十余石,出兵两名,以备国用。"[7]该县西堡乡花园村钟氏于清乾隆十三年三月立的墓碑也刻:"予始祖千户职,明洪武十八年由扬州江都迁居湟中,迄今三百五十年矣。"[8]仅湟中,据大源、大才、共和、维新、西堡、鲁沙尔6个乡镇调查和青海省图书馆现存的17户姓氏宗谱资料统计,就有11户是明洪武年间从南京迁来的军户、罪犯和被株连的百姓,均为"举族迁移"。此外,湟源、互助、大通、乐都、西宁等地的家谱资料也说明，上述地区很大一部分汉族是明代军户、流官、屯民的后裔。汉族人口的大量涌入大大改变了这一地区原有的民族分布格局，对河湟经济文化发展产生了重要作用。

二

明政府对河湟地区因俗施政，着力经营，各项政策在实际推行中成效颇为显著。具体而言，主要表现在以下几个方面：

（一）强化了中央王朝对河湟地区的统治，有效地巩固了西北边防

河湟地区历来为民族角逐和兵家必争之地，明前期，蒙元残部据大漠南北地区，对明朝构成严重的军事威胁。明政府对河湟的统治关乎整个涉藏地区的稳定，更关乎能否切断蒙、藏联系，以求专力对付蒙古势力，确保西北地区的稳定。明政府在河湟设置有别于内地府、州、县传统建置的卫所建置，其主要特点是直接隶属于中央五军都督府管辖，"自天提锁钥"。卫所不仅是军事机构，而且是行政机构，是对这一地区行政统治的强化。土流参治制度及尚用僧徒政策的执行更是成功地笼络了各族上层分子，使其成为可以依靠的重要政治、军事力量。整个明代，青海地区民族叛乱时有发生，尤其明中叶以后西海蒙古为患边陲，卫所行政体制以及河湟各族士兵在平定叛乱及抵御西海蒙古的战斗中发挥了重要作用。万历二十三年（1595年），龙膺、刘敏宽、田乐等人取得"湟中三捷"后，明政府更是牢牢地控制了这一地区，有效地巩固了西北边防。

（二）改变了河湟地区的民族分布，促进了多民族和睦相处格局的形成，加强了河湟地区对祖国内陆的向心力

河湟地区是多民族错居杂处的地区，民族关系错综复杂，矛盾冲突常常尖锐激烈，民族问题经常成为焦点。明政府对河湟的统治对这一地区民族关系的发展产生了重大而深远的影响。明代大量移民实边使汉族逐渐成为河湟地区的主体民族。据青海方志史料记载：明洪武、永乐年间，西宁卫就有"官军户七千二百，口一万二千九十二"。到嘉靖中，官军户户数减少，而人数增加，达到"四万五千六百一十三口"。明中后期不仅军人的数量大增，还有大量的农民流入河湟，这一部分人口迁移的时间长、批量小，但规模大。[9]针对这种局面，弘治年间大臣鲁鉴云："西宁一卫田土肥饶，人力颇盛，刍粟无转输之难，加以各处流民久往成业，多为势家影射，在官不得其用。"汉族人口的增加强化了河湟与中原地区的联系，有力地推动了明政府在这一地区各项统治政策的顺利实施。在处理汉族与少数民族的关系上，明政府尊重民族习俗，采用感化、安抚的政策处理民族纠纷，减少了冲突，稳定了局势。明代河湟地区除汉、蒙古、藏、回等民族外，还分布着两个元明时期逐渐形成的新的民族共同体：土族和撒拉族。明政府积极稳妥的民族政策有效地促进了河湟地区多民族格局的形成。

（三）推动了河湟地区经济、文化的发展

明政府移民实边、大兴屯田使得河湟地区的经济生产得到快速发展，农业耕垦面积不断增加（见表1）。随着农业的发展，河湟地区的农田水利事业也得到长足发展。到明末，在西宁地区已形成了以伯颜川、车卜鲁川、那孩川和沙塘川四大干渠为主，拥有近30条分渠的农田灌溉体系，受益农田达15万亩之多。河湟农业稳步发展的同时，茶马互市及"贡赐关系"的不断进行推动了河湟与内地经济的交流与互补开发，使这一地区与内地在经济上进一步成为一个较为稳固的整体，促进了河湟地区畜牧业、手工业、商业的发展。经济上的进步带来了文化上的繁荣，明代河湟地区文化教育落后的面貌有了很大改观。宣德二年（1427年），根据镇守西宁都督佥事史昭和西宁卫的奏请，明政府在西宁卫开设了儒学，又分别在卫城和碾伯开设了两所社学，青海地方开始有举人、进士产生。同时，河湟地区的官员中多有出身进士或举人者，有很多擅长文学、工于诗文并热心文化教育者。这些人留下了不少关于河湟的诗文作品，推动了河湟地区文化教育的起步。特别值得一提的是，万历年间，西宁兵备副使刘敏宽和西宁卫监牧同知龙膺共同纂修了《西宁卫志》，为研究明代青海历史留下了宝贵资料。

表1 明代若干年份西宁卫在册耕地面积表

单位：亩

年份	在册耕地面积总数	其中屯田 面积	其中屯田 比例（%）	资料出处
永乐时	202552	202552	100	康熙《陕西通志》卷10
正统三年	275646	?	?	顺治《西宁志》卷5
嘉靖二十九年	315522	180391	57.17	顺治《西宁志》卷5
万历十二年前后	585901	400218	68.31	《明神宗实录》卷133
明末	669080	?	?	乾隆《西宁府新志》卷16

注：此表引自崔永红先生所著《青海经济史》

三

明王朝为了维护其根本利益，对河湟各族民众极尽统治之能事，或征讨，或安抚，或互市，或笼络。通过对其统治方略的研究，以下几个方面尤为重要，可以为我们今天的西部开发提供历史启迪。

(一) 和平安定的政局是经济开发的前提

明代河湟地区经济开发以农业为主兼营畜牧业。这一阶段战乱不多，政局基本稳定，河湟经济从整体上看处于稳定的发展之中，呈现上升态势。纵观整个明代，河湟经济的发展与地方政局的稳定与否息息相关。明宣德以前河湟局势安定，农牧业经济恢复较快，并有一定发展。正统以后明朝开始中衰，河湟"海寇"为患，地方经济也开始走下坡路。正德以后边境不宁，农牧业生产受到影响，出现了劳动者逃亡、土地荒芜的现象。

(二) 和谐相处的民族关系是经济开发的关键

我国自古以来就是一个多民族的国家，西北地区是少数民族的主要分布区，民族关系复杂。明政府在统治河湟过程中始终注重"因俗施致"，充分考虑到少数民族地区的特殊性。从权力继承到生产方式的选择都采取尊重的态度，没有过分激化民族矛盾，赢得了安定的政治环境。这段历史告诉我们，民族关系稳定是社会安定的基础，是决定经济开发成败的关键因素。

(三) 吏治决定着经济开发的成败

明代在河湟地区的施政效果与官吏素质息息相关。官吏是当政者的思想、政策的具体实施者和体现者。统治者经营河湟的思想或政策固然重要，而如何建立一支强有力的、既能体现朝廷意图又能因地制宜的地方官吏队伍也至为攸关。没有后者，经营河湟不是纸上谈兵，便是痴人说梦。《青海方志资料类编》中的一段记载颇能说明这个问题："明用耿炳文，史昭辈，则宁境开拓，规模可观。后用人乖舛，羌戎勾结，丧师辱国，民不聊生。万历时，幸用经略郑洛，继用巡抚田乐、兵备刘敏宽、参将达云等，文武齐心，三捷海寇，功为一时之最。嗣国政日非，官无缮绩，西陲不复振矣……"[10]

注释：

[1][3][清]苏铣：《西宁志》，青海人民出版社1993年版。

[2]（清）张廷玉：《明史》卷42，中华书局1974年版。

[4]崔永红等：《青海通史》，青海人民出版社1999年版，第260页。

[5]谢佐：《青海金石录》，青海人民出版社1993年版，第77页。

[6]谢佐：《青海民族关系史》，青海人民出版社2001年版，第138页。

[7][8]湟中县志编纂委员会：《湟中县志》，青海人民出版社1990年版，第351页。

[9]贾伟、马兴盛：《试论明代青海河湟地区人口迁移》，《青海民族研究》2002年第2期。

[10]王昱主编：《青海方志资料类编》，青海人民出版社1987年版，第489页。

原载于《青海社会科学》2006年第6期

青海省农牧业分界线形成的历史考察

青海省位于青藏高原的东北部,是青藏高原的重要组成部分。全省东西长约 1200 公里,南北宽约 800 公里,面积 72 万多平方公里。这里地域辽阔,地势高峻,除湟水、黄河谷地和柴达木盆地海拔为 2000—3000 米外,大部分地区海拔在 3000—4500 米。本省内部自然条件复杂多样,地域差异十分明显著,自然资源分布也极不均衡,历史时期分布在这里的不同民族对自然条件和自然资源的改造利用方式也因时地而异。位于青海湖东侧的日月山(古称赤岭)是我国自然地理上的一条非常重要的分界线,它是我国外流区域与内流区域、季风区与非季风区、黄土高原与青藏高原分界线,同时也是青海省内农业区与牧业区的分界线。唐代以来,以日月山为界,东部为农业区、西部为牧业区的基本格局逐渐形成并稳固下来。农牧业分界线的形成离不开这两种迥然不同的生产方式所根植其中的自然环境基础,但人类对自然环境的认识与利用,不同历史阶段的政治、军事背景以及不同民族的经济文化传统,在青海省农牧业分界线形成的历史过程中发挥着更为重要的作用。

一、青海史前人类的农牧业活动

从考古资料来看:早在新石器时代文化时期,青海省内就出现了最早的农牧业生产活动。青海境内的新石器时代文化遗存主要集中在日月山以东的河湟谷地,绝大多数文化遗址都呈现出种植业、畜牧业、采集、渔猎等多种经济形式混合并存的局面。进入青铜时代以后,日月山以西的环青海湖地区以及海西柴达木盆地等区域的文化遗址显著增加,而且这一时期大多数文化遗址中所展示的畜牧业成分也在增多。也就是说,畜牧业开始与定居农业相分离,逐渐成为这一地区最重要的一种产业模式。从目前已有的考古发掘材料来看,青海境内的农业生产活动,至迟在距今 5000 余年前的马家窑文化石岭下类型时期就开始了。[1]而伴随原始农业出现的是原始的家畜饲养业,畜牧业尤其是游牧经济的产生要远远晚于原始农业的出现。这种变化,一方面反映出青海古人类活动区域的扩大,另一方面也体现出他们对高原自然环境的积极认识与响应。

1980 年进行试掘的民和县阳洼坡遗址是青海新石器时代早期文化的代表。这一遗址已发现的遗迹有:房子五座,其中较完整的 2 处,散乱的柱础 40 余个,灶 11 个,灰坑 3 个。[2]在编号为 F3 的方形房子东部灶旁有一长方形贮坑,此灶是在原来废弃的灶旁重新修建,原有旧灶的半部保留改为放置物品之用。[3]在遗址中出土了大量的石刀、石斧、陶刀、骨铲等典型农业生产工具,虽然这一遗址没能提供更多的资料来说明当时农业生产的具体情况,但这些器物与带有贮坑的房屋遗迹相互印证,可以说明当时人们已经过着以农业为主的定居生活。

位于湟水中游北岸的乐都柳湾遗址是我国迄今已知规模最大,保护最完整的一处原始社会晚期氏族公共墓地。这一遗址的年代从新石器时代晚期到青铜时代,前后跨越1000余年,包含了马家窑文化的半山类型、马厂类型以及齐家文化和辛店文化等多种考古文化类型。柳湾出土了种类繁多的生产工具,主要有石斧、石凿、石刀、石镰、石矛、石球、石锛、石凿以及陶纺轮、骨针等等。这些生产工具从一个侧面表明,农业生产是当时最主要的生产门类。在柳湾墓地随葬的粗陶瓮内也发现了大量粟的朽粒。可以推断,粟是当时人们的主要食粮,是最重要的一种农作物。

齐家文化是黄河上游新石器晚期文化的重要组成部分,青海境内的齐家文化遗址分布范围与马家窑文化基本相同,集中分布在东部河湟谷地及其支流的台地上,但已进一步向西扩展至青海湖北岸的沙柳河边。目前全省范围内经过考古发掘的遗址和墓地主要有贵南县尕马台、大通县上孙家寨、乐都县柳湾、民和县清水泉、西宁市沈那等。[4]齐家文化一个非常明显的特征是家畜饲养业无论规模还是种类都有了非常大的发展,狗、猪、羊、牛、马、驴等动物均已被驯化及饲养,这一时期在畜类资源开发利用方面比马家窑文化已经有了极大的进步。

青海境内现已发现的青铜时代考古学文化主要有卡约文化、辛店文化以及诺木洪文化。从现已发掘的文化遗址来看,青铜时代省境内古人类的生存空间进一步向河湟谷地以外的地区拓展。卡约文化时期不仅在黄河和湟水谷地深入到浅山地区和部分脑山地区,而且向大通河、黑河流域以及青南地区延伸。诺木洪文化时期,聚落分布范围更是拓展到了海西柴达木盆地。与之相对应的是，青海地区畜牧经济因素的明显增长，正是由于这一时期开始的，尤其是在卡约文化中表现得更突出、更完备。[5]

青海省内目前已经发掘的卡约遗存，大多数少见甚至不见有农业生产工具和粮食遗迹，而较多见的是动物骨骼以及加工牲畜的肉食工具。如在贵德县山坪台卡约文化墓地发掘出土的629件文物中，只有一件石斧，未发现有农业遗迹和粮食。[6]湟源县大华中庄卡约文化墓地发掘出土的一千余件文物中只有两件石斧，也未发现有农业遗迹和粮食。[7]而石斧并不是典型的农业专用工具，它既适用于农业生产，也适用于畜牧业生产。与此相对应的是，遗址中陶器数量也大为减少，而木质随葬品（主要是以桦树皮制作的容器）与小件青铜制品（主要是装饰品）明显增加。

卡约文化遗址中畜牧业经济发展最直观的表现还是普遍出现的以动物骨骼随葬现象。在循化撒拉族自治县阿哈特拉山地的卡约文化墓葬中以羊角随葬的现象非常引人注目，有的墓中随葬的羊角甚至多达百余件。[8]该墓葬中随葬的大口双耳罐和小口陶瓮中多盛有羊、牛之骨。[9]湟源县大华中庄的卡约文化墓地中也大量出现了马、牛、羊等家畜骨骼，在发掘的118座墓中，有家畜骨骼随葬的达42座，有的墓中随葬的羊蹄骨多达六七十件。[10]而且大华中庄墓地还表现出女性随葬牛，男性随葬马或狗的趋势，[11]展示出当时人们对这些牲畜的不同认识。更为特殊的是"在上孙类型和阿哈特拉类型文化中，都有当时人的农业活动遗迹，大华中庄类型中则无"[12]。

畜牧业的发展在柴达木盆地内的诺木洪文化中表现得更为突出。在诺木洪文化的搭里他里哈遗址中出土了大量的动物骨骼，容易辨认的有羊、牛、马、狗等几种，其中以羊骨最多。[13]遗址中还发现了一处大型圈栏，其平面略呈卵圆形，长7.3米，最宽处6.6米，"圈栏内地面上有大量的羊粪堆积，厚约15—20厘米，其间也夹杂有少量的牛、马和骆驼的粪便。据此，这个圈栏可能是当时居民饲养家畜用的"[14]。搭里他里哈遗址还多有毛布、毛带、毛绳和毛袋等出土，其原料多用绵羊毛和牦牛毛，并经过染色。毛与皮的广泛使用，一方面说明了这两种动物从那时起即已成为青海地区的主要畜种，另一方面也说明当时居民对畜产品已经有了更为广泛的利用。

从考古材料中可见，青海省内农业起源较早，新石器时代的农业分布主要集中在日月山以西的湟水谷地。但这一地区的农业传统并未得以延续，而是发生了断裂。青海地区的史前文化展示出一条从农业为主到畜牧业为主的清晰发展轨迹。导致这一变化的原因应该不是单一的，最主要的因素是生存环境的变化。一方面，卡约文化时期恰好处于气候环境向干冷变化的时段，气候环境的变化是经济结构主次易位的主要原因，"气候变化的冲击超出了技术革新带来的生产的进步"[15]。自齐家文化开始，青海境内的古人就逐步向河湟谷地以西拓展自己的生存空间，迁徙到一些不宜农耕的地区，其畜牧业经济成分逐渐加大，最终在环境的压迫下游牧经济占据了主导地位，并一直沿袭至今。

二、秦汉魏晋时期青海境内的农牧业活动

学术界普遍认为"青海地区大规模畜牧业的兴起是青铜器时代卡约文化时期的事，至于游牧经济的产生更晚至卡约文化后期"[16]。而青海境内所发现的卡约文化、辛店文化、诺木洪文化等青铜时代的考古学文化均被学术界视为早期羌人所创造的文化。秦汉时期，

羌人各部遍及西北，而羌人最主要的聚居中心便是日月山以东的河湟地区。史籍记载，这一时期"河湟间少五谷,多禽兽,以射猎为事"[17]，已经没有了农业活动的痕迹。生活在这里的古羌人"所居无常，依随水草。地少五谷，以产牧为业"[18]。

两汉时期西北诸羌部落主要畜养的是马、牛、羊三种牲畜，此外还有少量的驴、驼等品种。据史籍记载，汉军在与羌人的战争中动辄俘获数万、十数万乃至数十万头牲畜，每次战争过后，都是"降虏载路，牛羊满山"[19]，足见羌人社会的畜牧规模已经达到了相当水平。

游牧是两汉时期羌人经济生活的普遍方式，"逐水草而居""所处无常"是其日常生活的真实写照。"在正常情况下，他们应是依季节变化、并大体上在一个相对固定的区域之内进行轮牧，并非时时处于仅为'逐水草'而无规律的长距离跋涉之中。"[20]汉昭帝时，汉酒泉太守辛武贤在给皇帝的上奏中提到："虏以畜产为命，今皆离散，兵即分出，虽不能尽诛，亶夺其畜产，虏其妻子，复引兵还，冬复击之，大兵仍出，虏必震坏。"[21]从辛武贤的建议可以看出，当时羌人并不是盲目的逐水草，而是有规律可循的。

终两汉之世，河湟诸羌与汉王朝的军事冲突此起彼伏、相沿不断，汉、羌关系成为这一时期西部历史演进的主线。武帝元鼎六年（公元前111年），李息、徐自为的大军进占湟水流域，开始了武力征服羌人的过程。西汉政府通过筑城置亭，移民拓边等措施，使汉族势力逐步开始向青海地区渗透。西汉中期，河湟大部分地区已经正式纳入中央封建王朝的郡县体系之中。而在汉王朝军事打击以及强制迁徙等政策下，河湟流域的很多诸羌部落也迁离故土，或内附逐渐与汉族融合，或进入本省日月山以西海拔更高的高寒地带。

为了巩固对羌人战争的成果，汉政府通过有组织地移民屯田，将大量汉族人口迁入河湟地区，中原地区先进的农耕技术与文化也随之传入。史籍记载，汉将赵充国在平定羌乱后，曾三次上书汉宣帝，提出了罢兵屯田的建议。赵充国在奏疏中称："计度临羌东至浩亹，羌虏故田及公田，民所未垦，可二千顷以上，其间邮亭多坏败者。臣前部士入山，伐材木大小六万余枚，皆在水次。愿罢骑兵，留弛刑应募，及淮阳、汝南步兵与吏私从者，合凡万二百八十一人，用谷月二万七千三百六十三斛，盐三百八斛，分屯要害处。"[22]自赵充国屯田河湟以后，汉族逐渐成为河湟地区社会经济文化发展的一支重要力量和社会舞台上的主要角色。汉族人口的大量迁入，为河湟地区农业传统的延续奠定了基础。

西晋永嘉之乱以后，中华大地四分五裂，战祸频仍。这一时期相继有前凉、前秦、后凉、后秦、南凉、西秦、北凉以及吐谷浑等政权在青海地区纵横捭阖，开拓经营。尤其鲜卑民族所建立的吐谷浑政权对青海历史产生了重大而深远的影响。

吐谷浑原为辽东鲜卑慕容部首领涉归的庶出长子人名，公元4世纪初，吐谷浑率领本部落1700余户在马背上漂泊跋涉万里之遥从辽西来到了西北。在与当地羌、氐、汉、匈奴（铁弗）等族长期共同生活，互相交往的过程中逐渐融合形成吐谷浑族。至吐谷浑之孙叶延时，"以王父字为氏"，即以祖吐谷浑名为姓氏部落名，亦为国号，正式建立政权。吐谷浑政权相继以柴达木盆地中的白兰以及青海湖畔的伏俟城为其统治中心。这一政权存国350年间，极大地推动了青海日月山以西畜牧业的发展。

秦汉魏晋时期，鲜卑民族是中国北方政治舞台上的一支重要力量，具有悠久的畜牧业传统。吐谷浑作为游牧民族迁居青海高原，由于与当地诸羌部落有着相似的生产生活方式，彼此很容易融为一体。在新的环境中，吐谷浑人将鲜卑人的游牧传统与西羌各部的牧业经验结合起来，创造了独具特色的高原畜牧业文化。

吐谷浑一直以畜牧业为其主要生计，《晋书》记其"有城郭而不居，随逐水草，庐帐为屋，以肉酪为粮"[23]。《宋书》记其"逐草依泉，擅强塞表，毛衣肉食，取资佃畜"[24]。《北史》云其："虽有城郭而不居，恒处穹庐，随水草畜牧"，又云其"好射猎，以肉酪为粮"[25]。《新唐书》则记载"有城郭，不居也，随水草，帐室、肉粮"[26]。除了肉食以外，吐谷浑人"接受饮酒，实以羹酪，并而食之"。还有"用牛乳或羊乳加工而成的'酥油'，将马、牛、羊和骆驼乳汁提炼而成的'酪'，由牛乳炼制而成以脂肪为主的食品'醍醐'等"[27]。

吐谷浑主要牲畜品种有马、牦牛、骆驼和羊等，其中尤以养马业最为突出。马匹是吐谷浑人财富的标志，也是生产役用、交通运输、战争乘骑的主要工具。吐谷浑人刑律规定："杀人及盗马者，罪至死。他犯，则征物以赎"[28]，把杀人和盗马同等量刑，可见马匹饲养在吐谷浑人的经济生产、日常生活中占有特殊地位。史籍上屡屡有北朝、突厥讨伐吐谷浑后"获骆马二十余万"，"获六畜三十余万"等记载，也从一个侧面反映出吐谷浑养马业的兴盛。吐谷浑人不仅养马数量多，而且以擅长培育名马而著称于世。《魏书·吐谷浑传》记载："青海周回千余里，海内有山，每冬冰合，以良牝马置此山，至来春收之，马皆有孕，所生得驹，号为龙种，必多骏异……世传青海骢者是也。"[29]《北史》《周书》《隋书》等均有相类似的关于吐谷浑人引进波斯优良畜种，在今环湖地区培育出宝马"青海骢"的记载。这种马风骨俊秀，奔走如风，以之驯育而成的龙种舞马是吐谷浑向中原王朝朝贡的重要方物。

三、隋唐时期青海省内农牧业分界线的初步形成

公元 7 世纪初，唐王朝迎来了太宗李世民所开创的贞观之治，政治、经济、文化空前发展，成为当时屈指可数的世界强国。几乎与此同时，在具有雄才大略的赞普松赞干布领导下，一个强盛统一、疆域辽阔的吐蕃王朝也崛起于青藏高原西南。随着吐蕃王朝的雄强，其政治、军事力量不断向北、向东扩展，成为唐王朝西北边郡的最大威胁。唐王朝在成功解决了吐谷浑政权的袭扰以后，不得不在西北地区面对一个更为强大的政权，陷入一种更为危险的复杂局面。处于两大帝国结合部的青海地区，由于其特殊的地理位置，在唐与吐蕃的关系中始终处于至为关键的地位，双方不遗余力地对这里进行了反复争夺。

龙朔三年（663年），吐蕃攻灭吐谷浑并占领其故地，控制了今青海日月山以西地区。吐蕃吞并吐谷浑以后，其东北部领土直接与唐朝相接，双方之间再无缓冲地带。唐蕃之间进入了一个直接大规模军事对抗时期，双方在日月山为中心的今青海东北部地区发生了数次大规模的战役。其中，比较著名的有大非川之战（670年）、承风岭之战（678年）、良非川之战（680年）、素罗汉山之战（692年）等。这些战役，唐蕃"胜负略相当"[30]，但总体上唐有效地遏制了吐蕃的扩张，将其军事力量阻止在日月山以西地区。

随着唐与吐蕃的军事对峙，河湟地区作为屏障陇右、关中，防御吐蕃东侵的战略要地，成为大军云集的军事前沿。为解决军粮供应问题，唐政府在这里大规模屯防，实行足食足兵政策，有力地推动了该地区农业经济的恢复和发展。[31] 在这一背景之下，青海河湟

地区迎来了一次大规模的农业开发高潮，极大地提升了这一地区在唐王朝的经济体系中的地位。

据考证，唐朝在青海的屯田至迟在高宗仪凤三年（678年）即已形成一定规模，当年"（九月）丙寅，李敬玄将兵十八万，与吐蕃论钦陵战于青海之上……李敬玄之西征也，监察御史原武娄师德应猛士诏从军。及败，教师德收集散亡，军乃复振。因命便于吐蕃，吐蕃将论赞婆迎之赤岭。师德宣导上意，谕以祸福，赞婆甚悦，为之数年不犯边。师德迁殿中侍御史，充河源军司马，兼知营田事"[32]。娄师德以军功迁殿中侍御史，充河源军司马兼知营田事，可见河源军的知营田事一职并非始设于仪凤三年，应该早于这一时间。娄师德因管理边境屯务卓有成效而多次受到唐政府的褒奖，武后延载元年（694年），"又以为河源、积石、怀远等军及河、兰、鄯、廓等州检校营田大使"[33]。武则天评价其"卿素积忠勤，兼怀武略，朕所以寄之襟要，授以甲兵。自卿受委北陲，总司军任，往还灵、夏，检校屯田，收率既多，京坻遽积。不烦和籴之费，无复转输之艰，两军及北镇兵数年咸行支给。勤劳之诚，久而弥著，鉴以嘉尚，欣悦良深"[34]。从中可见唐王朝对于西北边地屯田的重视以及所取得的成效。

唐朝在青海的军屯规模远远超过两汉时期，永隆元年（680年），河源军副使黑齿常之因大败吐蕃而"擢常之为大使，又赏物四百匹。常之以河源军正当贼冲，愈加兵镇守，恐有运转之费，遂远置烽戍七十余所，度开营田五千余顷，岁收百余万石。"[35]曹一向先生根据此条记载对其农业生产效益进行了推算，"屯田面积5000余顷，每年收获粮食100余万石，平均亩产量达到2石，折合现今计量标准约合172斤"[36]。这即便是在当时的中原地区，也是比较高的产量。

据南宋本《大唐六典》记载，唐玄宗开元二十一年（733年）时，全国7道72处军、州、边镇，共有屯田1025屯。总屯数中近1／3分布在河西陇右地区。陇右道屯田共172屯，主要分布在今青海境内。[37]据日本学者玉井是博研究，唐朝在青海境内的屯田主要有临洮军（驻今乐都）30屯，河源军（驻鄯城，今西宁东郊）28屯，安人军（驻今海晏，一说在今大通或湟源）11屯、白水军（驻今湟源）10屯，积石军（驻今贵德）12屯，绥和守捉（驻今贵德）3屯，鄯州（驻今乐都）6屯，廓州（驻今化隆）4屯，[38]以上共计104屯。另据崔永红先生考证，除此之外，当时青海地区还有合川守捉（驻今化隆）9屯，西使驻所（今甘肃夏河及青海同仁隆务河流域）10屯，唐在青海地区的屯田共计123屯。[39]唐制"州、镇、诸军每屯五十顷"[40]，以此推算，则唐蕃对峙期间，唐在青海的屯田达到了近6000顷，屯田区域主要集中在今青海省水热条件最好的河湟地区。唐朝与吐蕃对峙期间，青海东部地区农业空前发达，这也成为吐蕃挑起战端的一个重要诱因，史载"哥舒翰天宝六年为河源军使，先是吐蕃每至麦熟时即率部众至积石军获取之，共呼为吐蕃麦庄，前后无敢拒之者。至是，翰使王难得、杨景晖等潜引兵至积石军，设伏以待之吐蕃，以五千骑至。翰于城中率骁勇驰击杀之略尽，余或挺走，伏兵邀击，匹马不还"[41]。这条史料说明即便是在邻近吐蕃控制区的地方，唐军也普遍进行了屯田垦辟，并且需要以武力保障屯田活动的正常进行。

唐政府对青海河湟地区的农业开发是出于军事供给的需求，其开发的力度与成效也与战局的变化密切相关。安史之乱爆发以后，随着唐军主力东调平叛，唐朝在河湟的屯田活动随之结束。但吐蕃对这一地区的占领，并不意味着河湟农业开发的结束。吐蕃除了畜牧业比较发达以外，农业生产也起源较早，并至迟在吐蕃王朝初期便已开创了独具高原特色的农业文明。大量史料表明，吐蕃统治期间，河湟地区的农业经济并未凋敝而是得以延续发展。在吐蕃占领地区，开垦荒地被多次记载，[42]说明吐蕃统治者对于当地农业生产比较重视，也正因为如此，才保证了其所占地区的社会稳定和对军事行动的保障。很多唐朝入蕃使臣在行经河湟时都注意到了这里的农业景观，他们留下的一些诗文也成为吐蕃治下河湟农业持续发展的直接证据。贞元二十年（804年），吕温以侍御史为入蕃副使，途经河湟时触景生情写下了《经河源军汉村作》，其前四句为"行行忽到旧河源，城外千家作汉村。樵采为侵征虏墓，耕耘犹就破羌屯"。说明当地汉族始终保留着农耕传统。长庆二年（822年），大理寺卿刘元鼎出使吐蕃，见旧时城郭未堕，兰州地皆粳稻，桃李柳榆岑蔚，户皆唐人，见使者麇盖，夹道观。[43]与兰州毗邻的河湟，其农业发展情况当无二致。元鼎"至龙支城，耋老千人拜且泣，问天子安否，言：'顷从军没于此，今子孙未忍忘唐服，朝廷尚念之乎？兵何日来？'言已皆呜咽"[44]。大量汉族农民的存在从一个侧面说明了当时河湟农业发展的状况。

　　唐与吐蕃对青海的农牧业开发奠定了这里农牧业景观的基础。唐以前，青海东部虽然已有农业开发，但那种开发是零星的、局部的。唐与吐蕃以赤岭为界长期对峙，河湟地区成为唐王朝的军事前沿，大军云集。出于战时供给的需要，这里的屯田区域与规模急剧扩大，成为今青海界内最重要的基本农业区。从唐代开始，以赤岭为界，青海东部农业区与西部牧业区的界限既已基本形成，并一直保留至今。

四、唐以后青海省内农牧业分界线的延续与巩固

吐蕃王朝崩溃以后,留居于河湟的吐蕃余部在宋、辽、西夏政权并立的局面下建立了青唐吐蕃政权。这一政权雄踞西北一隅,在列强争雄的缝隙中艰难回旋,历经唃厮啰、董毡、阿里骨、瞎征、陇拶、小陇拶等六位国王,立国时间将近百年。

从汉藏史籍的记载来看,青唐吐蕃政权时期,在以往的基础之上,日月山以东的河湟地区的农业传统得以继续保持和发展。这一地区,从秦汉至两宋,虽然聚居的主体民族不断变化,但始终没有摒弃农耕传统。当时北宋将领韩琦曾说过"秦州古渭之西,吐蕃部落,散居山野,不相君长,耕牧自足"[45],呈现出一片农业和牧业丰足的小康景象。王韶在熙宁开边西进时也指出:"武威之南,至于洮、河、兰、鄯,皆故汉郡县。所谓湟中、浩门、大小榆、枹罕,土地肥美,宜五种者在焉。"[46] 当时青唐百姓沿河而居,引水灌溉,定居务农。而且"夹岸皆羌人居",形成了一个个大大小小的村落,并且修起了水硙,利用流水的动力来磨面,说明农业生产已经具有相当水平。元符二年(1099年)宋军解宗哥之围"诸羌为乱者闻之,皆逾城遁去。收见粮得四万余斛"[47]。同年王赡并进青唐时,"瞎征尝语人曰,吾蓄积甚多,若汉兵至,可支一万人十年之储。赡不进,瞎征又弃其城凡一十八日,尽为诸蕃族争取,其谷几近"[48]。说明青唐吐蕃政权的粮食储备是较为充裕的,没有较为稳定的农业基础,这一点是很难做到的。

崇宁三年(1104年)四月,宋军挺进河湟,青唐吐蕃政权灭亡。宋军进入河湟之后,为解决粮食供应问题,遂将这一地区的农业开

发作为头等要务，加以推行。于是，河湟地区的农业在青唐吐蕃政权的基础之上有了进一步的飞跃与发展。

宋廷当时任命何灌为湟州知州，何灌修渠引邈川水溉田千顷，使百姓受益，故百姓将此渠称为"广利渠"。此后何灌又建议"汉金城、湟中谷斛八钱，今西宁、湟、廊及其地也，汉、唐故渠尚可考。若先葺渠引水，使田不病旱，则人乐应募，而射士之额足矣"[49]。建议在河湟地区修渠引水，全面屯田。他的建议被采纳后，"甫半岁，得善田二万六千顷，募士七千四百人，为他路最"[50]。宋臣赵隆知西宁州时，看到湟州农业欣欣向荣的景象，也开始效法，主持修渠引湟水，以灌溉西宁州周围的土地，并从河州等处招募人丁前往耕种。在这些地方官员的大力倡导实施下，河湟地区的农业发展盛极一时。

在河湟谷地成为稳定农业区的同时，这一时期青海日月山以西地区的畜牧业也取得了巨大发展。青唐吐蕃政权的主体是唐代进入青海地区的吐蕃后裔，"其国大抵吐蕃遗俗也"[51]。畜牧业经济是其最为重要的经济一个支柱，直接关系到其所辖吐蕃各部的兴衰。李远《青唐录》记载"海西地皆衍平。无垄断，其人逐善水草，以牧放射猎为生，多不粒食"[52]。"不粒食"即表明这一部分吐蕃人不从事农业生产，他们的经济生活基础主要是畜牧业。河湟蕃族的进贡中，以马匹为主要贡品，最多一次可达四千匹，牛、羊数量也以"数万计"[53]。通过爬梳史籍，可以看出唃厮啰的畜牧业主要以马、牛、羊以及骆驼为主，其中马匹是其畜牧业经济中最受重视的畜种，具有举足轻重的地位。有宋一代，河湟地区的马匹也驰名天下，宋人吕颐浩曾经赞叹："今秦州接连熙州及青唐羌界乃自古产良马之地。"[54] "地愈西北，则马愈良"是当时所公认的事实。因此，"青唐吐蕃政权为了弥补自身经济发展的不足和改变物资较为匮乏的状况，也积极发展同中原地区以茶马贸易为主的经济贸易关系，并通过频繁的进贡，从中原获得丰厚的回赠"[55]。在西北吐蕃各部向宋朝输出的马匹总数中，青唐政权所属各部始终占有最大份额，"国家买马岁二万匹，而青唐十居七八"[56]。有学者研究表明，宋神宗、哲宗、徽宗三朝，根据二十六、二十七年有明确资料的买马司所购吐蕃马匹统计，约近六十万匹。[57]

除马匹以外，犏牛也是唃厮啰各部大量放牧的一个优良畜种。犏牛是牦牛与黄牛杂交的后代，具有明显杂交优势，乳、肉生产能力、役用能力均优于牦牛。"犏牛，牡者用以驮运，牝者资以取乳，乳最多而且佳。"[58]史籍记载，元祐元年（1086年），"董氊等贡乳香及温溪心贡犏牛，合行回赐。诏并增二分赐之，其阿里骨近差到进奉首领等，仍并依董氊改赐例支赐"[59]。邈川大首领温溪心将犏牛作为贡物，说明了这一畜种的珍贵。

元、明、清时期是青海地区民族分布格局定型的时期，在蒙元帝国规模空前的疆域内，民族迁徙与民族融合的程度进一步加强，为以后青海地区多元民族分布格局的形成奠定了坚实的基础。明、清两朝的统一强盛以及民族政策的一贯性，又使得这种分布格局得以延续和巩固。

今天青海共有汉族、藏族、蒙古族、回族、撒拉族、土族六大世居民族，其中汉族虽然在汉代既已开始进入青海，但史籍中反映出的人口数量一直没有得到大的增长，而且自唐中叶以后在吐蕃统治下不断蕃化，元代这里的汉族人口总量与其他民族相比并不占优势。甚至"在元朝统治的上百年期间，青海地区没有汉族活动的记录"[60]。直到明王朝建立后，在这里大力兴办军屯和民屯，汉族移民达到历史高峰，汉族才又逐渐成为青海的一个主体民族。元代开始，曾遍及西北的吐蕃部落开始收缩到今青海牧区以及甘南草原，形成青海湖周围的"环海八族"聚居区，海北、海西藏族聚居区，甘南草原藏族聚居区。[61]到清代这些使用藏语安多方言的地方被普遍称为安多藏族地区。

元明清时期青海民族分布格局的定型也使得日月山作为农牧业区的分界线稳定了下来。以农业生产为主的汉族、土族、回族、撒拉族等民族主要分布于日月山以东地区。而以畜牧业为主的藏族、蒙古族则主要分布于日月山以西地区。清中期以后，青海农牧分界线已经表现得非常明晰。大体以日月山为界，以东为农业区，牧业为辅；以西则为游牧区，除少量粗放农耕外，几乎是纯牧区。日月山以东的西宁、碾伯、大通、贵德、循化等地区，在乾隆年间共有农田335万亩左右。至咸丰年间，包括巴燕戎（今青海化隆县）和丹噶尔地区，已发展到500万亩左右，一百多年间增加了47%。[62]而清晚期以前，青海的畜牧业经济生产没有可靠的数字记载，仅有一些含混的文字表述。康敷镕在其《青海志》中首次为我们提供了当时蒙藏部分部落具体的畜牧业生产数据："其蒙、番两种，共计马十二万余匹，牛二十余万头，羊二百二十余万。其余未调（查）之处甚多，若实行调查，青海各蒙番牲畜的数尚不止此。"[63]

根据康敷镕的记载，当时青海牧区的牲畜以马、牛、羊为主，其中羊的数量占整个牲畜总量的近九成，在蒙藏民族的畜牧结构中显得至为重要。民国初期，朱绣在其《海藏游记》中对青海牲畜总数的统计为马20万余匹，牛20万余头，羊220万余只，总计约260万余头（只）。朱绣提供的数字与康敷镕的记载相差不大，二者可做相互印证。但是，这些数字在民国时期就有人认为估计太低，与实际情况相距甚远。[64]当然，清代的真实数据，限于史料已经无法还原。但考之民国的情况，可以看出康敷镕等人的数据的确过于偏低。民国二十三年（1934年）庄学本实地考察后估计，仅青海果洛一地，绵羊、牦牛两种牲畜总数已在百万以上。[65]民国三十一年（1942年）吴景敖在果洛调查，得出的结论是"羊之产额年约三〇〇〇〇〇〇只，牦牛、犏牛年产约七〇〇〇〇头，马年产约三〇〇〇〇匹"[66]。

值得注意的是康敷镕、朱绣、庄学本等人对于青海畜牧业考察所涉及的区域均为日月山以西地区。说明，在当时人的眼中日月山已经成为农牧分界的标志，青海省内的农牧业分界线已然定型。

注释：

[1][16][31][37][39] 崔永红:《青海经济史》，青海人民出版社1998年版，第4页，第14页，第95页，第102页，第102页。

[2][3] 青海省文物考古队:《青海民和阳洼坡遗址试掘简报》，《考古》1984年第1期。

[4][55] 崔永红、张得祖、杜常顺主编:《青海通史》，青海人民出版社1999年版，第12页，第248页。

[5] 尚民杰:《对青海史前时期农牧因素消长的几点看法》，《农业考古》1990年第1期。

[6] 青海省文物考古队、海南藏族自治州群众艺术馆:《青海贵德山坪台卡约文化墓地》，《考古学报》1987年第2期。

[7] 王杰:《试析卡约文化的经济形态》，《江汉考古》1991年第3期。

[8] 许新国、格桑木:《卡约文化阿哈特拉类型初探》，《青海考古学会会刊》1981年第3期。

[9] 许新国:《循化阿哈特拉山卡约文化墓地初探》，《青海社会

科学》1983年第5期。

[10][12] 青海省湟源县博物馆、青海省文物考古队、青海省社会科学院历史研究室：《青海湟源县大华中庄卡约文化墓地发掘简报》，《考古与文物》1985年第5期。

[11] 三宅俊彦：《卡约文化青铜器初步研究》，《考古》2005年第5期。

[13][14] 青海省文物管理委员会、中国科学院考古研究所青海队：《青海都兰县诺木洪搭里他里哈遗址调查与试掘》，《考古》1963年1期。

[15] 安成邦、冯兆东、陈发虎：《甘青地区全新世中期的环境变化与文化演进》，《西北大学学报（自然科学版）》2003年第6期。

[17][18][19]（南朝·宋）范晔：《后汉书》，卷87《西羌传》，中华书局1972年版。

[20] 周伟洲：《西北少数民族经济开发史》，中国社会科学出版社2008年版，第263页。

[21][22]（东汉）班固：《汉书》，卷69《赵充国传》，中华书局1972年版。

[23][28]（唐）房玄龄：《晋书》，卷97《四夷·西戎·吐谷浑传》，中华书局1974年版，2537页，2538页。

[24][46][49][50][51]（南朝·梁）沈约：《宋书》，卷96《鲜卑吐谷浑传》，卷328《王韶传》，卷357《何灌传》，卷357《何灌传》，卷492《吐蕃传》，中华书局1974年版。

[25]（唐）李延寿：《北史》，卷96《吐谷浑传》，中华书局1974年版，第3186页。

[26][30][40]（宋）欧阳修、宋祁：《新唐书》，卷221《西域·吐

谷浑传》，卷216《吐蕃传》，卷53《食货三》，中华书局2000年版。

[27]（唐）孟诜原著，张鼎增补:《食疗本草译注》，上海古籍出版社1992年版，第205页。

[29]（北齐）魏收撰:《魏书》，卷101《吐谷浑传》，中华书局2000年版，第1516页。

[32]（宋）司马光:《资治通鉴》，卷202《仪凤三年条》，中华书局1956年版。

[33][34][35]（后晋）刘昫:《旧唐书》，卷93《娄师德传》，卷93《娄师德传》，卷109《黑齿常之传》，中华书局1975年版，第2976页，第2975页，第3295页。

[36] 曹一贯:《中国农业经济史》，中国社会科学出版社1989年版，第496—497页。

[37] 崔永红:《青海经济史（古代卷）》，青海人民出版社1998版，第102页。

[38]（日）玉井是博:《唐宋本大唐六典校刊记》，载《中国社会经济史研究》，岩波书店昭和十七年出版。

[41] 王钦若:《册府元龟》卷366,《将帅部》，中华书局版1961年，第4359页。

[42] 王尧、陈践编著:《吐蕃简牍综录·吐蕃简牍综录本文·汉文译文及考释·经济》，文物出版社1986年版，第32页。

[43][44] 欧阳修、宋祁:《新唐书》，卷216《吐蕃传》，卷216《吐蕃传》，中华书局2000年版，第4642页，第4642页。

[45]（宋）韩琦:《韩魏公集家传》，台北新文丰出版公司1985年版，第581页。

[47][48][53][59]《续资治通鉴长编》，卷514"元符二年八月丙戌

记事",卷515"元符二年九月己未记事",卷247"熙宁六年十月庚辰记事",卷368"元祐元年二月己丑记事",第12222页,第12248页,第4036页。

[52]（宋）李远:《青唐录》卷35,《说郛》,青海人民出版社1989年版。

[54]（宋）吕颐浩:《忠穆集》卷8,《燕魏杂记》,宋辑珍本丛刊（第三十一册）2009年版,第806页。

[56]（宋）任伯雨:《上徽宗论湟鄯》,赵汝愚:《宋朝诸臣奏议》卷141,《边防门》,上海古籍出版社1999年版。

[57] 汤开建:《北宋与西北各族的马贸易》,《中亚学刊》第三辑,中华书局1992年版,第139—163页。

[58]（清）张庭武修,杨景升纂:《丹噶尔厅志》,卷4,清宣统二年甘肃官报书局排印本。

[60] 芈一之:《青海民族历史的特点与民族文化的特性》,《青海民族学院学报》2007年第3期。

[61] 田澍:《西北开发史研究》,中国社会科学出版社2007年版,第131页。

[62] 王昱、聪喆主编:《青海简史》,青海人民出版社1992年版,第185页。

[63]（清）康敷镕:《青海志》,卷1《牲畜》,湖北省图书馆藏抄本。

[64] 佚名:《青海畜产种类及分布概况》,《新青海》1936年4卷5期。

[65] 庄学本:《大积石山与俄洛人民生活》,《康藏研究》1948年19期。

[66] 吴景敖:《西陲史地研究》,中华书局1948年版,第75页。

原载于《原生态民族文化学刊》2015年第2期

历史时期青海城镇体系发展轨迹探赜

　　城镇是人类社会的一种高级聚落形态,是社会政治、经济、文化发展到一定程度才出现的一种社会经济实体。青海的城镇是在青海地区特定的历史、自然和社会经济发展等条件下形成和发展的,与内陆地区城镇发展相比,既有共同性,又有更多的特殊性。目前"学术界通常将青海划分为东部季风大区、西北部干旱大区以及南部高寒大区三个综合自然地理单元。这三个大区的地理环境要素,无论是气候、水文、地质、地貌还是土壤、生物等均有明显的地域差异"[1]。这三个自然地理单元中,水热条件最好的东部季风大区仅有5.8万平方公里,只占全省总面积的8.06%,即便这里也是"属气寒土薄,岁仅一牧,即风雨调匀,亦有冰雹之患,农无余粟,户鲜盖藏"[2]。全省90%以上的地区"自然环境严酷,地广人稀,社会与技术条件落后,明显地影响着农林牧业的发展水平"[3],特定的自然地理环境决定了这里以游牧经济为主的生产方式。在以上因素制约下,历史时期青海地区的大型聚落出现较早,但城镇发展相对滞后,规模小,数量少,城镇功能单一而且区域分布极不平衡。同时,由于青海东部是游牧经济与农耕经济的过渡地带,这种特殊的区位又使青海城镇形成过程中的决定性因素与内陆地区有非常大的差异。

一、两汉魏晋时期青海城镇体系的滥觞

青海东部的河湟谷地是中国文明起源的一个重要地区,曾经有过高度发达的史前文明。大量的考古发掘材料证明,早在新石器时期这里就开始出现了一些规模较大的原始聚落,比较典型的有乐都柳湾遗址、海南宗日遗址以及民和喇家遗址。

位于湟水中游北岸的柳湾遗址是我国迄今已知规模最大,保护最完整的一处原始社会晚期氏族公共墓地,也是目前我国史前考古中发掘墓葬最多的地点。这一遗址的年代从新石器时代晚期到青铜时代,前后跨越1000余年,包含了马家窑文化的半山类型、马厂类型以及齐家文化和辛店文化等多种考古文化类型。到1986年为止,共发掘墓葬1732座,出土石器、陶器、骨器、角器等文物37506件。[4]位于青海海南州同德县巴沟乡黄河冲击台地的宗日遗址是青海地区新发现的一支新石器时代文化,该遗址于20世纪80年代国家文物局组织的第二次全国文物普查中发现,当时定为马家窑文化半山类型的遗址点。[5]后来考古学界经过1994年至1996年连续三年的全面发掘,对该遗址的文化内涵有了进一步地深入了解。通过已经掌握的材料可以看出,该遗址文化特征鲜明,与已知的马家窑文化差别较大,根据命名考古学文化的一般准则,将这一新的文化命名为宗日文化。[6]宗日遗址以墓葬为主,兼有祭祀坑、灰坑等遗迹,共发

掘墓葬341座，出土陶器九百余件，骨器、石器、石珠、绿松石饰等共两万多件。柳湾遗址与宗日遗址均以墓葬为主，虽然目前尚未发现大规模的房屋建筑遗迹，但规模庞大的墓葬群是大型原始聚落存在的一个重要佐证。地处青海省民和县官亭盆地的喇家遗址是一处齐家文化中晚期的大型聚落遗址。自1999年开始，中国社会科学院考古研究所等单位对这里进行了较大规模的连续发掘，在聚落考古方面获得了一系列重要发现。[7]初步探查结果表明①，喇家遗址东西长500米，南北宽400米，总面积约20万平方米，重要遗迹有房址、广场、祭坛、壕沟、史前地震、洪水灾难遗迹现场等，清晰地展示出一个史前大型聚落毁于天灾的全部过程。[8]

令人困惑的是，青海地区的原始聚落虽然出现较早，而且数量众多，但均未能向前进一步发展便销声匿迹，没能走上向早期城镇进化的道路。除了喇家是毁于突发而至的自然灾害以外，其他聚落衰落的直接原因学界尚不能给出令人信服的答案。但可以明确的是，青海地区的史前文化展示出一条从农业为主到畜牧业为主的清晰发展轨迹。导致这一变化的原因应该不是单一的，最主要的因素是生存环境的变化。一方面，卡约文化时期恰好处于气候环境向干冷变化的时段，气候环境的变化是经济结构主次易位的主要原因，"气候变化的冲击超出了技术革新带来的生产的进步"[9]。另一方面，自齐家文化开始，青海境内的古人就逐步向河湟谷地以西拓展自己的生存空间，迁徙到一些不宜农耕的地区，其畜牧业经济成分逐渐加大，最终在环境的压迫下游牧经济占据了主导地位，并一直沿袭至今。

---

① 夏正楷等人通过对喇家遗址及其周边地区一些地质现象的观察，发现当时该地区发生了以黄河异常洪水和地震为主，并伴有山洪暴发的群发性自然灾害。这场自然灾害导致了喇家遗址的毁灭，其中黄河异常洪水可能是史前人类遭受灭顶之灾的主要元凶。

聚落是人类定居生活的产物，换言之，只有长期稳定的定居生活这个前提条件，才有可能产生聚落并推动聚落的进一步发展。这个前提条件也就决定了青海史前文明由农转牧之后聚落的衰落，"很显然，畜牧业经济的分散性、流动性打破了定居生活这个原始聚落存在的基础，其结果必然是原始聚落的退化和消失"[10]。

秦汉以后，中原地区的地方行政区划由分封制转变为郡县制，古代城市也由分封形成的城市转变为郡县治所城市。[11]随着中央王朝统治势力进入湟水流域，西汉政府设置了护羌校尉以及金城属国对羌人进行"因俗而治"的管理，并开始在今西宁市及其附近陆续设立具有军事和邮驿性质的西平亭、长宁亭、东亭等。汉昭帝始元六年（公元前81年），"以边塞阔远，取天水、陇西、张掖郡各二县置金城郡"[12]。金城郡设立以后，陆续由最初的六县扩为十三县，其中四县在今河湟地区，也就是破羌县（治所在今乐都老鸦城一带）、安夷县（治所在今平安城西郊）、临羌县（治所约在今湟源城东南）、允吾县（治所在今民和下川口地区）。东汉初，由于人口锐减，加之羌乱频繁，郡县难以立足，金城郡一度被裁撤。建武十三年（37年），东汉政府"复置金城郡"[13]，并在不久之后从金城郡中断置西平郡，下辖西都（今西宁）、临羌、安夷、破羌四县，以西都县为郡治。从此，西宁成为青海地区的政治、军事和经济中心，至今未变。

西汉末年，卑禾羌首领良愿慑于西汉武力，"献鲜水海（今青海湖）、允谷（今青海共和县东南部地区）、盐池（今青海茶卡盐湖），平地美草皆予汉民，自居险阻处为藩蔽"[14]。当时秉政的安汉公王莽，奏报临朝太后王政君"今谨案已有东海、南海、北海郡，未有西海郡，请受良愿等所献地为西海郡"[15]。于是，王莽置西海郡"筑五县，边海亭燧相望焉"[16]，并且"增法五十条，犯者徙之西海。徙者以千万数,民始怨矣"[17]。目前,考古工作者已经在青海湖畔发现了形制、布局极为相似的五座汉代古城,分别是海晏县境内的三角城和尕海古城、刚察县境内的向阳古城、共和县境内的曹多隆古城以及兴海县境内的支东加拉古城。其中,位于青海湖东北的三角城呈梯形,东西长600—650米,南北宽600米。据专家考证,该城即是王莽所置西海郡的郡城。其他四座古城规模均小于三角城,一般为300—400米见方,在这些古城内多次采集到汉代和王莽时期的五铢钱和货布、货泉、大泉五十等货币,还发现有五铢、小泉直一等钱范。[18]从地理位置和出土文物分析,这几座古城的建造应该和王莽设置西海郡有直接关系,很有可能就是西海郡下辖诸县的县城。

东汉时期,河湟羌人先后爆发了五次大规模的起义,前后持续一百余年,"塞湟中,断陇道,烧陵园,剽城市"[19]。甘青地区生产凋敝,人口锐减,以至于到曹魏时期金城郡"户不满五百"[20]。西平郡的情况,虽然没有历史记载,但应该不会强于金城郡。随着东汉统治的崩溃,青海地区在汉代形成的城镇大部分都被废弃了。曹魏时期,今青海东部地区仍沿袭汉代的建制,由金城郡和西平郡分领。魏明帝太和二年(228年),曹魏以徐邈为凉州刺史,徐邈在任内"务农积谷,立学明训,进善黜恶",采取了一系列振兴地方经济的措施。凉州治下的金城、西平等郡"家家富足,仓库盈溢","风化大行,百姓归心",[21]青海东部地区的一些城镇得以恢复。西晋时期,青海东部地区保持相对稳定,湟水流域的城镇数量有了进一步的发展。仅北魏郦道元在《水经·河水注》中就记载了西平城、临羌新县城、长平亭城、安夷城等城镇。[22]

两汉、魏晋时期,青海地区郡县的设置完全是以建立政治军事据点为考虑的,因而地址的选择首先是出于军事需要,破羌、临羌、安夷、西平、长平亭等名称即可充分说明这一问题。郡县的治所构成了青海东部地区最早的防御体系,也是青海地区出现的第一批城镇。但城镇的进一步发展,不仅需要其发挥政治、军事职能,更要具备一定的经济职能。中原城镇发展是以雄厚的农业为基础,这一城镇特性在青海地区仍然存在。上述青海早期城镇的建立,完全服从于军事占领于防御的需要,因而具有先天的缺陷。这一时期,随着政治、军事态势的变化,青海地区的城镇更迁频繁,并未获得稳定发展。尤其王莽所设置的西海郡,由于地处游牧区域,设立不久就因难以为继而被废弃但。河湟地区的城镇虽然具备进一步发展的农业基础,但主要仍是实行防御和监督的军事据点。城镇功能的单一导致缺乏持续发展的动力,很难避免政衰而城废的命运。

二、十六国隋唐宋元时期青海城镇体系的初步发展

十六国时期,西北地区割据政权林立,朝代嬗替频繁。在这种局面下,青海的区域中心游移不定,郡县时废时置,城镇发展更是完全取决于战争攻防需要。但由于南凉、吐谷浑等民族政权均立国于青海,国都的选址和建设为这里的城镇体系注入了新的内容。隆安元年(397年),秃发乌孤在今民和县境内的廉川堡[21]自称大都督、大将军、大单于、西平王,建年号"太初",正式建立了南凉政权。隆安三年(399年),南凉的都城又迁到了今天的乐都境内。《晋书》曾记载"傉檀大城乐都",也就是说,乐都城作为南凉都城后,随着经济、人口的发展,原有之城已不敷用,故而南凉第二代国王秃发傉檀又修筑了一个"广大"的外城。西秦军队在乞伏炽盘率领下曾攻袭过乐都城,当时南凉的抚军从事中郎尉肃对太子虎台说:"今外城广大,难以固守,宜聚国人于内城,肃等率诸晋人距战于外,如

或不捷，犹有万全。"[24]可见，南凉乐都城是由内城、外城两座城所组成的，而且外城面积非常可观。乐都当时出产丰富、形势险固，因此成为南凉建都时间最长的一个地方。南凉第三代国主秃发利鹿孤继立以后，基于当时的政治军事形势，将都城迁到了西平。南凉以西平为都，是西宁城市发展史上的一个重要阶段，今天西宁城西的虎台遗址就是南凉古国的历史遗迹。

吐谷浑王国从正式建国到最终被吐蕃所灭，在青海草原上立国300余年。吐谷浑控制着作为丝绸之路辅道的"青海道"，过往的西域客商及各地商旅都必须前往吐谷浑的都城或重要城镇办理过境手续，寻求护卫，寻找向导翻译。在城镇停留期间，进行商贸活动也就必不可少，商贸活动成了吐谷浑城镇长期存在的基础了。[25]吐谷浑辖境内修建和改筑的城镇,可考者十二,即西强城、浇河城、曼头城、洪和城、吐谷浑城、伏俟城、树墩城、贺真诚、鹤鸣城、镇念城、三足城以及当夷县旧城（名已佚）。[26]吐谷浑所修筑的以上城镇几乎都位于青海草原上。其中树敦城(故址在今海南州共和县恰卜恰以南)作为吐谷浑都城存在了八十八年，吐谷浑迁都后仍得以沿用。伏俟城（今海南州共和县铁卜恰古城）是吐谷浑最重要的一个都城，自540年左右建立，到隋大业五年（619年）隋炀帝灭吐谷浑，以此为西海郡治，作为都城存在了近70年。大业末年，吐谷浑王伏允复国，仍以伏俟城为都，直至龙朔三年（663年）吐谷浑灭于吐蕃之手。总体而言，吐谷浑早期所筑城镇，多为用以防戍的军镇，而后期则大多为政治中心或交通要冲。吐谷浑存国期间，一直充当着丝绸之路青海道上中西客商的向导、保护者以及贸易中继人的角色。吐谷浑人一方面充分利用丝路南道青海路的优越条件，与西域各国展开贸易交往，获得巨大财富。另一方面在同南北诸政权政治交往的同时，进行"以献为名，通贸市买"的商业活动。由于吐谷浑政权非常重视商业，甚至所有国赋开支都需依赖向商人抽税。文献对此有非常明确的记载："国无常赋，须则税富室商人以充用焉。"[27]可见，除了政权的支持使树敦、贺真、伏俟城等吐谷浑都城保持着城镇的生命力以外，东西方经济的交往在其中所起的作用也是不可低估的。这也使得青海境内的城镇由东部农业地带扩展到"青海道"的交通沿线上。

隋王朝建立以后，在青海地区设立了鄯州（后改为西平郡）和廓州（后改为浇河郡）。鄯州辖西都（后改为湟水，治今乐都）、广威（后改为化隆，治今化隆群科）二县；廓州辖河津（治今贵德河阴镇）、达化（治今尖扎康杨镇）二县。此外，枹罕郡的龙支县（治今民和柴沟北古城）也在青海境内。隋炀帝灭吐谷浑以后，又在其故地设置了河源郡和西海郡，河源郡下辖赤水（治所在今兴海县夏塘古城）、远化（治所在今兴海县曼头城）二县；西海郡下辖宣德（治伏俟城）、威定（治所约在今海西州诺木洪一带）二县。隋王朝通过这样的行政建制，一方面加强了对青海东部地区的政治统治，也进一步强化了两汉时期已具雏形的城镇格局。另一方面把青海大部分地区都纳入中央王朝的版图之内，继王莽之后又把中央王朝的城镇体系推进到了青海牧区。但以农业为基础的中原政权想统治牧区的城镇就如王莽之西海郡一样，存在的时间是不会太长久的。[28]

隋末唐初，吐谷浑恢复其旧有之地，仍为青海草原最强大的部族，伏俟城作为其国都得以继续发展。《太平广记》卷255载，唐仪凤三年（678年）中书令李敬玄和工部尚书刘审礼曾率兵与吐蕃军战于树敦城。可见，树敦城也一直被沿用。青海东部的河湟地区则属唐陇右道管辖，唐政府在这里设置了鄯州和廓州。鄯州下辖湟水

（治今乐都）、鄯城（治今西宁）、龙支（治今民和古鄯北古城）三县，廓州下辖广威（治今化隆群科）、达化（治今治今尖扎康杨镇）、米川（初治今甘肃积石山后迁至化隆甘都堂）三县，基本延续了隋代的城镇分布格局。隋唐时期，由于社会环境安定，国力强盛，湟水流域城镇在与内地的商业贸易过程中，经济职能日益突出。吐蕃崛起并吞并吐谷浑之后，河陇地区成为屏障关中、防御吐蕃东侵的战略要地。为解决军粮供应问题，唐政府在这里大规模屯防，实行足食足兵政策，有力地推动了该地区农业经济的恢复和发展。[29] 在这一背景之下，青海河湟地区迎来了一次大规模的农业开发高潮，极大地提升了这一地区在唐王朝的经济体系中的地位。经济的发展导致了商业的繁荣，鄯州一度是陇右道的政治、经济、文化中心和长安通往西域的交通枢纽。鄯州下辖的鄯城县、龙支县以及廓州及所辖达化、米川县所在地都是商业相对集中的城镇。[30] 随着唐与吐蕃交往的密切，顺应双方需要而开创的唐蕃古道成为汉藏两族政治、经济、文化交往的一条纽带。青海境内的今民和古鄯到乐都、西宁、湟源、恰卜恰、大河坝、玉树等沿线城镇成为食宿、驿传、商业贸易的中心。由于史籍缺载，我们无法探讨吐蕃完全占领青海地区以后这里城镇发展的状况，但大量史料表明，吐蕃统治期间，河湟地区的农业经济并未凋敝而是继续发展。以此推断，吐蕃占领期间，这里的城镇应该是得以继续存在并发挥其功能。

吐蕃王朝崩溃以后，散处于西北各地的吐蕃部落在宋与西夏的军事压力下联合起来，共御强敌。于是，河湟地区也出现了一些较大的吐蕃部落集团，并最终形成了以唃厮啰为首的吐蕃地方政权。唃厮啰政权存续期间，虽不断有战事发生，但青海地区的整体局势则一直保持相对稳定，其经济、文化水平也一直在向前发展。宗哥

（今乐都碾伯镇）、邈川（在今民和县境）、青唐（今西宁）先后成为其政治统治中心，城镇规模获得了较大发展。唃厮啰政权为了弥补自身经济发展的不足和改变物资较为匮乏的状况，积极发展同中原地区以茶马贸易为主的经济贸易关系。宋秦凤路安抚使王韶曾奏云："沿边州郡，惟秦凤一路与西蕃诸国连接，蕃中货物四流，而归于我者不知几百千万，而商旅之利尽归民间。欲于本路置市易司，借官钱为本，稍笼商贾之利，即一岁之入亦不下一二十万贯。"[31]青唐城兴起以后，很快就成为东西方经济、文化交流的一个枢纽，并发展成一个国际性的商业都会。《宋史·吐蕃传》云："厮啰居鄯州，西有临谷城通青海，高昌诸国商人皆趋鄯州贸易，以故富强。"[32]北宋以前，史籍当中对于青海城镇的记载基本上是只记其名，而很少有其他方面的内容。宋人李远的《青唐录》是目前所能见到对青海城镇记载最详的汉文资料，为我们提供了当时青唐城的繁盛景象。《青唐录》云：

"又二十里至青唐城，城枕湟水之南，广二十里；旁开八门，中有隔城（以门通之，为东西二城），伪主居（西城），城门设谯机（楼）三重，谯楼后设中门，后设仪门。门之东，契丹公主所居也；西为绝及、夏国公主所居也。过仪门北二百余步为大殿，北楹柱绘黄，朝基高八尺，去坐丈余矣。碧琉璃砖环之，羌呼'禁围'。凡首领升殿白事，立琉璃砖外，犯者杀之。傍设金冶佛像，高数十尺，饰以珍珠，覆以羽盖。国相厅事，处其西；国王亲属厅事，处其东。直南大街之西，有坛三级，纵广亩余，每三岁冕祭天于其上。西城无虑数千家，城东城惟陷羌人及陷入之子孙。夏国降于阗，四统往来贾贩之人数百家。"[33]

由于吐蕃人"谓佛曰尊，最重佛法"[34]，青唐城中的佛教文化亦有较大的发展。城内"建佛祠，广五六里。缭以周垣，屋至余楹。

为大像，经黄金涂其身。又为浮屠十三级以护之"，"城中之屋，佛舍居半，唯国主殿及佛舍以瓦，余虽主之宫室，亦土覆之"[35]。从此以后，佛教文化成为青海城镇文化中的一个组成部分，佛寺建筑亦为城镇中的重要人文景观。

明代以前，青海城镇的兴废与发展基本受制于政治、军事因素，这也造成了城镇体系的先天不足。但从吐谷浑时期开始，交通往来、商业贸易以及宗教文化等因素的影响逐渐显现出来，初步改变了以往城镇功能结构单一的状况。这一点，在明清民国时期青海城镇体系发展过程中表现得越来越突出。

三、明清民国时期青海城镇体系基本格局的形成及动因

明王朝建立以后，"革元旧制，自京师大于郡县，皆立卫所"[36]。设立于河湟地区的西宁卫下辖有左、右、中左、中、前、后6个千户所，分别设于今碾伯、镇海、北川、南川、古鄯等地。同时，在今青海湖以西地区设立了"塞外四卫"，即安定、阿端、曲先以及罕东。这些卫所统治机构要"悉署衙门，广戍兵，增屯田，以为万世不拔之计"[37]。因此，伴随卫所制度的建立，以卫所御城的修筑为中心，明朝在河湟地区展开了大规模的筑城运动。通过筑城，在物质上建立了坚固强大的军事防卫体系，不仅能够护卫城中重要的军政机构和设施，而且能够以城卫民，稳固统治。正所谓"能弭数百年边鄙之警，俾群黎安居乐业者，惟赖兹城"[38]。明政府在河湟地区相继建成了西宁卫城、河州卫城、碾伯城、贵德城，作为卫所的治所及统治中心。此外，明代还在河湟地区设置了古鄯城、镇海城、巴州城、平戎城、老鸦城、水沟城、起台堡城等有防守官兵驻防的军事城镇

以及 300 余座堡寨和大量墩台。这些屯堡屯寨，往往都是屯守并举，其中的一部分则因人口的聚居和农业垦殖活动的拓展，而显现出了聚落特征，并最终随着这些军事移民的土著化而演变成为村落甚至城镇。还需要指出的是，西宁城、碾伯城、贵德城都具有较长的筑城历史，但在明初早已残破不堪。明代的较大规模的建设，使其具备了较好的城市设施，最终确定了它们作为河湟地区中心城镇的历史地位。而其他军事城镇的修筑则与这些中心城镇共同构筑起河湟地区遥相呼应的城镇网络。从当时这些城镇的分布地域来看，和今天的河湟地区城镇分布网络基本上是一致的。

清朝初年，清中央政府在甘青地区"画土分疆，一如明制"[39]，承袭了明王朝在河湟地区设置的卫所制度。雍正时期，在平定蒙古亲王罗卜藏丹津叛乱的基础上，开始实行府县制，以加强对这一地区的统治。有清一代，河湟地区设置了一府（西宁府）、三县（西宁县、大通县、碾伯县）、四厅（丹噶尔厅、巴燕戎厅、循化厅、贵德厅）。和行政建制的设立相应，清朝政府在河湟地区或沿袭或新建了七座县厅级以上城镇，作为其政治统治中心。[40] 民国初，青海东部地区由甘肃省西宁道管辖，共设西宁、碾伯、大通、湟源、巴戎、贵德、循化七县，除了名称有所变易以外，基本沿袭了清代的城镇分布格局。

明清民国时期，青海今天的城镇分布格局已经基本形成，而且城镇的形成发展动因以及主要功能与明代以前也有了非常大的差别。虽然政治、军事因素在城镇形成发展过程中仍居主导地位，但人口、贸易以及宗教等因素所发挥的作用也显得越来越突出。

人口是城镇形成的一个重要因素，作为城镇必须拥有一定数量的定居人口。青海是典型的地广人稀之所，而且历史上这里分布的主要是羌、浑、蒙、藏等游牧民族。对于这一地区的城镇发展而言，定居人口是一个关键性的制约因素。有明一代，青海出现了自两汉以来的又一次移民高潮，河湟地区汉族农耕人口激增。入清以后，虽然再也没出现政府组织的大规模移民，但民间自发的迁徙活动一直没有间断，人口规模一直在持续稳定发展。以汉族为主的农耕人口大量迁入，明显改变了青海地区原有的民族分布格局，也对这里城镇的发展产生了重要影响。人口规模的增长使这里的城镇基本上摆脱了随政治、军事形势而兴废无常的命运，城镇分布体系渐趋稳定。

青海一直是一个多民族聚居地区，明代以降，汉族、藏族、蒙古族、回族、撒拉族、土族成为这一地区的六大主体民族。自元明以来，经过长期的历史积淀，藏传佛教在藏族、蒙古族、土族乃至部分汉族中建立了广泛而深厚的信仰基础，成为一种主导性的社会意识形态。藏传佛教寺院多建置在牧区，牧民群众逐草游牧，迁徙无定所，又加语言隔阂，世俗商贾的势力不容易到达，这就在客观上为寺庙集市商业的繁荣提供了方便。某一地区的寺院即是当地的文化中心，又是互市之所，寺院一年四时的庙会法会之日也就成了牧民的集市日。届时，僧俗齐集，环寺设点，百货所聚，商贾并凑。寺庙成为连结农业区与牧业区、城镇与农牧村庄间的桥梁。凡是讨论明清青海地区城镇兴起、发展的论著，[41] 均认为宗教因素是这一地区城镇兴起、发展的原因之一。青海的鲁沙尔镇、丹噶尔镇、隆务镇、结古镇等均是较为典型的受宗教因素影响兴起的城镇。如著名的丹噶尔镇，即今湟源县镇，它的兴起要追溯到东科寺的发展史。"丹噶尔"即"东科尔"之谐音意译。据《丹噶尔厅志》记载："丹地原为东科旧寺，自明末商贾渐集，与蒙番贸易有因，而世居者番族亦渐次开垦，牧而兼耕，各就水土之便，筑室家成村落焉。"[42] 这一记载说明，丹噶尔镇是依托东科寺兴起并发展起来的。由于寺院的支撑，民族贸易的带动，丹噶尔一带人口日益增加，经过了100多年的发展，由原来的一些零散居民村落发展成为湟水河流域重要的民族贸易城镇。

结古镇是今青海玉树藏族自治州的州府所在地，也是一个依托寺院商业活动而兴起的牧区城镇。结古镇境内的结古寺是一座创建于元代的古刹，由于该寺地处青海进入西藏的通衢要道，清末民国初，就常有一些川边的民族商人和个别川陕甘的汉回商人到此经商，曹瑞荣在《民国青海旅行记·玉树志略》中曾描写玉树一带的商业情况说："番地交通不便，生活程度亦低，多以实物交易。结古为玉树二十五族走集之所，亦就内地之商埠。然商贾多川边伙尔也族番人，而川陕甘汉回土人，经商者无几。其交易亦无常设市场，约有一定日期地点，如内地之集市。即结古之商贾，亦无门市，俱往于番民家内。"[43] 周希武在《玉树调查记》中，统计了玉树全区番商集会日期及地点。在他统计的19个集市点中，有15个都属于寺集，即以寺院为集市场所。这说明自明清以来，在缺乏商业性城镇的游牧区，寺院在维系区域或民族间经济联系方面起着纽带作用。正是借助寺院的这一作用，推动了牧区商业的发展乃至牧区城镇的兴起。[44]

作为城镇发展的一个必要支撑条件，经济贸易因素在明清民国时期青海城镇发展过程中也发挥了不可替代的作用。如前文介绍的丹噶尔镇最为典型，其兴起是依托东科寺，但其兴盛繁荣则与民族贸易密切相关。清雍正二年（1724年），罗卜藏丹津叛乱被平息后，中央政府制定了一系列善后措施，其中对青海地区各民族与内地之间的贸易作了明确规定。清政府正式在丹噶尔设置固定的贸易市场，丹噶尔遂成为西北地区重要的贸易中心。乾隆九年（1744年），西宁佥事杨应琚在《为边丞请添驻县佐以资治理议》中提到,"(丹噶尔)通西藏,逼近青海,自移多坝市口于此,为汉土回民并远近番人暨蒙古往来交易之所,至关重要。"经过不断发展,到清嘉庆、道光年间"丹地商业特盛,青海、西藏番货云集,内地各省,商客辐辏,每年进口货价至百二十万两之多"[45]。丹噶尔民族贸易进入最为鼎盛的时期,汉商番客,云集于城;字号货栈,填衢列肆。蒙藏客商远来丹城,"人地生疏,言语不通,其住宿卖买全惟歇家是赖"[46]。即由歇家充当蒙藏客商的代理人,并为其提供债务担保,收集商业信息。仅有900余户,4000余口的丹噶尔城关,歇家就达50余家。[47]

《玉树调查记》记载:"(玉树番客)每年自运皮毛、药材等类,到湟源销售"。"青海出产羊毛甚多,其进口亦不止湟源一处。今据调查所得,除湟源进口每岁二百二十万斤外,循化、拉卜楞、隆务寺三处,岁进口一百三十万斤;鲁沙尔、上五庄二处,一百五六十万;俄博、大通、永安等处,一百万;贵德一百万;永昌、黄城滩五十万;肃州、敦煌一百万;玉树羊毛商南出川边打箭炉者,亦有一百五十万,总计一千万斤有余。"[48]也就是说,当时青海全境所产羊毛的20%是集聚到丹噶尔城售出的。一些天津、山陕商人从丹噶尔将皮毛"贩至京、津、张家口一带,转售洋商,多获重利"。这些中间商人"多购有海关小票,内地税局,不能过问,但验票而已"[49]。除了皮毛以外,食盐是另外一宗重要商品,其主要产于距湟源西350里的茶卡,该地旧为和硕特蒙古南左次旗札萨克管辖。"旧例,唯准蒙民之穷者,由该管王公领照,驮运至湟源,与汉番人民换易布匹、口粮等。蒙民纳薄礼于郡王,便可装载六、七驮,约六日可至湟源。"[50]再转售甘肃的骆驼队驮运到兰州、天水、宝鸡、汉中等地出售。

　　与此同时，明清民国时期青海其他一些小城镇也通过商业贸易有了发展。如贵德县城，循化县的积石、拉卜楞；同仁县的隆务、保安；大通县的城关；门源县的浩门、永安、皇城滩；湟中县的鲁沙尔、上五庄；祁连县的俄博和湟源一起被称为"西宁十三口"。地处四川、西藏、青海三省区交界处的玉树结古镇，到民国26年，已发展成为有手工业163户，997人；商业59户、176人的商业小镇。[51]

　　但是，由于自身的商品生产不发达，依赖单纯的贩运性商业，城镇难以长期保持其繁荣状况。仍以丹噶尔镇为例，其所销的马、牛、羊等牲畜及皮货、青盐，皆"自蒙番运来"，而铁器、铜器、瓷器皆由内地运来，当地所能生产的只是工艺十分粗糙的小刀、皮靴、毛毡等。到清朝末期，"蒙古、西番、藏番、玉树各商之货，皆聚于丹邑，毫无他泄。近来藏、番之货，西泄于英吉利、印度之商，玉树远番之货，南泄于打箭炉、松、茂之川商，蒙古近番之货，北则甘、凉、瓜、沙，南则眺[洮]、眠[岷]、河州，无所不至"[52]。失去垄断地位的丹噶尔也就随之衰落了，"丹地铺户亏空闭歇者，踵相接背相望也"[53]。到民国初年，来丹噶尔镇"贩皮毛者渐多，商务稍有起色"[54]。但不料于1929年发生了马仲英匪徒纵兵屠杀湟源城事件，团勇商民被杀者达2400余人，私财商货被抢劫一空。一座兴盛近200年的商业城镇，就这样萎缩了下去。尤其1929年青海建省，西宁成为省会，丹噶尔在蒙、藏、汉贸易中的地位被西宁替代，从此再未兴盛起来。

注释：

[1] 丁柏峰：《自然地理分区与青海游牧社会的历史演进》，《青海师范大学学报》2011年第5期。

[2]（清）杨应琚纂修:《西宁府新志》，青海人民出版社1992年版，第10页。

[3]周立三:《中国农业地理》，科学出版社2000年版，第433页。

[4]青海省文物考古队、中国社会科学院考古研究所:《青海柳湾》，文物出版社1984年版。

[5]青海省文物管理处、海南州民族博物馆:《青海同德县宗日遗址发掘简报》，《考古》1998年第5期。

[6]陈洪海、格桑本、李国林:《试论宗日遗址的文化性质》，《考古》1998年第5期。

[7]中国社会科学院考古研究所甘青工作队等:《青海喇家遗址齐家文化的重要发现》，《中国社会科学院古代文明研究中心通讯》2002年第3期，第1页。

[8]夏正楷、杨晓燕、叶茂林:《青海喇家遗址史前灾难事件》，《科学通报》2003年第11期。

[9]安成邦、冯兆东、陈发虎:《甘青地区全新世中期的环境变化与文化演进》，《西北大学学报》（自然科学版）2003年第6期。

[10][22]戴燕:《湟水流域城镇的形成及其对河湟文化的影响》，《青海师范大学学报》1994年第4期。

[11]韩光辉:《宋辽金元建制城市研究》，北京大学出版社2011年版，第2页。

[12][14][15][17]（汉）班固撰:《汉书》，卷7《昭帝纪》，卷99《王莽传》，卷99《王莽传》，卷99《王莽传》，中华书局1972年版。

[13][16][19]（南朝·宋）范晔:《后汉书》，卷1《光武帝纪》，卷87《西羌传》，卷87《西羌传》，中华书局1972年版。

[18]崔永红、张得祖、杜常顺主编:《青海通史》，青海人民出

版社 1999 年版，第 50 页。

[20]（西晋）陈寿：《三国志》，卷 16《苏则传》，中华书局 1959 年版，第 491 页。

[21]（北宋）司马光：《资治通鉴》，卷 71《魏太和二年》，中华书局 1956 年版。

[22]（唐）房玄龄、褚遂良、许敬宗检修：《晋书》，卷 126《秃发乌孤载记》，中华书局 1974 年版，3156 页。

[23] 陈新海：《汉至元代青海城镇形态初探》，《青海民族学院学报》1999 年第 4 期。

[24] 周伟洲：《吐谷浑史》，广西师范大学出版社 2006 年版，第 116—118 页。

[26]（北齐）魏收撰：《魏书》，卷 101《吐谷浑传》，中华书局 2000 年版，第 1516 页。

[27] 陈新海：《青海城镇的初步发展》，《青海民族研究》1999 年第 3 期。

[28] 崔永红：《青海经济史》（古代卷），青海人民出版社 1998 年版，第 95 页。

[29] 雷莉：《试论青海城镇发展的特点》，《青海民族研究》1998 年第 3 期。

[30] 赵汝愚编：《宋名臣奏议·食货三七之十四》，台湾商务印书馆影印文渊阁四库全书 1986 年版，第 5455 页。

[31]（元）脱脱：《宋史》，卷 492《吐蕃传》，中华书局 1985 年版。

[32][33]（宋）李远：《青唐录》，载青海省民委少数民族古籍整理规划办公室：《青海地方旧志五种》，青海人民出版社 1989 年版，第 10 页。

[34]（宋）孔仲平：《谈苑》卷 1，商务印书馆 1939 年版。

[35]（清）张廷玉:《明史》,卷89《兵志》,中华书局1974年版。

[36]（明）王世贞:《弇山堂别集》,中华书局1985年版,第1627页。

[37]（清）邓承伟:《西宁府续志》,卷9《艺文志》,青海人民出版社1985年版。

[38]（民国）赵尔巽:《清史稿》,卷54《地理一》,中华书局1977年版。

[39]朱普选:《明清河湟地区城镇的形成与发展》,《西北民族研究》2005年第3期。

[40]杜常顺:《明清时期黄河上游地区的民族贸易市场》,《民族研究》1998年第3期;段继业:《青海小城镇起源的几种类型》,《青海社会科学》1998年第4期;陈新海:《试论明清时期青海的城镇》,《青海民族研究》1991年第2期。

[41][51][52]（清）张廷武纂修:《丹噶尔厅志》,卷1《历史》,卷5《商务出产类》,卷5《商务出产类》,清宣统二年甘肃官报书局排印本。

[42]（民国）曹瑞荣:《民国青海旅行记·玉树志略》,《中国西北文献丛书》第七卷。

[43][47][48][49][53]（民国）周希武编著,吴均校释:《玉树调查记》,青海人民出版社1986年版,第140页,第141页,第141页,第143页,第140页。

[45]（清）张廷武纂修:《(光绪)丹噶尔厅志》卷5,清宣统二年甘肃官报书局排印本。

[46]（清）那彦成著,宋挺生校注:《那彦成青海奏议》,青海人民出版社1997年版,第255页。

[47]陈新海:《试论明清时期青海的城镇》,《青海民族研究》1991年第2期。

[51] 雷莉:《试论青海城镇发展的特点》,《青海民族研究》1998 年第 3 期。

原载于《青海社会科学》2016 年第 1 期

明清时期河湟地区土地利用方式变革探赜

土地利用是人类活动与自然环境相互作用最直接的表现形式，"土地利用是人类根据土地的特点，按照一定的经济和社会目的，采用一系列生物和技术手段，对土地进行的长期性或周期性的经营活动。它是一个把土地的自然生态系统变成人工系统的过程"。[1]明清时期青海东部河湟地区的土地利用方式发生了较大的变革，由于人口、城镇体系建立以及技术水平等因素的驱动，这一时期河湟地区的土地得到了充分和有效地开发，人地关系也呈现出一些新的特点。

一、明清时期河湟人口的变动

河湟地区地处华夏边缘，明代以前一直是地广人稀之所，历史上这里分布的主要是羌、浑、藏、蒙古等游牧民族。虽然早在西汉时期就有了一定数量汉族人口的迁入，但史籍中反映出的人口数量一直没有得到大的增长，而且自唐中叶以后在吐蕃统治下不断蕃化，元代这里的汉族人口总量与其他民族相比并不占优势。甚至"在元朝统治的上百年期间，青海地区没有汉族活动的记录"[2]。明代是汉族迁居河湟并逐渐发展成为主体民族的一个重要时期。明初的河湟地区仍然基本上是一个以少数民族人口为主的区域，明王朝大量移民实边，使汉族逐渐成为河湟地区的主体民族。依据明代卫所制度，一般每卫由5个千户所构成，每卫兵员定额5600人。但西宁卫下辖常规建制千户所为6个，异于每卫5所的常制，其兵员也自然超出5600人的定额。据张雨《边政考》，西宁卫官军员额6875名，[3]但这一记载只是各卫正军数额。明代卫所军皆出自军户，在卫的军士为正军，子弟称余丁或军余，"军皆世籍"，正军出缺，由军户子弟补充，平时则共同从事农业生产。洪武十三年（1380年）"于河州拨民四十八户来贵德开垦守城，自耕自食，不纳丁粮。又于河州卫拨世袭百户王猷、周（失名）、刘（失名）三人，各携眷口赴贵德守御城池"[4]。宣德时期，因西宁卫军士军务繁忙，"不暇屯种"，"征进屯军家属自愿力田者七百七十余人，乞令如旧耕种，依例收其子粒"[5]。当时的西宁都督史昭也曾奏请朝廷"西宁地临极边，控制番夷，先以拨军三千人屯种。近侍郎罗汝敬视有闲田，再拨军余一千一百五十人下屯"[6]。各个卫所实际都是由包括军士及其妻室、子弟在内的军户家庭组成的。这些外来移民注籍于各卫，世代相承，子孙繁衍，逐渐变成了对戍地具有乡土认同的土著居民。民和县峡门乡石家庄《石氏源流》碑文记载，"石氏祖籍南京主司巷人，洪武年间来至西域"。《赵氏世系源流》碑文记载："赵氏始祖椒实蕃衍其丽，不意其肇南京，流迁甘肃……"马场垣乡下川口村之冯氏家谱称"（原籍）直隶扬州府……，洪武十六年九月前来西宁府"。川口地区的张、王、李、刘、曹、狄等姓家族，相传其祖上原是南京人。乐都县城关杨氏，祖籍南京。大古城周氏祖籍安徽泗州盱眙县人。[7] 湟中县鲁沙尔镇赵家庄《张氏家谱》（清顺治三年九月修纂）中记载："张氏本是南京凤阳府凤阳县人，明洪武初有一祖从军征剿西番有功，补升百户，后奉朝旨与18家千户共防边地，拨发古湟中新设西宁卫之地，每房分田20余石，出兵两名，以备国用"。该县西堡乡花园村钟氏于清乾隆十三年三月立的墓碑也刻记："予始祖千户职，明洪武十八年由扬州江都迁居湟中，迄今三百五十年矣"。[8] 仅湟中一地，据大源、大才、共和、维新、西堡、鲁沙尔6个乡镇调查和青海省图书馆现存的17户姓氏宗谱资料统计，其中就有11户是明洪武年间从南京迁来的军户、罪犯和被株连的百姓，均为"举族迁移"。此外，湟源、互助、大通、西宁等地的家谱资料也说明，上述地区很大一部分汉族是明代军户、流官、屯民的后裔。汉族人口的大量迁入，使得河湟地区的人口有了明显增长，也改变了这一地区原有的民族分布格局。《西宁府新志》中对明代西宁卫所人口有如下记载：

"明季原额洪武中，官军户七千二百，口一万五千八百五十四。永乐中官军户七千二百，口一万二千九十二。嘉靖中官军户三千五百七十八，口四万五千六百一十三。又番民户旧二百六十九，安置户三十，口（缺），编户四里，曰：巴州、红崖、老鸦、三川。户口不等，千户亦在其内，属经理司专管，应当各项杂差。而各处流移及商贾之寄入里籍者，并谓之民户。万历六年，官军户二千五百六十，民户四百四十，口三万八千八百九十二"[9]。

除了政府有组织的移民外，百姓自行流入河湟谋生的也为数不少，明中期这里已经有"各处流民久住成业"[10]。应当明确的是,《西宁府新志》中所记载的仅仅是当时西宁卫在册人口，河湟地区尚有一定数量的蒙、藏人口未统计进去。但总体而言，这时该地区"地旷人稀"的局面并未发生根本性改变。

清顺治二年（1645年）西宁府"原额编审人丁一万三千六百八十六丁"，碾伯县"原额人丁六千五百三十八丁，编审内除老亡丁三百九十四丁，实在丁六千一百四十四丁"，大通卫"原额编审人丁五千八百六十二丁"，贵德所"原额编审人丁二千六十八丁"。[1] 可见，清初河湟地区的在册人口与明万历时期相比并未增加，这种局面应该是朝代更迭、战乱频繁的必然结果。

入清以后，向青海地区的移民活动不断见诸史籍。雍正二年（1724年），清川陕总督、抚远大将军年羹尧在平定青海蒙古亲王罗卜藏丹津叛乱之后，向雍正皇帝具折上奏了《青海善后事宜十三条》，以加强对青海的统治。其第十二条是"新辟地方宜广屯种而增赋税"，提出将内地的军流人犯放遣大通河及布隆吉尔。具体办法是：

"初到之时，地方官拨地若干，动正项钱粮，给予籽种二石、耕牛一只，俟至三年，在大通者照西宁卫之例，在卜隆吉者照肃川卫之例收其粮草，支给官兵。其田土即永为世业，兵民俱不得争夺，如有力能多种者亦于三年起科。而陕甘二属人犯原在本省，当尽发于卜隆吉，直隶等四省之人则酌量分发两如处。其凡关盗案者仍照旧例，总俟地方填实之后，听督、抚两臣会题停止。"

雍正皇帝阅后，在这一条款后批曰："恐此等之人未必习于耕种，又无家室可以羁留于边塞之处，少当留意耳。"最终清廷决定"大通驻兵三千，其子弟亲戚及西宁民人愿往屯种者甚众，大通河可免发往……劝下刑部并直隶、山西、河南、山东、陕西五省佥妻军犯中除盗贼外有能种地者，即发往布隆吉尔，令地方官动支正帑，买给牛具籽种，三年后起科如例"。这些移民措施，极大地推动了青海人口发展。

到乾隆十一年（1746年），西宁府"户一万八千九百二十五，口七万四百七十"，碾伯县"户九千七百三十一，口五万八千七百二十"，大通卫"丁一万一千八百三"，贵德所"人丁九千八百三十五"。[12]崔永红先生依据《西宁府续志》中丁与口的记载，推断丁在总人口中所占的平均比例约为63%，由此计算出乾隆十一年（1746年）以上四地编户人口合计166327人[13]。此外，西宁、碾伯、大通三地"雍正三年，新归投诚纳粮番民二万二百七户，男妇子女八万六千一百六十六名口"，贵德所"雍正二年，新归投诚纳粮番民二千八百二十五户，男妇子女一万一千五百七十二名口"[14]，汉族人口和"纳粮番民"人口相加，这一时期河湟地区农耕人口合计264065人。此后，河湟地区的人口一直保持较高的增长水平，"嘉庆年间西宁府有民、屯男妇大小人口708829人，其中包括'投诚番民'。与约70年前含有番民的总人口（264065）比，又增加了168%，平均年增长率为14.21%"[15]。嘉庆以后河湟地区的人口情况，目前仅有《西宁府续志》中所记载的咸丰三年（1853年）数据：

"西宁县民屯男女三十二万八千二百五十丁口，内：男九万六千四百零三丁，八万两千零四口；女八万三千二百九十四丁，六万六千五百四十九口。碾伯县民屯男女二十二万八千三百七十五口，内：男七万八千七百六十二丁，三万九千八百九十六口；女七万六千一百五十四丁，三万三千五百五十七口。大通县民屯男女七万三千六百六十七丁口，内：男二万四千五百一十一丁，一万二千八百八十九口；女二万三千一百三十八丁，一万三千一百二十九口。贵德厅民屯男女一万九千七百六十九丁口，内：男六千三百四十丁，三千七百三十八口；女五千九百三十三丁，三千七百九十四口。巴燕戎格厅民屯男女二万七千五百六十五丁口，内：男九千一百零八丁，五千七百七十二口；女八千零三丁，四千六百八十二口。新设循化厅共男女大小一十七万七千七百二十九丁口，内：男六万五千五百九十九丁，三万三千九百四十二口；女五万六百七十一丁，二万七千五百一十七口。新设丹噶尔厅民屯男女一万九千六十八丁口，内：男六千三百九十六丁，四千一百三十二口；女五千四百七十一丁，三千六十一口。"[16]

以上各地丁口合计874418人，加上政府未掌控的不在册人口，可以推测河湟地区当时的人口应该在90万—100万之间。从嘉庆时期到咸丰时期，河湟地区的人口基本在70万—100万这个区间徘徊。据《甘肃通志稿·民族志》记载：清光绪三十四年（1908年），西宁府在册人口数是361255人。据《民国元年户口统计总表》记载：民国元年（1912年），西宁府在册人口数是367737人[17]。可见，咸丰以后河湟地区的在册人口呈现大幅度下降趋势。究其原因，与清代后期河湟地区的战乱和灾荒密切相关。

二、明清时期河湟城镇体系的建立

明代以前，河湟地区城镇的兴废与发展侧重于军事需要，其体系以州县治所为中心，缺乏人口与经济的稳固支撑，城镇发展先天不足。伴随着政治、军事态势的变化，城镇更迁频繁，难以获得稳定发展。

明清时期，河湟地区现今的城镇分布格局已经初见雏形，这一时期城镇的形成发展的动因以及城镇的主要功能与明以前也有了很大的差别。政治、军事因素依然是城镇形成发展过程中的主导因素，但人口、经济以及宗教等因素在城镇体系形成过程中所发挥的作用也越来越突出。

明代，河湟地区的城镇建立与卫所分布是基本一致的。明王朝建立以后，"革元旧制，自京师大于郡县，皆立卫所"[18]。河湟地区的西宁卫下辖有左、右、中左、中、前、后6个千户所，分别设于今碾伯、镇海、北川、南川、古鄯等地。这些卫所"悉署衙门，广成兵，增屯田，以为万世不拔之计"[19]。以卫所御城的修筑为中心，河湟地区展开了大规模的筑城运动。通过筑城，在物质上建立了坚固强大的军事防卫体系，不仅能够护卫城中重要的军政机构和设施，而且能够以城卫民，稳固统治。正所谓"能弭数百年边鄙之警，俾群黎安居乐业者，惟赖兹城"[20]。明政府在河湟地区相继建成了西宁卫城、河州卫城、碾伯城、贵德城，作为卫所的治所。清朝初年，承袭了明王朝在河湟地区设置的卫所制度。雍正时期，在平定蒙古亲王罗卜藏丹津叛乱的基础上，开始实行府县制，以加强对这一地区的统治。有清一代，河湟地区设置了一府（西宁府）、三县（西宁县、大通县、碾伯县）、四厅（丹噶尔厅、巴燕戎厅、循化厅、贵德厅）。和行政建制的设立相应，清朝政府在河湟地区或沿袭或新建了七座县厅级以上城镇，作为其政治统治中心。[21]需要指出的是，西宁城、碾伯城、贵德城都具有较长的筑城历史，但在明初早已残破不堪。明清时期的大规模建设，使其具备了较好的城市设施，最终确定了它们作为河湟地区中心城镇的历史地位。如西宁城在明清时期经历了多次整修，城垣建筑不断完善，规模逐渐扩大，城市设施也渐趋齐备，成为河湟地区最重要的中心城市。《西宁府新志》记载，明洪武十九年"命长兴侯耿秉文率陕西诸卫军士筑之。基割元西宁州故城之半，周围九里一百八十步三尺；高、厚皆五丈。月城高四丈，壕深一丈八尺，阔二丈五尺。门四，角楼四，敌楼一十九，逻铺三十四，东门连关厢，商贾市肆皆集焉"[22]。此后，嘉靖二十一年、万历三年、万历二十二年、万历二十四年、清康熙四十八年、雍正三年、雍正十一年等年份对西宁城进行了多次修缮、扩建,最终"内裹实土,外甃用砖,东西南北为门,为楼者四,增修者二,加甃如之","四隅增瞭望楼四,为睥睨者一百九十有八,为炮台者三十有一,为驰道、为榨门者各四。言言仡仡,金汤益固矣"[23]。明代的碾伯所城"城高三丈五尺,下宽三丈五尺,东西长一百五十丈,南北长一百一十二丈。门三,城楼三,月城二。东关外城门三。池深二丈五尺,宽二丈四尺"[24]。到清代初期"南城一道,逼近湟水,久被侵啮颓坏……将城基向北移进一十五丈,另建新城。计长一百一十二丈,底宽三丈,顶宽一丈,并修女墙城楼"[25]。大通城"雍正三年,以地通西宁、甘、凉,设总兵官一员,统辖白塔、永安两营。筑城一座,高二丈二尺,根厚二丈六尺,顶厚一丈四尺,周回六里,计一千一百丈。设门四,城楼四,角楼四,月城四,月城楼四,炮台十六座,壕宽四丈,深六尺"[26]。除了这些中心城镇以外,明清时期河湟地区还出现了平戎城、镇海城、永安城、威远城、丹噶尔城、喇课城、黑古城、扎思观城、扎什巴城、河拉库拖城、千户庄城、亦杂石城、老鸦城、冰沟城、古鄯城、巴燕戎城、甘都堂城、白塔城等有防守官兵驻防的军事城镇及因商业或宗教因素推动而发展起来的小城镇。"到明代中后期,多巴、白塔、丹噶尔等商业小镇形成,初步构建了卫城—千户所城—商镇的三级城镇等级结构。清代改卫为府,并逐步将辖区扩大到青海东部的黄河流域,形成府城—县、厅城—商镇的三级城镇等级结构。清代中后期,商贸型城镇和集贸型城镇形成,城镇等级结构日趋合理,形成府城—县、厅城—商贸城镇—集贸城镇四级结构。"[27] 从当时这些城镇的分布地域来看,和今天的河湟地区城镇分布网络基本上是一致的。

明清时期，河湟地区的城镇逐渐摆脱了随着政治、军事局势变化而兴废无常的命运，得到了较为稳定的发展。其主要原因是这一时期人口规模的稳步发展，农业经济规模的逐渐扩大。同时，基于河湟地区特殊的人文地理环境，宗教因素在城镇的形成与发展过程中也发挥着巨大的作用。

人口是城镇形成的一个重要因素，作为城镇必须拥有一定数量的定居人口。青海是典型的地广人稀之所，而且历史上这里分布的主要是羌、浑、蒙、藏等游牧民族。对于这一地区的城镇发展而言，定居人口是一个关键性的制约因素。有明一代，青海出现了自两汉以来的又一次移民高潮，河湟地区汉族农耕人口激增。入清以后，虽然再也没出现政府组织的大规模移民，但民间自发的迁徙活动一直没有间断，人口规模一直在持续稳定发展。以汉族为主的农耕人口大量迁入，明显改变了青海地区原有的民族分布格局，也对这里城镇的发展产生了重要影响。人口规模的增长使这里的城镇基本上摆脱了随政治、军事形势而兴废无常的命运，城镇分布体系渐趋稳定。

这一时期的经济发展是城镇稳固发展的另一重要推动力。《秦边纪略》一书中记载了在明末清初西宁地区的商业繁荣景象：

"自汉人、土人而外，有黑番、有回族、有西夷、有黄衣僧，而番回特众，岂非互市之故哉？城之中牝牡骊黄，伏枥常以万计，四方之志，四境之牧不与焉。羽毛齿革，珠玉布帛，名烟麦豆之属，负提辇载，交错与道路。出其东门，有不举袂成云，挥汗成雨乎。"[28]

贸易的兴盛，使交换市场有了专业分工，出现了专业化的市场布局。明代西宁的具体城市布局如今已难以稽考，但城市的发展是有其延续性的，根据《西宁府新志》中有关清代西宁城市面貌的记载，我们还是可以大致了解明代西宁的基本情况：

"城中粮面市在广学街,东至学街口,南至学街牌坊止,西至县门街口止;菜果市在道署西;骡马驴市在石坡街;柴草市在本城大十字;石煤市在本市大十字土地祠前;石炭市在驿街口"。尤其是西宁东关地区成为西宁城商贸最为集中的地方,"东门连关厢,商贾市肆皆集焉",这里的专业贸易市场划分更为清晰,"粮面上市自史家大店起至柴家牌楼止,粮面下市自东梢门至西纳牌楼止,缨毛市在祁家牌坊西,牛羊市在湟中牌楼东,骡马驴市、柴草市俱在小街口,石煤市在小街口东,石炭市在小街口西,硬柴市在北古城街"[29]。

宗教因素则是明清时期河湟城镇发展的另外一个特殊推动力。青海一直是一个多民族聚居地区,明代以降,汉族、藏族、蒙古族、回族、撒拉族、土族成为这一地区的六大主体民族。自元明以来,经过长期的历史积淀,藏传佛教在藏族、蒙古族、土族乃至部分汉族中建立了广泛而深厚的信仰基础,成为一种主导性的社会意识形态。藏传佛教寺院多建置在牧区,牧民群众逐草游牧,迁徙无定所,又加语言隔阂,世俗商贾的势力不容易到达,这就在客观上为寺庙集市商业的繁荣提供了方便。某一地区的寺院即是当地的文化中心,又是互市之所,寺院一年四时的庙会法会之日也就成了牧民的集市日。届时,僧俗齐集,环寺设点,百货所聚,商贾并凑。寺庙成为连结农业区与牧业区、城镇与农牧村庄间的桥梁。凡是讨论明清青海地区城镇兴起、发展的论著,均认为宗教因素是这一地区城镇兴起、发展的原因之一。① 青海的鲁沙尔镇、丹噶尔镇、隆务镇、结古镇等均是较为典型的受宗教因素影响兴起的城镇。如著名的丹噶尔

---

① 见杜常顺:《明清时期黄河上游地区的民族贸易市场》,《民族研究》1998年第3期;段继业:《青海小城镇起源的几种类型》,《青海社会科学》1998年第4期;陈新海:《试论明清时期青海的城镇》,《青海民族研究》1991年第2期。

镇，即今湟源县镇，它的兴起要追溯到东科寺的发展史。"丹噶尔"即"东科尔"之谐音意译。据《丹噶尔厅志》记载："丹地原为东科旧寺，自明末商贾渐集，与蒙番贸易有因，而世居者番族亦渐次开垦，牧而兼耕，各就水土之便，筑室家成村落焉。"[30]这一记载说明，丹噶尔镇是依托东科寺兴起并发展起来的。由于寺院的支撑，民族贸易的带动，丹噶尔一带人口日益增加，经过了100多年的发展，由原来的一些零散居民村落发展成为湟水河流域重要的民族贸易城镇。

　　作为城镇发展的一个必要支撑条件，经济贸易因素在明清民国时期青海城镇发展过程中也发挥了不可替代的作用。如前文介绍的丹噶尔镇最为典型，其兴起是依托东科寺，但其兴盛繁荣则与民族贸易密切相关。清雍正二年（1724年），罗卜藏丹津叛乱被平息后，中央政府制定了一系列善后措施，其中对青海地区各民族与内地之间的贸易作了明确规定。清政府正式在丹噶尔设置固定的贸易市场，丹噶尔遂成为西北地区重要的贸易中心。乾隆九年（1744年），西宁佥事杨应琚在《为边甿请添驻县佐以资治理议》中提到："（丹噶尔）通西藏，逼近青海，自移多坝市口于此，为汉土回民并远近番人暨蒙古往来交易之所，至关重要。"经过不断发展，到清嘉庆、道光年间"丹地商业特盛，青海、西藏番货云集，内地各省，商客辐辏，每年进口货价至百二十万两之多"[31]。丹噶尔民族贸易进入最为鼎盛的时期，汉商番客，云集于城；字号货栈，填衢列肆。蒙藏客商远来丹城，"人地生疏，言语不通，其住宿卖买全惟歇家是赖"[32]。即由歇家充当蒙藏客商的代理人，并为其提供债务担保，收集商业信息。仅有900余户，4000余口的丹噶尔城关，歇家就达50余家。[33]

　　《玉树调查记》记载"（玉树番客）每年自运皮毛、药材等类，到湟源销售"。"青海出产羊毛甚多，其进口亦不止湟源一处。今据调查所得，除湟源进口每岁二百二十万斤外，循化、拉卜楞、隆务寺三处，岁进口一百三十万斤；鲁沙尔、上五庄二处，一百五六十万；俄博、大通、永安等处，一百万；贵德一百万；永昌、黄城滩五十万；肃州、敦煌一百万；玉树羊毛商南出川边打箭炉者，亦有一百五十万，总计一千万斤有余。"[34] 也就是说，当时青海全境所产羊毛的 20% 是集聚到丹噶尔城售出的。一些天津、山陕商人从丹噶尔将皮毛"贩至京、津、张家口一带，转售洋商，多获重利"。这些中间商人"多购有海关小票，内地税局，不能过问，但验票而已"[35]。除了皮毛以外，食盐是另外一宗重要商品，其主要产于距湟源西 350 里的茶卡，该地旧为和硕特蒙古南左次旗札萨克管辖。"旧例，唯准蒙民之穷者，由该管王公领照，驮运至湟源，与汉番人民换易布匹、口粮等。蒙民纳薄礼于郡王，便可装载六七驮，约六日可至湟源。"[36] 再转售甘肃的骆驼队驮运到兰州、天水、宝鸡、汉中等地出售。

与丹噶尔的情况相类似，这一时期河湟地区其他一些小城镇也通过商业贸易有了发展。如贵德县城，循化县的积石、拉卜楞；同仁县的隆务、保安；大通县的城关；门源县的浩门、永安、皇城滩；湟中县的鲁沙尔、上五庄；祁连县的俄博和湟源一起被称为"西宁十三口"。

三、明清时期河湟地区的农业发展与牧业衰退

隋唐时期河湟地区的农业便已具备一定规模，"唐与吐蕃以赤岭为界长期对峙，河湟地区成为唐王朝的军事前沿，大军云集。出于战时供给的需要，这里的屯田区域与规模急剧扩大，成为今青海界

内最重要的基本农业区"[37]。但受制于人口规模与民族构成，明清以前这里的生产方式始终是农牧并举，以牧为主。明清时期，河湟地区农田面积不断扩大，农业生产设施逐渐完善，农业产量也有了极大的提高，农业最终成为这里最为重要的生产门类。"清中期以后，青海农牧分界线已经表现得非常明晰。大体以日月山为界，以东为农业区，牧业为辅；以西则为游牧区，除少量粗放农耕外，几乎是纯牧区。"[38]

河湟地处"甘肃凉州之右背，河州洮岷之前户"[39]，"孤悬天末，近境皆蕃，蕃外即虏。我借蕃为藩篱，蕃仗我以为主宰，即辅车唇齿之譬，不是过矣"[40]。由于河湟地区是明朝的边防前沿，稳定西北的关键地区，明王朝"(洪武)六年正月置卫。宣德七年十一月升军民指挥使司，属陕西都司，后来属陕西行都指挥使司"[41]。由于卫所制度的推行，卫所的军事屯田规模不断扩大，极大地推动了这一时期河湟地区的农业发展。

明王朝建立以后，为稳固统治，令天下广兴屯田，通过军屯、民屯和商屯等形式解决卫所士兵的粮饷。"军屯则领之卫所。边地三分守城，七分屯种。内地，二分守城，八分屯种。每军受田五十亩为一分，给耕牛、农具，教树植，复租赋，遣官劝输，诛侵暴之吏。初亩税一斗。三十五年定科则：军田一分，正粮十二石，贮屯仓，听本军自支，余粮为本卫所官军俸粮"[42]。河湟地区的卫所，依据自身所处的自然条件，因地制宜地开展了屯田生产。除了卫所主导的军屯外，明政府还推行各种政策积极鼓励民屯，"不拘军民僧道流寓土著人等，悉听尽力开耕，给予执照，世为己业，永不起科"[43]。这些措施，促使河湟地区的农田垦殖面积不断扩大。据《西宁志》记载："西宁卫，正统三年额设屯科田二千七百五十六顷四十六亩，屯科粮二万五千一十二石六斗。嘉靖二十九年实征田三千一百八十二顷二十二亩五分五厘。粮二万七千四百九十五石七斗五合"[44]。到明末，这里"屯、科、秋、站、垦地六千六百九十顷七十九亩六分九厘二毫"[45]，比嘉靖时增长了一倍多。同一时期，黄河谷地的贵德所"原额屯田五百七十一顷四毫"[46]，也说明了卫所屯田有效扩展了河湟地区的农田面积。

清代青海地区与赋役相关的具体土地名目有屯、科、秋、站、垦、番六类，"屯田指明以来曾是国家所有，开垦过军屯的土地，后转化为私田，仍沿用旧称，因其负担的钱赋予其他土地有一定区别；科田又称民田，是祖上流传下来的私田，私田中有'永不升科'者，凡被官府登记并据以征收钱粮者才叫科田；秋田指原只能种秋禾的瘠薄之地；站田指旧曾为驿站之地；垦地即新近开垦上报升科之地；番地是雍正三年（1725）以后开始清查入册的原属少数民族人民耕种的土地"[47]。相关学者研究表明，清前期河湟地区耕地面积有了飞跃式增长，到乾隆三十七年（1772年）"在册各类土地总和达到208万余亩，这个数据虽然有一定的误差，但208万亩这个数字，在青海东部农业发展史上也是空前的"[48]。这一时期耕地面积激增主要有三个主要原因：一是大量的"番地"在明代就已经存在，雍正三年（1725）以后才开始登记在册。如西宁府"雍正四年，新归番民耕种水地一万二千四百七十一段。新归番民耕种旱地六万九千二百三十六段"。碾伯县"新归番民耕种水地八千六百八十三段。新归番民耕地旱地二万六千三百九十三段"[49]。等类似记载在地方志中频频出现。具崔永红先生考证，"雍正年间河湟地区番地近128万亩，大致是同期屯、科、秋、站得总和的2倍"[50]。二是这一时期的土地垦殖力度加大，新垦之田不断增加。如西宁府"康熙四十三年，四驿牛夫首报垦荒地一十八顷六十四亩。额外清丈自首得一十二顷九十三亩。康熙五十七年，招民开垦荒地八顷三十九亩……雍正二年，劝民开垦水地六十一段。雍正七年，劝民开垦旱地六十八段"。碾伯县"康熙四十三年四驿牛夫首报垦荒地一十八顷六十四亩。雍正十二年报垦荒地三顷五亩……雍正十三年，续报开垦旱地一百九十段。雍正十三年，续报开垦水地一百八十八段。乾隆四年，续报开垦旱地二百八十九段……乾隆五年，续报开垦旱地五十四段"[51]等等。三是这一时对农田的清查力度加大，清查出许多以前政府未能掌控的田地。地方志中，这方面的记载也颇为不少，如西宁府"乾隆三年，查出水冲地三百九十顷六十六亩六分九厘五毫。乾隆十一年，续查出水冲、沙压地四顷八十九亩九厘三毫五丝五忽"[52]。

需要指出的是清代"青海东部地区的土地关系颇为复杂，按清代人所撰方志的划分，有官府土地、寺院田土、土司土地之分，还有部分一般民户土地"[53]。除了在册耕地，尚存在大量政府未能掌控的农田。这一时期"宁属四川，已无不垦之土"[54]，在当时的生产力水平下，农田开垦已经渐趋饱和。与农田面积增加相对应的是河湟地区畜牧业的衰退。

明代，虽然河湟地区的农业有了巨大发展，但由于总体规模不大，明末各类田地合计不足 70 万亩。农业的发展对这一区域的畜牧业生产尚未造成大的冲击，畜牧业在地方经济中依旧占有较大的比重。到清代，由于城镇的发展，人口的增加，农田垦殖力度越来越大，河湟地区的畜牧业生产区域逐渐萎缩，畜牧业出现了较大衰退。

河湟地区自古水草丰美，宜农宜牧，具有悠久的畜牧业传统。明代建立以后，这里的畜牧业依然具有相当规模，明政府也始终以"茶马互市"作为控制这里少数民族的一种有效手段。洪武四年（1371年），明政府分别在秦州（今天水）、洮州（今临潭）、河州（今临夏）等地设立了茶马司，其职能是以内地所产的茶叶换取河州、河湟、洮州、甘州等地的马匹。为了确保国家有固定的马匹来源，明王朝将茶马贸易转化为一种特殊的、体现国家强制意识的赋征制度，即差发马赋制度。洪武十八年（1385年）时任松州卫指挥佥事的耿忠向朝廷建议："西番之民归附已久，而未尝责其贡赋。闻其地多马，宜计其地之多寡以出赋。如三千户则三户共出马一匹，四千户则四户共出马一匹，定为土赋。庶使其知尊君亲上奉朝廷之礼也。"[55]希望通过"差发马赋"来体现西陲少数民族对明王朝的"臣民"义务，明王朝采纳了耿忠的建议，并开始大力推行。在这一制度的推行过程中，明王朝将西宁卫所属的申中、占硐、革硐、思果生、申藏、隆奔、西纳、加尔即、巴沙、巴哇、思俄思录、砦硐、隆卜等十三个番族部落确定为"纳马番族"，并额定其具体纳马的数量。洪武二十六年（1393年），明太祖命"曹国公李景隆赍金牌、勘合，直抵西番以传朕命，令各番酋领受，俾为符契以绝奸欺"[56]，开始推行金牌信符制度，颁金（铜）牌信符给这些纳马部族。金牌刻有12字：上为"皇帝圣旨"，左为"合当差发"，右为"不信者斩"。对剖为二，上号藏于内府，下号分给各族首领，每三年派人召集各部首领，合符交马一次。届时"遣近臣赍捧（金牌）前来，公司镇守三司等官，统领官军，深入番境扎营，调集番夷，比对金牌字号，收纳差发马匹，给予茶价。如有拖欠之数，次年催收"[57]。《明史》当中记载：

"（金牌）凡四十一面：洮州火把藏、思曩日等族，牌四面，纳马三千五百匹；河州必里卫西番二十九族，牌二十一面，纳马七千七百五匹；西宁曲先、阿端、罕东、安定四卫，巴哇、申中、申藏等族，牌十六面，纳马三千五百匹。"[58]

明初,河湟等地尚属地广人稀之所,为了充分利用这里的草场资源,保障马匹的供应,明政府还设立了规模庞大的官营牧场,用以饲牧军马。

永乐四年(1406年),明政府设陕西、甘肃两个苑马寺,其中甘肃苑马寺下设祁连监和甘泉监。永乐六年(1408年),甘肃苑马寺增设武威、安定、临川、宗水四监,最终形成了六监二十四苑的规模。其具体名称为:甘泉监,下设广牧苑、麒麟苑、温泉苑、红崖苑;祁连监,下设西宁苑、大通苑、古城苑、永安苑;武威监,下设和宁苑、大川苑、宁番苑、洪水苑;安定监,下设武胜苑、永宁苑、青山苑、大山苑;临川监,下设暖川苑、盆水苑、巴川苑、大海苑;宗水监,下设清水苑、美都苑、永川苑、黑城苑。其中,武威监和安定监下设的八苑在今甘肃境内,其他四监所属的十六苑基本均在河湟地区。甘泉监在今互助境内,祁连监地辖今西宁西川的马坊、互助的双树乡和大通县部分地区,临川监在今民和县境,宗水监在今乐都、化隆县境[59],都是"膏腴相望,其地水草大善"[60]的川水之地,"春月草长,纵马于苑,迨冬草枯,则收饲之"[61]。明制"苑视其地广狭为上、中、下三等,上苑牧马万匹,中苑七千匹、下苑四千匹"[62]。若以河湟地区十六苑均为中苑而论,明政府在这里饲牧的军马在10万匹以上,所圈占牧场面积之广可想而知。

这些官营马苑设在水热条件较好川水地区是充分考虑了这里优越的自然条件,尤其有利于冬季收饲,保障了军马的繁衍。但随着河湟地区人口的增加,尤其汉族人口的大量迁入,农业生产的持续发展,农牧之间的矛盾日渐凸显出来。"自豪右庄田渐多,养马渐不足","其后庄田日增,草场日削,军民皆困于孳养"[63]。

而清代的这种矛盾尤为突出。清代虽然继续在河湟地区设置官营马场,但是"在牧马场所的选择上却与明代大不相同。明代的牧马场所多选择在川水地带,在农田与牧场争地的矛盾日益突出之后,牧马草场只能走向退缩的道路。到清代表现的牧马(驼)草场则多选择在山地的河流两岸,这里不仅人烟稀少,且远离城镇"[64]。雍正十一年(1733年),陕西总督刘于义委派曾担任西宁知府黄澍在河湟地区查勘选址设置西宁马场,黄澍最终将马场选址在了摆羊戎(今青海化隆境内),他认为这里"周围约二百四十五里,其间荒地甚多,且饶水草,可牧马六七千匹"[65],是设置马场的适宜场所。乾隆元年(1736年),马场获得朝廷批准并很快发展起来,到乾隆三十四年(1769年),"西宁镇马场生息繁庶,现有大小儿骡骟马三千七百余匹"[66]。西宁马场选址摆羊戎,说明这一时期由于农业的发展,川水地区已经难以寻找大片闲地发展牧业了。而且,就连相对荒僻的摆羊戎,也面临因农田垦辟而被迫迁址的问题。时任西宁道按察使司佥事的杨应琚在《碾邑巴燕戎请设官开田议》中提到:

"虽摆羊戎五沟内,向为西宁镇标马厂,但自生番变乱之后,五营马厂,有移至大通卫一带者,亦间有就牧此处者,然止须山坡以上牧放。目下平川俱可开垦,将来人多地少,亦可将马厂再移,此时尚无阻碍。商之署、镇,意见相同。应请因地之利,设官劝垦……其马厂平坦之地,原系官地,招民垦种,番汉相处,如宁、碾沿边村堡。现在情形,日久相化,俱为良民。但人情喜逸,非督率不能成功,而荒土渐开,则生聚于焉日盛。"[67]

可见,马厂不断因农田垦辟而受到侵占,终因"场地狭窄,水草不敷"而难以为继。为了解决这一矛盾,又在"镇属大通一带另躧宽厂"[68]。然而,大通这处马厂也有相当一部分面积不断地被垦辟为农田，如"嘉庆十年报明向化、归化、新顺三族番民开垦原拨牧马地一百四十四段，每段大小不等"[69]。

四、土地利用方式变革对河湟地区生态环境的影响

河湟地区是典型的生态环境脆弱地区，生态稳定性差，一旦遭受破坏，很难自我修复。明代以前，人类活动虽然对这里的生态产生了一定影响，但这种影响是局部的、间断性的，这里的植被并未遭受大的破坏，生态环境基本保持稳定状态。

明清时期，随着区域开发的加剧，官署宫观的修建、取暖薪炭的供给，都对木材有大量的需求。林木的砍伐与破坏与日俱增，局部地区的生态恶化已经难以避免。史籍之中这方面的记载也屡见不鲜。如明嘉靖时期，西宁兵备副使李经为重修西宁兵备宪司公府"洵（询）得境内多产材木，遂麾诸卒采之，小者负，巨者舆，而致流而浮之……堂之旧材，择坚者移于他署，兹复用新木良者，为堂五楹，两旁舍十楹，重门六楹，后堂三楹"[70]。万历四年（1576年）为重修西宁卫城"其材木薪爨之属，则伐山浮河，便而取足，数不可得而计之"[71]。万历二十四年（1596年），西宁兵备按察副使刘敏宽鉴于西宁卫"昔局铁输自汉中，疲于运转，复且后时不给"，"募铁师采矿烧铁……每月一炉出铁二次，约共得生铁三千斤"[72]。冶铁除了矿石以外，需要大量的薪炭，所以刘敏宽将冶铁厂选址到了林木繁茂的互助北山。北山铁厂开设以后，虽然"省役夫之劳，而铁倍其用，大称便利"，但冶铁所耗林木难以计数，对当地生态造成了巨大破坏。入清以后，青海局部地区的植被破坏进一步加剧。《循化厅志》中有大量林木消耗情况的记载，隆务以西的宗务山"山广博，林木

茂盛。自建循化城，凡有兴作，木植皆资于此。城内外人日用材薪，亦取给焉。浮河作筏，顺流而下。高一二丈，围皆三四寸许，坚实不浮，斧以斯（斫）之，悉供爨火。移之内地，皆屋材也"[73]。《丹噶尔厅志》记载："薪刍，或樵诸山林，或取诸禾稼之藁。城乡所需，原难合计。惟售于市者，每年约十万担，每担一钱，共银一万两"[74]。丹噶尔厅当时总人口不足两万人，城镇人口约有三四千人。需要到市场上购买柴薪的主要是城镇人口，每年所耗就是十万担，整个河湟地区每年砍伐的柴薪恐怕是一个天文数字，对生态的影响可想而知。

明清时期，藏传佛教在青海广泛传播，"番僧寺族星罗棋布"[75]。为了笼络青海藏区僧众，明廷多次出资在这里"大建梵宇，特赐专敕"[76]。入清以后，由于统治者的扶持青海藏传佛教寺院数量更是不断攀升，均不完全统计，明清时期青海东部地区的祠庙有244座，寺观（包括清真寺）336座，合计580座。[77]崔永红先生据此推论："若以修建一座祠庙寺观需木2500根估算，则修建580座祠庙寺观一次性所需木料为145万根。其中若以清代所耗木料居一半的话，也有七八十万根之谱。这还不包括城镇的兴建和重修，都会加剧西宁、碾伯、大通、循化、贵德、巴燕戎格、丹噶尔等城镇周围林木的减少。"[78]

上述记载表明，明清时期由于河湟地区土地利用方式的变化，人类活动强度较之前代有了非常大的增加，对生态环境的影响也在加剧，已经出现了局部的生态环境出现恶化。

注释：

[1] 侯甬坚：《环境营造：中国历史上人类活动对全球变化的贡

献》,《中国历史地理论丛》2004年第4期。

[2]芈一之:《青海民族历史的特点与民族文化的特性》,《青海民族学院学报》2007年第3期。

[3]张雨:《边政考》卷4,台湾华文书局1968年版,第297页。

[4][9][11][12][14][22][23][25][26][29][45][46][49][51][52][54][67][70][71][72][75]杨应琚:《西宁府新志》卷16,卷16,卷34,卷16,卷36,青海人民出版社2016年版,第268页,第267页,第267页,第267页,第269页,第152页,第152页,第156页,第158页,第263页,第263页,第273页,第274页,第255页,第263页,第682页,第263页,第681页,第262—263页,第263页,第706页,第167页,第766页。

[5][6]《明宣宗实录》,卷42,宣德三年润四月丙戌,台湾"中央研究院"历史语言研究所1962年版。

[7]贾伟、马兴盛:《试论明代青海河湟地区人口迁移》,《青海民族研究》2002年第2期。

[8]湟中县志编纂委员会:《湟中县志》,青海人民出版社1990年版,第351页。

[10]《明孝宗实录》,卷151,弘治十二年六月癸卯,台湾"中央研究院"历史语言研究所1962年版。

[13][15][47][50][59][78]崔永红:《青海经济史》(古代卷),青海人民出版社1998年版,第162页,第162页,第170页,第174页,第195页,第60页。

[16][20][69]邓承伟:《西宁府续志》,卷4,青海人民出版社1985年版,第160页,第307页,第154页。

[17][41][42]翟松天:《青海经济史》(近代卷),青海人民出版社

1998年版，卷12，卷77，卷42，第16页，第1855页，第1015页。

[18][58][63][64] 张廷玉：《明史》，卷89，卷80，卷92，中华书局1974年版，第2176页，第1950页，第2276页，第112页。

[19] 王世贞：《弇山堂别集》，中华书局1985年版，第1627页。

[21] 朱普选：《明清河湟地区城镇的形成与发展》，《西北民族研究》2005年，第3期。

[24] 李天祥纂：《辗伯所志》，青海人民出版社2016年版，第6页。

[27] 陈新海：《青海地区历史经济地理研究》，四川大学出版社2011年版，第177页。

[28] 梁份著，赵盛世等校注：《秦边纪略》，青海人民出版社1987年版，第63—64页，第59页。

[30][31][74] 杨治平编纂，马忠校订：《丹噶尔厅志》，青海人民出版社2016年版，第3—4页，第156页，第143页。

[32] 那彦成著，宋挺生校注：《那彦成青海奏议》，青海人民出版社1997年版，第255页。

[33] 陈新海：《试论明清时期青海的城镇》，《青海民族研究》1991年第2期。

[34][35] 周希武编著，吴均校释：《玉树调查记》，青海人民出版社1986年版，第141页，第141页。

[36][37][38] 丁柏峰：《青海省农牧业分界线形成的历史考察》，《原生态民族文化学刊》2015年第2期。

[39][40] 苏铣纂修，王昱等校注：《西宁志》，青海人民出版社1993年版，第3页，第242页。

[41][42] 翟松天：《青海经济史》（近代卷），卷12，卷77，卷42，青海人民出版社1998年版，第16页，第1855页，第1015页。

[43][57][76] 陈子龙：《明经世文编》，卷360，卷115，卷115，中华书局1962年版，第3889页，第1073页，第4377页。

[44] 苏铣纂修，王昱等校注：《西宁志》，青海人民出版社1993年版，第193页。

[48] 魏明孔、杜常顺：《青藏高原社会经济史》，社会科学文献出版社2019年版，第273页。

[53] 赵珍：《清代西宁府田赋考略》，《青海师范大学学报》1991年第4期。

[55][56][61][62]《明太祖实录》，卷151，卷251，洪武十六年正月辛酉，台湾"中央研究院"历史语言研究所1962年版。

[60] 梁份著，赵盛世等校注：《秦边纪略》，青海人民出版社1987年版，第63—64页，第59页。

[65] 王昱：《青海方志资料类编》，青海人民出版社1987年版，第858页。

[66] 昆岗等：《大清会典事例》，卷648《兵部马政》，宣统元年上海商务印书馆拓本，本卷第17—18页。

[68]《清高宗实录》，卷105，乾隆四十五年四月丁卯，中华书局1985年版。

[73] 龚景瀚：《循化厅志》，卷2《山川》，青海人民出版社2016年版，第47页。

[77] 王昱：《青海方志资料类编》，青海人民出版社1987年版，第1047—1110页。

原载于《原生态民族文化学刊》2020年第4期

第三编 地方民族与文化

河湟文化圈的形成历史与特征

"河湟"一词最早见于《后汉书·西羌传》,其中有"乃渡河湟,筑令居塞"的记载。这里的"河湟"指的是今甘青两省交界地带的黄河及其支流湟水。此后,"河湟"逐渐演变为一个地域概念,是指黄河上游、湟水流域及大通河流域构成的"三河间"地区。其地理范围包括今日月山以东,祁连山以南,西宁四区三县、海东以及海南、黄南等地的沿河区域和甘肃省的临夏回族自治州。河湟地区是中原地区与边远少数民族地区的过渡地带,是黄土高原和青藏高原的接壤之地,也是农业文化与草原文化的接合部。在历史的演进中,河湟地区各种文化碰撞交融,汉族、藏族、蒙古族、土族、回族、撒拉族等各民族文化建构出河湟文化多元鼎立与兼容并包的文化特质。

一、河湟文化圈的形成

河湟地区是黄河流域人类活动最早的地区之一。这里河谷间肥沃的土地，便于灌溉的水系，为先民们的生存发展提供了良好的自然条件。据考古发掘观之，早在新石器时代河湟地区就出现了卡约文化、马家窑文化和齐家文化等较为发达的原始文明。其中，马家窑文化是新石器时代的晚期文化，以风采卓异的彩陶器具为基本特征，其彩陶数量之多，制作之精美，冠诸远古文化之首。青海省大通县上孙家寨出土的舞蹈纹彩陶盆，反映出河湟地区的古老文化和音乐舞蹈领先于世的地位。地处河湟谷地腹部的乐都柳湾遗址文化遗存分布最为密集，共出土彩陶 17000 余件，是中国乃至世界上罕见的彩陶集中出土地。

河湟各地出土文物除彩陶以外，还有石镰、石刀、骨铲等收割工具和挖掘工具，并有石磨盘、石磨棒、石杵等谷物加工工具。到马家窑文化晚期马厂类型时，为死者陪葬粮食的现象便已十分普遍，"在一半以上的马厂墓葬中都有容积较大的装有粮食（粟）的粗陶瓮作为随葬品"[1]。这些考古资料证明，早在三四千年前，河湟先民就繁衍生息在这片美丽富饶的土地上。大量研究认为，这些远古文化是由生息于青藏高原最古老的民族羌人所创造。史前羌人的灿烂文明得到了许多当代学者的高度评价。

秦始皇二十六年（公元前 221 年）统一全国，"分天下为三十六郡"[2]，河湟之地属陇西郡管辖。西汉武帝时期，开始"征伐四夷，开地广境，北却匈奴，西逐诸羌"[3]。河湟一带是汉军北击匈奴的军事重地。武帝元鼎六年（公元前 111 年），李息、徐自为的大军进占湟水流域,"始置护羌校尉,持节统领焉"[4]。开始对羌人行使管辖权,并通过筑城置亭,移民拓边等措施,使汉族势力渗透到河湟。神爵元年(公元前61年),西汉在赵充国平羌胜利的基础上,接受了赵充国的屯田之策,开始大规模有组织地移民屯田。将中原地区先进的农耕技术与文化传入河湟谷地,逐步将河湟地区正式纳入中央封建王朝的郡县体系之中。此后,汉族逐渐成为河湟地区社会经济文化发展的主导力量和社会舞台上的主要角色。

公元3世纪到6世纪,除去西晋短暂的统一之外,华夏大地陷入纷扰不已的封建割据斗争中。而此时,河湟地区由于东汉后期数次羌人起义,汉族人口大量减少,郡县属民大幅度向东收缩,为其他民族移入这一地区创造了条件。乘中原动荡之机,崛起于北方的鲜卑等民族经过长途跋涉,迁徙到这里,纷纷割据称雄,建立政权。西晋后期迁入青海的辽东慕容鲜卑吐谷浑,经过各种形式的兼并,联合以羌族为主体的其他民族,建立了地跨千里地吐谷浑政权(329—663年)。鲜卑秃发部在河湟谷地建立了南凉政权(397—414年)。此外,这时对河湟地区产生影响的还有前凉、后凉、西凉、北凉、西秦等割据势力。这些政权时而在互相利用中发展,时而又在兼并战争中削弱。通过这种纷繁复杂的交往关系,以及在各民族迁徙过程中形成的交错杂居,使这些割据政权统辖下的汉、匈奴、鲜卑、氐、羌、柔然等民族,共同走向融合。

隋统一全国后,在河湟设鄯、廓二州。唐袭隋制,进一步开发河湟,鄯州(治所在今青海乐都)成为陇右节度使的驻节之地,汉族人口不断攀升,盛唐时河湟汉族农耕人口已达到5万人以上。[5]龙朔三年(663年)吐蕃并灭吐谷浑,唐蕃双方以河湟地区为前沿展开对峙,在八九十年间屡战屡和,农牧业经济遭受严重破坏。安史之乱后,甘青唐军悉数东调，边防空虚，吐蕃势力乘势东进，陇右、河西各地尽入吐蕃统治。在上百年吐蕃统治和强迫同化政策下，河湟地区的汉人大量汇入吐蕃之中。吐蕃"每得华人，其无能者，使充所在的役使，辄黥其面；粗有文艺者，则涅其臂，以候赞普之命；得华人补为吏者，则呼为舍人，可则以晓文字，将以为知汉书舍人"[6]。河湟地区汉人"衣胡服习胡语"，在吐蕃强制之下普遍吐蕃化了。"去年中国养子孙，今著毡裘学胡语"[7]，"汉儿学得胡儿语，却向城头骂汉人"[8]，这些唐人诗句真实反映了晚唐时河湟一带民族交流与融合的历史现象。

宋代，河湟吐蕃建立了唃厮啰政权（1032—1104年），在中国11世纪的历史舞台上扮演了极为重要的角色。唃厮啰政权共传6主，前后存在百余年，是臣属于宋的一个地方政权，双方始终互相依存，友好相处，为河湟地区营造了一个相对稳定的和平环境。唃厮啰政权灭亡后，其部众与汉人、党项人杂居于河湟。他们长期共同生活，相互交往、通婚，藏汉民族融合的现象均较为普遍，并呈现出民族融合双向进行的特征。

元、明、清时期是河湟地区民族分布格局定型的时期，也是河湟文化圈最终形成的一个重要时期。蒙元立国后，在进军河湟的过程中不仅把大批蒙古人带到了这一地区，还迫使西亚地区大批信仰伊斯兰教的色目人迁居河湟。这些措施最终催生出回、撒拉、土、东乡、保安等诸多新的民族共同体。明王朝建立后，明政府对河湟地区极为重视，大力兴办军屯和民屯，汉族移民达到历史高峰，据有关文献记载，明中期河湟汉族人口达到约25万，成为这一地区的主导民族，汉文化也成为主流文化。[9]至清代，河湟地区已形成汉文化、藏传佛教文化、伊斯兰文化三大文化系统并存，汉、藏、回、蒙古、撒拉、土、东乡、保安等近十余种民族文化杂陈的多元鼎立，兼容并包的文化格局。这些民族在保持自己特色的同时，更多地表现出文化的趋同性，在文化模式、价值观念等方面形成了普遍的认同，河湟文化完全定型。

二、河湟文化的基本特征

河湟文化源远流长，自成体系，具有鲜明的特征。这些特征集中表现在以下几个方面。

1. 地域性特征

地域性特征是河湟文化圈最鲜明的特征之一。河湟大部分地区平均海拔在1500—2500米之间，这里水源丰富，黄河及其支流湟水等河流贯穿其间，气候相对温暖，宜农宜牧。历代中央政府移民屯田能够取得成效均有赖于此，汉民族能够成为这里的主要民族，汉文化能够对这一地区的施加重大影响也植根于此。然而，这里毕竟受到高原地貌、气候条件的影响，生产生活资料贫乏，具有刚毅、豪放的游牧民族性格，充满活力，不拘一格。另一方面又具有循规蹈矩，保守念旧，容易满足的农业民族性格。这种双重性格的形成，与河湟地区的地理环境密切相关。

2. 多元性特征

河湟文化是河湟地区各民族共同创造的。汉族、藏族、蒙古族、土族、撒拉族、回族、东乡族、保安族等民族共同生活在这一地区，也都有自己的民俗文化。民族构成上的多元性必然带来文化上的多元性，这些民族从语言到信仰，从婚丧嫁娶到衣食住行，在民俗文化的方方面面都有着浓厚的民族特色，形成了各自风格相异，内涵丰富的文化。丰富多彩的民族文化构成了河湟文化浓厚的地方特色。目前，河湟地区民族分布的基本特点是大杂居、小聚居，呈立体分布。汉、藏、回族分布地域最为广阔，形成网络大轮廓，蒙古族、土族、撒拉族、东乡族、保安族等其他民族则散处其间。汉族为代表的儒家文化，藏族为代表的藏传佛教文化，回族、撒拉族为代表的伊斯兰教文化在这里呈现多元鼎立，交相辉映的格局。

3. 互融性特征

河湟文化的互融性特征，首先表现在对外来文化的兼收并蓄，改造融合方面。河湟地区不仅是我国历史上一个多民族汇聚分布的地区，同时也是多种文化传播的交汇地带和焦点地区。正如童恩正教授所指出的那样，数千年来中国从东北到西南始终存在着一个边地半月形文化传播带。这一传播带由大兴安岭沿长城沿线至河套一带，再由河湟地区转而南下，然后沿青藏高原的东缘，直达滇西北与西藏山南地区。[10]河湟地区还是联系祖国内地与西藏高原的唐蕃古道的核心地带，"河湟走廊呈现丁字形，是中外交通、民族混杂的地区"[11]。因此，这里作为多种文化的中转、过渡地带，成为中、西民族文化交汇、融合的"熔炉"，使这一地区文化显示出典型的互融性的特征。

互相融性特征还表现在河湟地区内部各民族文化的交流互融上。随着以儒学为代表的汉文化在河湟地区的深入传播和发展，少数民族的汉化趋势成为河湟地区民族融合的主要特征。如河湟伊斯兰各民族及部分蒙古族、藏族、土族在从游牧文明向农耕文明的转换过程中，都从汉文化那里潜移默化地汲取了先进的耕作技术。汉文化成为一条不可缺少的文化纽带，把该地区少数民族的文明进程与先进的科学文化紧密联系在一起。又如清代西北贸易重镇丹噶尔，"亦有蒙番子弟，资性聪颖，入塾读书，粗明理义，遂化为汉族者。尝见蒙古男子供差公门，衣冠楚楚，其妻室番装也。其子娶汉女为妇，再生子女，皆汉族矣，此变俗之渐也。亦有汉人赘于番族，衣冠言帽甘于异类者"[12]。民族交流，融合从来都是双向的，在接受吸收汉文化的同时，河湟少数民族的文化因子也源源不断地输入汉文化系统内，潜移默化地对汉文化施加影响，使儒家文化更具有河湟地域性特征。

除少数民族和汉民族在经济、文化上的交流互融外，河湟地区各少数民族之间在文化方面相互影响，相互渗透的现象也相当突出。例如，随着藏传佛教在河湟地区的传播，蒙古族、土族、裕固族等信仰藏传佛教的民族均受到藏文化的深刻影响。藏族史诗《格萨尔王传》在蒙古族中演变为《格斯尔可汗》，在土族中演变为《格赛尔》，甚至在不同信仰的撒拉族中也有格瑟尔的故事。[13]

4. 时代性特征

文化是历史发展的产物，既具有历史的传承性，又因社会的发展而不断地发展和变化，呈现出特定时代的文化风貌。纷繁复杂的民族关系发展史，决定了河湟文化的发展过程中，每一个阶段都带有鲜明的时代印记，具有深刻的历史背景。从藏传佛教在河湟地区的发展历程中我们可以清晰地看到河湟文化发展的时代性特征。藏传佛教传入河湟地区的历史十分久远。公元9世纪中叶吐蕃达磨赞普在西藏本土禁佛。西藏禅僧藏饶赛等三人（后人尊称为"三贤哲"）和刺杀达磨的僧人拉隆·贝吉多杰先后逃到青海，在河湟地区传教。因此一般认为河湟地区是藏传佛教后弘期的发祥地之一。宋代，建立于河湟地区的唃厮啰政权崇信藏传佛教，当时的唃厮啰政权首府青唐城"城中之屋，佛舍居半"[14]，"有大事必集僧决之"[15]。公元

11世纪后藏传佛教各教派相继形成，宁玛、萨迦、噶举等派先后传入河湟，广修佛寺。在蒙元政府的大力扶持下，藏传佛教在河湟兴盛一时。新兴的格鲁派在河湟取得统治地位后，明清两代均将"多封众建，尚用僧徒"作为经营河湟，对涉藏地区实行有效统治的施政方略，河湟地区藏传佛教进入鼎盛时期。然而清末以来，这一地区寺院规模变小，学经制度弱化，百姓宗教观念开始淡化，宗教的世俗化倾向日渐明显，宗教势力的影响开始减弱。[16]究其原因，除了政治上扶持减弱、汉文化影响加深等因素外，最主要的一个原因就是现代文明的冲击。社会生产力的发展，现代教育的进步，科技文化知识的传播，生活方式的进步，促使"宗教已经不是唯一的世界观意义的体系，宗教的规范也限于特定的宗教领域，不能作为经济和政治的规范，神圣世界与世俗化的要求发生矛盾……宗教只能从各个领域中撤退"[17]。

三、河湟文化的功能与价值

1.多元性文化促进了河湟地区的社会稳定，加强了民族文化认同

河湟地区特殊的人文地理方位与社会环境，导致长期以来这里政局动荡变幻，民族叠兴嬗递频繁，几大民族集团在此错居杂处，交互影响乃至融合，相邻民族之间多有异中见同和同中见异之处。然而在河湟地区却几乎没有发生过大规模的民族文化冲突，也没有人试图在这里建立单一的文化圈。究其根本，就在于这里多元文化的制约、平衡作用，汉文化、藏文化、伊斯兰文化三大文化系统互相包容，每个民族都以其宽大的胸怀和开放的姿态进行情感和文化

上的交流与认同。而文化上的认同源于经济上的依存。在经济上，由于农牧经济的巨大差异，河湟地区任何一个民族的生存和发展，都需要与其他民族进行经济往来。因此，历史上农牧民族之间形成了相互交流、相互补充、相互依存的共生关系。"这种民族间的经济的联系和依赖把各民族社会生活内在的需要紧密地结合在一起，形成了中华民族作为一个整体而存在的一份牢固基础。"[18]可以说，通过民族间交往凝成的不同民族共同的国家意识维系着内地与河湟地区的密切关系。多元文化的背景是河湟地区社会稳定的根本保障。

2.多元性文化促进了河湟地区各民族的文化进步，最终也促进了这一地区的社会发展

任何一种文化都不是一朝一夕形成的，都要经过漫长历史过程的孕育、衍生、筛选和沉淀。一种文化只有对其他文化开放，在与其他文化的主动接触中吸收、融合其他文化的优良因素，才能得到丰富和发展。在河湟文化圈的形成过程中，多种文化的交流传播，促使各种文化形态增生出许多超越其原有文化传统的新的文化因子。文化的交流和传播同时也是各种文化自我超越的过程，是向自身灌输新鲜血液的过程。特殊的地理位置和历史背景使河湟地区成为多元文化汇聚的一个枢纽。然而更为特殊的是汇聚于河湟地区的众多文化又同时处在各自文化的边缘。中原地区的汉文化西至河湟，其文明表现与中原已迥然不一，而藏文化、伊斯兰文化传播到河湟时也与其发祥地有了很多的变异。多元性文化为各民族文化之间的相互学习和借鉴提供了前提条件。各民族间相互学习，相互渗透，相互影响，又促进了各民族文化的进步和发展，也推动了河湟地区的社会发展。

3.多元性文化创造了河湟地区丰富多彩的人文地理景观千百年

的文化积累，各民族的共同开拓，造就了河地区极其丰富的民族民间文化资源。这一地区文物古迹众多，宗教圣地林立。丰富的文化遗存，古老的宗教文化和多彩的民族风情，构成了一条令人神往的西部风景线。仅以寺院而论，这里分布着塔尔寺、瞿昙寺、佑宁寺、夏琼寺、文都寺、白马寺、广惠寺等大大小小的藏传佛教寺院。这里同时又有东关清真大寺、街子清真寺、洪水泉清真寺等数量众多，风格各异的伊斯兰文化中心。除此之外，传自中原的道教也在这里占据着一处处山水名胜。丰富多彩的人文地理景观成为河湟多元文化的历史见证。

河湟地区作为中原与周边政治、经济、文化力量伸缩进退、相互消长的中间地带，形成了自己独具特色的地方文化。正如唐晓峰先生所言，"在边缘地带，是历史与地理的特殊结合点，一些重要的历史机缘可能只存在于地理的边缘，在这样的关头，忽视了边缘就错过了历史"[19]。探讨河湟文化圈的形成过程，不仅仅是历史的还原，它对于研究今天河湟地区的民族关系也具有重要的现实意义。

注释：

[1] 青海省文物管理处考古队、中国科学院考古研究所青海队：《青海乐都柳湾原始社会墓地反映出的主要问题》，《考古》1976年第6期。

[2]（西汉）司马迁：《史记》，卷5《秦本纪》，中华书局1972版。

[3][4]（南朝·宋）范晔：《后汉书》，卷87《西羌传》，中华书局1972版。

[5][6][9]（唐）赵璘：《因话录》，卷4《谭可则》，上海古籍出版社1979年。

[7][8](清)彭定求:《全唐诗》卷382,延边人民出版社2004年版,第2326页。

[10]童恩正:《试论我国从东北到西南的边地半月形文化传播带》,载《文物与考古论集》,文物出版社1987年版。

[11]费孝通:《中华民族多元一体格局》,中央民族出版社1989年版,第46页。

[12](清)杨治平纂,马忠校订:《丹噶尔厅志》,卷6《人类》,青海人民出版社2016年版。

[13]曹萍:《关于青海民族民间文化保护的思考》,《青海社会科学》2005年第3期。

[14][15](宋)李远:《青唐录》,见《青海地方旧志五种》,青海人民出版社1989年版,第10页。

[16]蒲文成:《河湟地区藏传佛教的历史变迁》,《青海社会科学》2000年第6期。

[17]罗竹风:《人·社会·宗教》,上海人民出版社1995年版,第211页。

[18]陈育宁:《民族史概论》,宁夏人民出版社2001年版,第58页。

[19]唐晓峰:《人文地理学随笔》,生活·读书·新知三联书店2005年版,第31页。

原载于《青海师范大学学报》(哲学社会科学版)2007年第4期

丝绸之路青海道与河湟民族走廊的形成

"路是人走出来的",人类的交通活动从人类产生之日起即已开始,人类的每一次历史进步也都是以交通的发展为先导。交通路线的开辟,使人们摆脱了环境的束缚,拓展了生存空间,使得不同地域人群的交往成为可能。人类社会文明进步的一个重要前提就是不同文化的融合与碰撞,不同经济形式的交流与互补。从这个角度而言,我们说"交通改变历史"毫不为过。青海地处中国地理版图的西陲,"世界屋脊"青藏高原的东北部,历史时期青海道路交通发展史上最为重要的事件莫过于"丝绸南路"也就是"丝绸之路青海道"的开辟。青海道是丝绸之路的一条重要支线,它是由青海省内若干条具体路线所构成的交通网络,这一网络在不同历史时期发挥着不同历史作用。历史时期,青海境内的不同民族均先后参与了丝绸之路青海道的开辟与维护,青海道也成为各个民族迁徙的通道和融合的舞台。丝绸之路青海道奠定了青海古代的交通基础,决定了青海民族、宗教的分布格局，对河湟民族走廊的形成与发展产生了重大而深远的影响。

一、青海古代各民族对丝绸之路青海道的开拓

中国与南亚、中亚、西亚乃至欧洲的许多国家很早就有着密切的交往，开辟了陆路交通。从远古时期，西北地区的青海、新疆等地区，便和中原内陆发生了密切的联系，彼此间的交通早就出现了。虽然后世将张骞"凿空"西域视为丝绸之路开通的标志，但不可否认的是张骞以前中原与西域等地的交往就已非常频繁，已经有了畅通的道路。据考证，这条从上古到先秦逐步形成的通往西方（中亚洲、欧洲、印度北部等地）的陆路通道的东段路线主要有三条：一是从关中或今河南北上经漠南阴山山脉至居延海绿洲，趋向天山南北麓至西域，即所谓的"居延路"或"草原路"；二是从关中过陇山，经河西走廊入西域，即所谓"河西路"；三是由祁连山南，沿湟水至青海湖，再经由柴达木盆地而到达今新疆若羌的古"青海路"。[1]丝绸之路并非由于政治意念的干预，于一夜之间突然形成的。依据现有的考古材料和文献资料，这条中西方交往的大通道是在许多相当古老的区域交通道路的基础上，经过无数磨合和探索而最后形成的。丝绸之路青海道的形成过程充分说明了这一问题。

新石器时代在河湟地区繁盛一时的马家窑文化中原仰韶文化逐渐向西延伸、发展的一支地域性文化遗存。目前，青海境内已经发现的马家窑文化遗址有近千处之多，具体分布范围是"东接甘肃，西到海西州和海南州同德县境内，北入大通县境内，南至贵德县和隆务河流域"[2]。青海境内的"马家窑类型时期的遗址、墓葬中屡

见海贝、蚌壳、绿松石等出土,这些均非青海所产。半山类型时期出土的这类东西数量又有增加。以主要产于湖北、陕西等地的绿松石而言,它是一种稀有矿石,颜色鲜亮,外表很美观。乐都柳湾半山类型26座墓中出土绿松石40件,都带有1—3个孔眼,显然当时以此作为贵重的装饰品"[3]。马厂类型时期,柳湾出土的绿松石更是多达204件,充分表明当时柳湾人与中原地区的密切往来。除此之外,柳湾遗址还出土了大量的海贝,在青海这样一个远离海滨的内陆地区,海贝的出土也证明了这里与外界的密切联系,而这种密切联系的最基本前提就是交通路线的开辟。大量考古发掘材料证明,中原地区的古人类大致是沿渭水流域而上,进入洮河、大夏河流域,然后进入湟水流域,逐步拓展到整个河湟地区。仰韶文化向西拓展发展为马家窑文化的过程,也是中原通往河湟交通路线开辟的过程,青海境内交通路线的滥觞也可以追溯到这一时期。

马家窑文化之后,由于气候的变化以及人口繁衍所带来的生存压力,河湟地区的古人类又继续向西迁徙,开始了新的交通路线的开辟。诺木洪文化时期,聚落分布范围已经拓展到了海西柴达木盆地。在诺木洪文化搭里他里哈遗址中曾出土了一具木制车毂,"残车毂用松木制成,中间有一个穿轴的圆孔,孔径6.5厘米。毂的外形凸起,长26厘米,复原后可以安装16根辐条,辐条用较细密的木材制成,安装辐条的孔内,涂有红色颜料,毂内侧的孔呈狭长方形,外侧呈椭圆形,辐条中部横剖面呈菱形,从毂轴、辐条的大小、粗细和数量等估计,车轮不会很大"[4]。车辆的发明是人类历史上的一项重大技术进步,人类有了车辆以后,便可以承载重物,远行千里。但是,车辆对于道路有着严格的要求,需要路面开阔、平坦才可以顺利行走。搭里他里哈遗址中木制车毂的出土,从一个侧面证明了青海境内的古人类已经开辟出了真正意义上的道路,可以车行无阻。

从新石器时代的马家窑文化到青铜时代的诺木洪文化,展示出古人类从中原溯渭水进入甘肃然后进入青海河湟地区并进一步向西迁徙的具体路线。目前,越来越多的学者将青海地区所发现的卡约文化、辛店文化以及诺木洪文化等青铜时代的考古学文化视为早期羌人所创造的,[5]"至于时代较早的齐家文化乃至更早的马家窑文化,视之为先羌文化也是大致不误的"[6]。羌人是青海省内交通道路最早的开辟者,羌人的迁徙不仅拓展了自己的生存空间,而且打通了青海地区与中原、河西乃至西域的通道。这条交通路线在今青海境内主要经过了湟水流域、青海湖、柴达木盆地三个地区,一般是由今甘肃兰州或临夏过黄河,由祁连山南沿湟水西行至青海湖,在横穿柴达木盆地而到达今新疆若羌等地,与通往西域的道路相衔接。这就是丝绸之路青海道的雏形,由于主要通过羌人聚居的地区,历史上也被称之为"羌中道"。考察"羌中道"的具体路线,可以看出河湟地区是这一交通路线所经行的中心区域,自然也成为青海道上各个民族迁徙流转、交流融合的舞台。也就是说,河湟民族走廊的形成过程是与丝绸之路青海道的开拓、发展同步的。

成书于东周时期的《穆天子传》和《山海经》中,均有关于湟水流域北向前往张掖里程的记载;[7]张骞第一次出使西域时,也曾试图经行此道,返回中原。① 因此,著名考古学家裴文中先生认为"湟水两旁地广肥沃,宜于人类居住;况湟河河谷文化发达,由史前至汉,皆为人类活动甚盛的地方,史前遗物,到处皆是,与渭河及洮河流域相类似",因此推断"汉以前的东西交通,是以此为重要路线",而且"是主要之道"。[8]

---

① 《汉书》卷61《张骞传》载:"留岁余,还,并南山,欲从羌中归,复为匈奴所得。"

两汉时期，河西走廊被汉军牢牢控制，丝绸之路主道"河西道"畅通无阻，东西方的商旅大多都经行此道。所以当时的青海道的重要作用并未得以发挥，充其量也只是丝绸之路上一条辅助性的备用通道。魏晋南北朝时期，由于西域各属国纷纷脱离了中原王朝的控制，河西走廊也先后出现了前凉、后凉、南凉、西凉、北凉等地方割据政权，在战乱的影响之下，河西道时常壅塞不通。这一时期，从东北迁到青海地区的鲜卑吐谷浑部建立起了一个以今环青海湖地区为中心横跨千里的草原王国。由于强烈的政治需求以及巨大的经济诱惑，吐谷浑政权把道路通达视为国之命脉，在其存国期间，一直充当着中西客商的向导、保护者以及贸易中继人的角色。吐谷浑人一方面充分利用丝路南道青海路的优越条件，与西域各国展开贸易交往，获得巨大财富，另一方面在同南北诸政权政治交往的同时，进行"以献为名，通贸市买"的商业活动。在几代国王的积极主导与精心经营下，吐谷浑辖境内的青海道成为连结中西交通的纽带，肩负起中西方政治、经济、文化交流的重任。正是吐谷浑政权对丝绸之路青海道不遗余力地维护与经营，古羌中道由此演变为吐谷浑道，进入了历史上最为兴盛的一个时期。学术界相关研究表明，在吐谷浑的大力经营之下，其辖境内实际上一共形成了四条通往各地的分道，即西蜀分道、河南分道、柴达木分道和祁连山分道，这四条分道共同构成了丝绸之路吐谷浑道。由于吐谷浑控制的地区主要在黄河以南，有些史籍中称吐谷浑政权为河南国，吐谷浑路也就被称之为河南路。其中，西蜀分道是由吐谷浑境通往四川的通道；河南分道是沟通西蜀道与柴达木分道及祁连山分道的通道；柴达木分道是沿柴达木南、北通往西域的通道；祁连山分道是由河湟通往河西走廊的通道。吐谷浑道兴盛时期，来自东北地区的鲜卑秃发部、鲜卑吐谷浑部先后进入河湟地区，对以后河湟民族走廊注入了新的民族结构产生了重要影响。

隋唐统一局面的实现，使得丝绸之路河西走廊干线再度兴盛，青海道的地位有所下降。但在唐与吐蕃两大帝国频繁地相互往来过程中，形成了举世闻名的唐蕃古道。唐蕃古道是唐都长安通往吐蕃都城逻些（今拉萨）的官道，也是汉藏两族政治、文化交往的一条纽带。唐蕃古道是丝绸之路青海道的一条重要支线，这条交通通道对沟通中原王朝与西藏地区的交往发挥了不可替代的作用。同时对推动中国与印度以及其他南亚国家的交往也发挥了重要作用。唐蕃古道的东段道程实际上是唐朝都城长安至河湟地区的驿道，这条古道的形成使河湟成为连结唐与吐蕃关系的纽带地区，为河湟民族走廊注入了新的内容。

唐代以后，由于南方丝绸之路和海上丝绸之路的繁荣，中国的交通格局发生了巨大的变化。沟通东方与西方的陆上丝绸之路的衰落已经不可避免，但作为古代中国西域与中原地区沟通的途径，青海道仍然有其极大的存在价值。11世纪前叶，整个河西走廊被西夏所控制，西夏对过境的商人课以重税，还经常劫掠往来商旅，过境商人苦不堪言。而在宋与西夏长期对峙期间，河湟地区的吐蕃部落建立起一个区域性地方政权——唃厮啰政权。这一政权"出现于11世纪初的河湟地区，是当时活动在今甘肃、青海地区吐蕃人的政治、经济、文化诸因素发展的必然结果"[9]。唃厮啰政权在政治上基本上与宋一直保持着友好关系，为了保持丝绸之路青海道的畅通，对过境的商旅、贡使友好相待，并且对其财货提供武装保护。由于青海道安全，生活上又有保障，所以西域方面的公使、商旅由此赴宋地者络绎不绝，可称得上行旅如流。因此，原本行经河湟作为辅路的丝绸之路青海道迎来了短暂的复兴，成为当时宋与西域各国进行政治、经济往来的主要干道。北宋以后，随着陆上丝绸之路的衰落，青海地区在东西方贸易上的地位自然也就一落千丈，但作为内地与青藏地区交往的必经之路，丝绸之路青海道仍然是一条重要的区域性交通通道。

考察丝绸之路青海道的发展历史，这条通道相继被冠以"羌中道""吐谷浑道"及"青唐道"等不同名称。名称的变化恰恰说明了青海历史上的不同各个民族都参与了这条通道的开辟与维护，都对丝绸之路青海道的发展作出了自己的历史贡献。

二、丝绸之路青海道与河湟民族走廊的形成

"民族走廊"研究是近年来学术界比较关注的一个话题，自从20世纪80年代费孝通先生提出"民族走廊"学说及研究领域之后全国各地尤其是民族学和人类学界掀起了一股研究热潮。青海东部的河湟地区是青藏高原与黄土高原的过渡地带，也是农耕文化与草原文化的结合部。特殊的地理位置使得这里成为一条各种文化交融碰撞的民族走廊，汉族、藏族、蒙古族、土族、回族、撒拉族等民族共同构建出这里独特的文化风貌。

河湟古称湟中，具体是指黄河上游、湟水流域以及大通河流域构成的"三河间"地区。其地理范围包括今日月山以东，祁连山以南，西宁、海东全部以及海南、黄南等地的沿河区域和甘肃省的临夏回族自治州。从区位地理角度来看，河湟地区东接陇右，南通四川盆地，是与河西走廊、西域联系的中间地带，也是古代中原政权与西部民族政权反复争夺的边缘地带。[10] 河湟民族走廊的形成过程中，丝绸

之路青海道成为各个民族迁徙的通道和融合的舞台,发挥了不可替代的重要作用,见证了一个又一个民族的迁徙与融合。

汉族进入河湟境内的历史可追溯到公元前2世纪的西汉时期。武帝元鼎六年(公元前111年),汉朝李息、徐自为的大军进占湟水流域。此次汉军进入河湟所依托的行军路线便是先秦时期即已形成的"羌中道"。汉军进入这里以后,在河湟地区陆续设立了具有军事和邮驿性质的西平亭、长宁亭、东亭等,自西平至今居、金城,障塞亭燧,星罗棋布。[11] 这些亭燧兼有军事防卫、行政管理、驿传供应、邮件递送等诸多职能,羌中道也随着汉军大规模进入河湟地区而得到了进一步发展。神爵元年(公元前61年),西汉在平羌胜利的基础上,接受了赵充国的屯田之策,开始大规模有组织地移民屯田。为了顺利实施屯田之策,赵充国"冰解漕下,缮乡亭,浚沟渠,治湟狭以西道桥七十所,令可至鲜水左右"[12]。临羌到浩门的通道是羌中道的一段,赵充国为了屯田之需,重新进行了维护、整治。"后来这些架设在今乐都至青海湖的古青海道上的木桥,为保证道路的畅通,实现汉朝廷的政治、军事目的起了良好的作用,也为该地区经济和社会的发展起了不可估量的作用。"[13] 目前,在青海全境共发现汉代文化遗迹(包括遗址、墓葬等)400余处。这些遗存分布范围相对比较集中,主要分布在今民和、乐都、湟中、平安、互助、大通以及西宁等七个县区市的辖境之内。[14] 以常理推断,这些遗址、墓葬的分布地区应该和古人繁衍生息的地区相一致。故可以断定以上汉代文化密集分布的地区,应该是两汉时期汉族移民的主要迁入区。

隋唐时期,进一步移民实边,开发河湟,尤其唐代鄯州成为唐陇右节度使的驻节之地,汉族人口不断攀升。当时长安通西域的驿路干线既经陇右道所辖的泾、原、会、兰等州到鄯州，再转凉、甘、肃、瓜等州到北庭都护府（今新疆吉木萨尔北），鄯州显然是西北地区驿道的中心枢纽。道路的畅通为移民活动提供了前提条件，据相关学者研究，盛唐时河湟汉族农耕人口已达到5万人以上，其中绝大多数分布在今乐都和西宁等地。[15] 到明王朝建立后，在河湟地区大力兴办军屯和民屯，汉族移民达到历史高峰，汉族逐渐成为青海的一个主体民族。

藏族最早是伴随着吐蕃王朝东扩而进入青海地区的，在其与唐王朝密切交往过程中形成了著名的丝绸之路青海道的一条重要支线——唐蕃古道。公元7世纪初，一个强盛统一、疆域辽阔的吐蕃王朝崛起于青藏高原西南。随着吐蕃王朝的雄强，其政治、军事力量不断向北、向东扩展。在扩张过程中，吐蕃先后吞并了今青海南部的长江、黄河源头地区的苏毗、党项、白兰、当弥等"无大君长，不相统一"[16] 的诸羌部落。龙朔三年（663年），吐蕃灭亡了在青海立国350年之久的吐谷浑政权，完全占领了青海日月山以东地区，并开始了与唐王朝的大规模军事对抗。天宝十四年（755年）安史之乱爆发，为了平叛，唐政府征调"河、陇、朔方、奴剌等十二部兵二十万守潼关"[17]，唐的西陲边境为之一空，吐蕃乘势占领了整个河湟地区。公元842年，吐蕃王朝末代赞普朗达玛（达磨）遇弑身亡，强盛一时的吐蕃王朝轰然解体，政权分崩离析，属部相继叛离。吐蕃王朝崩溃以后，河湟地区的吐蕃部落建立的唃厮啰政权依托丝绸之路青海道的特殊区位优势，在北宋与西夏的夹缝中存在了七十余年，奠定了今天青海藏族的基本规模。元代开始，曾遍及西北的吐蕃部落开始收缩到今青海牧区以及甘南草原，形成青海湖周围的"环海八族"聚居区，海北、海西藏族聚居区，甘南草原藏族聚居区。[18]

到清代这些使用藏语安多方言的地方被普遍称为安多藏区。

河湟回族的先民在唐代就已迁入，据《甘宁青史略》载述："（伊斯兰教）于唐天宝后，由西域流入甘肃，其教徒多西域人，时称西域为回族，因以名教。"[19]当时的河湟地区属于甘肃，有可能在此时就出现了回族先民的踪迹。宋代，丝绸辅道"青海路"的兴盛，为中亚、西域的穆斯林进入并留居河湟创造了条件。宋人有关著述即记载当时的青唐城东城居住着由中亚而来的"往来贾贩之人数百家"[20]。至顺三年（1332年），元朝封速来蛮为西宁王，其属下的大批西域亲军及随军人员驻守或从屯于青海河湟流域，分布于河湟境内的回族有了较大的规模，以至于出现了"元时回回遍天下，及是居甘肃者尚多"[21]的说法。当时的青海东部地区属甘肃行省，这时境内应该也有不少回族民族的分布与活动。明朝采取移民实边政策以后，屯田河湟的民众中有不少也是内地回族。清代西北各地回民历次反清起义斗争失败后，也有许多回民被清廷发配、充军或逃难、逃荒等沿丝绸之路青海道进入河湟。以至于"青海回教甚盛，且有势力，其礼拜寺到处设立，接（按）其规模八十家以上者为上寺，五十家以上者为中寺，五十家以下者为下寺，各县共计三百六十余处"[22]。

蒙古族进入青海从元代建立之前就已经开始了，在青海成为蒙古汗国的势力范围之后，蒙古统治者不断派蒙古贵族出镇青海。蒙古灭西夏和金以后，青海等藏族聚居区就被赐给窝阔台大汗的第三子阔端作封地。至元六年（1269年），元世祖忽必烈的第七子奥鲁赤被封为西平王，管辖今青海东部地区、甘肃临夏以及四川北部藏族聚居地区。至元二十四年（1287年），元朝封章吉驸马为宁濮郡王，镇守西宁。蒙古汗国对青海的这些统治措施导致相当数量的蒙古人进入了青海。

元朝灭亡之后，在青海的蒙古族一部分退回蒙古，一部分归附明朝并留在了青海。明正德年间（1506—1521年）一部分东蒙古即鞑靼部落又沿丝绸之路青海道进入青海，占据了以青海湖为中心的环湖草原，明代史籍中称之为"海部""海寇""海虏"等等。嘉靖年间（1522—1566年）实力强大的东蒙古俺答汗部数次西征青海，在击溃了在其之前进入这里的亦不剌、卜儿孩等部落以后，将环青海湖地区纳入了自己的势力范围。此后，俺答汗专注于建立和发展与藏传佛教格鲁派的关系。万历六年（1578年），俺答汗在青海湖南岸的仰华寺与格鲁派宗教领袖索南嘉措晤面，建立了彼此间的"供施关系"，结成同盟。俺答汗赠给索南嘉措"圣识一切瓦齐尔达喇达赖喇嘛"的尊号，达赖喇嘛转世活佛名号即由此而来，索南嘉措被认定为第三世达赖喇嘛。此后，格鲁派开始对蒙古各部产生深刻影响，而青海蒙古也不断卷入西藏各种宗教斗争当中，蒙藏关系日益密切起来。明末清初，厄鲁特蒙古和硕特部在顾实汗带领之下，占领了青海草原，继而将整个青藏高原几乎都纳入了和硕特蒙古的统治之下。顾实汗征服青藏地区后，当时分驻西藏、青海、西套的顾实汗十子及其后裔，连同青海境内的其他蒙古部众，共约有20万人以上。[23]大批蒙古人的迁入，不仅影响到了当地的民族分布格局，同时也使安多、喀木等地的藏族部落成为蒙古贵族的属民，史籍中称"番民失其地，多远徙，其留者不能自存，反为所役属"[24]。

土族是青海境内特有的民族之一，作为一个独立的民族共同体，其形成大约在明代末期。关于土族的族源，学术界目前还存在争论，通过研究者们的积极探索，现在已由过去的四五种说法逐渐趋向于两种看法。也就是在土族族源研究中最有影响的"吐谷浑说"和"蒙古说",这两种观点均有一些学者做了大量的论证,其中不乏真知灼见。

据周伟洲先生的研究,吐蕃占领吐谷浑地之后,保存了原来吐谷浑政权的形式,设"吐谷浑王"统治各部,成为其奴役之下的属国。[25]除一部分被吐蕃同化外,在祁连山麓、湟水以北地区还有相当的吐谷浑后裔的活动。[26]元朝建立后,蒙古族逐渐进入青海地区,至元末,其部族后裔留于甘凉及河湟者为数不少。据《安多政教史》记载:"这里(指华热地区即今互助、乐都北部山区)还有阔端的大臣们的后裔,祁家、李家、吕家、杨家等众多小首领。"[27]从上面的历史背景来看,吐谷浑和蒙古族都曾先后在青海实施了有效的统治,在其统治衰落后,其后裔中的相当部分仍然留在当地继续生息繁衍,彼此相互融合。周伟洲先生研究认为:"今天的土族与古代的吐谷浑人有着密切的历史渊源关系,可以把吐谷浑视为今土族的祖先,是土族的主源。但必须指出的是:青海的吐谷浑人在漫长的历史发展过程中,先后融合了蒙古、藏、汉、羌等族,最后形成了今天的土族。因此,不能完全把吐谷浑与今天的土族等同起来,视吐谷浑为土族的直接后裔。因为经过吐谷浑与蒙古、藏、汉等族的融合之后,土族所遗存的吐谷浑的特点大部分已消失。"[28]魏晋南北朝时期,吐谷浑民族从东北迁徙到西北,最终经丝绸之路青海道进入青海草原,并建立起一个地域辽阔的强大政权。吐谷浑政权时期,恰是青海道最为辉煌的时期,吐谷浑为青海道的兴盛作出了重要贡献。从这个角度而言,土族的形成与发展也是与丝绸之路青海道的发展密切相关的。

撒拉族是青海特有的一个穆斯林民族,但由于没有本民族的文字史料,加之地方史籍当中对于其早期历史的记载十分匮乏,史学界对其民族来源尚未厘定得非常清晰。大多数学者认为,撒拉族的远祖可以追溯到公元 10 世纪活动在今中亚撒马尔罕一带的西突厥乌古斯部的撒鲁尔人。撒鲁尔是乌古思汗第五子塔克汗的长子，其部众中的一支大约在元代开始向东迁徙，经今新疆地区，最后定居于青海的循化。此后，在坚守自己伊斯兰教信仰的前提下又与当地蒙、回、藏等民族相互融合，大约在 16 世纪中叶，最终形成近现代撒拉族。[29] 撒拉族虽然形成较晚，但其从中亚迁徙到循化的交通路线与丝绸之路青海道完全吻合。可以设想，没有青海道的开辟，撒鲁尔人不可能跋涉数千里而进入河湟地区，撒拉族的形成便无从谈起。

纵观目前河湟地区汉、藏、蒙古、回、土、撒拉六个主要民族的历史，有些民族直接参与了丝绸之路青海道的开辟与维护，并在这一过程中留居河湟，成为这里的主体民族。另外一些民族则是经行青海道辗转迁徙于此，在开发河湟的过程中成为这里的永久居民。这些民族的发展始终是与丝绸之路青海道这一沟通祖国内陆与边陲，沟通东方与西方的陆路通道紧密联系在一起的。

三、几点结论

1. "丝绸之路青海道"是丝绸之路的一条重要支线，它是由青海省内若干条具体路线所构成的复杂交通网络，这一网络在不同历史时期发挥着不同历史作用，尤其当河西道因战乱而壅塞不通时，青海道的作用就会凸显出来。

2. 历史时期，河湟地区的不同民族都或多或少地参与了丝绸之路青海道的开辟与维护，尤以古羌人、吐谷浑、青唐吐蕃（唃厮啰）等民族的贡献最为巨大。丝绸之路青海道也因此先后被称为有了"羌中道""吐谷浑道""青唐道"等不同名称。

3. 河湟地区始终是丝绸之路青海道的中心区域，青海道的开辟使这里成为各个民族迁徙的通道和融合的舞台。青海道见证了河湟地区一个又一个民族的迁徙与融合，在河湟民族走廊的形成过程中发挥了不可替代的作用。

注释：

[1][6][11][26] 崔永红、张得祖、杜长顺主编：《青海通史》，青海人民出版社2002版，第136页，第19页，第44页，第271页。

[2] 白万荣：《青海考古学成果综述》，《青海社会科学》1994年第1期。

[3][13] 崔永红：《青海经济史·古代卷》，青海人民出版社1998年版，第30页，第17页。

[4] 吴汝祚：《青海都兰县诺木洪搭里他里哈遗址调查与试掘》，《考古》1963年第1期。

[5] 周星：《黄河上游史前遗存及其族属推定》，《西北史地》1990年第4期。

[7] 翁经方：《〈山海经〉中的丝绸之路初探》，《上海师范大学学报》1981年第2期。

[8] 裴文中：《史前时期之东西交通》，《边政公论》1948年7卷第4期。

[9] 祝启源著，赵秀英整理：《青唐盛衰：唃厮啰政权研究》，青海人民出版社2010版，第3页。

[10] 李孝聪：《中国区域历史地理》，北京大学出版社2004年，第28页。

[12]（东汉）班固:《汉书》,卷69《赵充国传》,中华书局1972年版。

[14] 赵生琛等:《青海古代文化》,青海人民出版社1985年版,第85—114页。

[15] 彭措:《西北汉族河湟支系的形成及认为特征》,《青海民族学院学报》1999年第4期。

[16]（清）张廷玉:《明史》,卷332《西域传四》,中华书局1974年版。

[17]（宋）欧阳修、宋祁:《新唐书》,卷135《哥舒翰传》,中华书局2000年版,第3593页。

[18] 田澍:《西北开发史研究》,中国社会科学出版社2007年版,第131页。

[19]（民国）慕寿祺:《甘宁青史略》卷首3,兰州俊华印书馆1936年版。

[20] 杨建新:《古西行记选注》,宁夏人民出版社1996年版,第171页。

[21]（清）张廷玉:《明史》,卷332《西域传四》,中华书局1974年版。

[22] 康敷镕:《青海志》,卷3《寺院》,湖北省图书馆藏抄本。

[23] 芈一之:《青海蒙古族历史简编》,青海人民出版社1993年版,第126页。

[24]（清）梁份著,赵盛世等校注:《秦边纪略》,卷1《河州卫》,青海人民出版社1987年版。

[25] 周伟洲:《吐谷浑史》,宁夏人民出版社1985年版,第186—188页。

[27]（清）智观巴·贡却乎丹巴绕杰著,吴均等译:《安多政教史》,

甘肃民族出版社1989年版,第35页。

[28] 周伟洲:《吐谷浑史入门》,青海人民出版社1988年版,第132页。

[29] 芈一之:《撒拉族史》,四川人民出版社2004年版,第19—24页。

原载于《青海师范大学学报》(哲学社会科学版) 2015 年第 3 期

经行"吐谷浑路"的西行求法僧侣

西晋永嘉之乱以后,河山破碎,南北分裂。受其影响,在河西走廊及其附近地区相继出现了前凉、后凉、前秦、后秦、西凉、北凉、南凉、西秦、高昌等割据政权。这些政权相互敌视,竞相对其他政权进行军事掠夺和经济封锁,最终导致丝绸之路河西道几近瘫痪。顺应时势,吐谷浑建立起横跨千里的草原王国以后,在几代国王的积极主导与精心经营下,其辖境内的青海道成为连结中西交通的纽带,肩负起中西方政治、经济、文化交流的重任。对于国内各割据政权而言,吐谷浑更是一个联络塞北与江南的中继站。在南北对峙的状态下,吐谷浑人游离于南北朝的三大势力——长江流域的南朝、黄河流域的北朝和塞北的柔然之外,占据沟通东西的西北"形胜之地"[1]。南朝与塞北之间的互相交往,吐谷浑从中为双方开路引道。南朝使者从建康溯长江而至益州,进入吐谷浑境内,由吐谷浑人送到鄯善,再经高昌达柔然之地,柔然使者同样地由高昌、鄯善国,经吐谷浑地而顺江而下安全到达南朝。吐谷浑在魏晋南北朝政权更迭的大动荡时期,发挥了沟通中外交通、联系塞北与江南的重要作用。在吐谷浑路兴盛时期,奔波于吐谷浑辖境之内的除了使臣与商人,还有络绎不绝的西行求法僧人。

一

两汉之际,佛教通过丝绸之路开始东传,先是流布在西域,然后漫播于中土。十六国时期,政治失序,战乱不已,其政权倏而兴盛,忽而烟灭。这种乱世,恰合佛教人生皆苦,世事无常的说教,佛教趁势大为发展,在中国开始广泛流行。为了领悟佛法真谛,一批批意志坚定的僧人义无反顾地踏上了前往印度,西行求法的道路。很多往来僧侣的行止在《高僧传》等典籍中保留了下来,通过其经行路线,可以反映出丝绸之路在文化交流中所发挥的作用。法显就是这些僧侣之中最为杰出的一位代表。

法显(334—420年),东晋人,出生大约在今天今山西临汾地区,是中国有记载的第一位到海外取经求法的大师,比著名的唐玄奘还要早200年。东晋隆安三年(399年),六十五岁的法显毅然决定西赴天竺(古印度),寻求佛法真谛。法显当时已年过花甲,但他不畏艰险,与同伴十余人从长安出发西行,沿途跋山涉水,同伴中有的病死,有的退缩,但他毫不动摇,终于达到印度。后又到尼泊尔、狮子国(斯里兰卡)等地寻访佛迹,最后由海路回国。法显西行历经15年,游历30余国,他不仅带回了大量佛学经典,而且将所见所闻写成《佛国记》(又名《法显传》),此书成为中外文化交流史上的伟大著作之一。元熙二年(420年),法显终老于荆州(湖北江陵),

时年八十六岁。《佛国记》是一部古代著名的旅行传记，是法显赴天竺求佛经归国后自记行程之作，对于所经历道路里程及山水风物都作了扼要的记载。因此，这部传记成为中国东西部以及中国与印度、巴基斯坦、尼泊尔、斯里兰卡等国的重要交通史料，它是中国现存史料中有关海陆交通的最早、最翔实的记录。正因为如此，法显与其著作《佛国记》受到了中外学术界的高度重视。《佛国记》中记载：

"法显昔在长安，慨律藏残缺，于是遂以弘始元年岁在己亥，与慧景、道整、慧应、慧嵬等同契，至天竺寻求戒律。""初发迹长安，度陇，至乾归国（西秦统治者乞伏乾归的都城，先后设在金城和苑川）夏坐。夏坐讫，前行至耨檀国（南凉）。度养楼山（今青海西宁市北、大通河南之山脉）至张掖镇。张掖大乱，道路不通。张掖王段业遂留为作檀越。于是与智严、慧简、僧绍、宝云、僧景等相遇，欣于同志，便共夏坐。""夏坐讫，复进到敦煌。有塞，东西可八十里，南北四十里。共停一月余日。法显等五人随时先发，复与宝云等别。敦煌太守李暠供给度沙河。"[2]

以上记载明确了法显由长安出发到敦煌的具体路线，也就是由长安（西安）出发到金城（兰州），然后到耨檀国（河湟地区），经行河湟之地到达河西走廊的张掖，在张掖停留一段时间以后，赴敦煌与智严、慧简、僧绍、宝云、僧景等人相遇，法显等五人随使团渡沙河前往西域，最终由西域前往印度。

法显西行之日，正是吐谷浑以白兰为基地四处扩张之时，其控制范围有限，吐谷浑路的柴达木分道尚未开通，法显走的还是传统意义上的河西路，即经由祁连山分道前往河西走廊再赴西域。

二

宋永初元年（公元 420 年），又有一位僧人昙无竭从中原出发到印度寻求佛法真谛。《高僧传》中记载：

"释昙无竭……姓李，幽州黄龙人。……尝闻法显等躬践佛国，乃慨然有忘身之誓。遂以宋永初元年，召集同志沙门僧猛、昙朗之徒二十五人，共赍幡盖供养之具，发迹北土，远适西方。初至河南国，仍出海西郡，进入流沙，到高昌郡……"[3]

这里的河南国一般认为是指西秦，主要因其建国于黄河之南而得名，此时吐谷浑尚未被称为河南国，而西秦的乞伏乾归及其子炽磐都曾自称河南国。海西郡，即西海郡。由此可以推测昙无竭的行程当是从今兰州、乐都、西宁、海晏进入柴达木盆地，到达西域的高昌。但也有人指出此西海郡并非王莽时设立于青海湖附近的西海郡，而应该是东汉献帝兴平二年（195 年）设置于居延海的西海郡。这一关键地名的具体方位无法落实，故昙无竭是否穿过柴达木盆地而到达高昌尚在争议之中。

刘宋元徽三年（475 年），高僧法献又继昙无竭之后，西行求法，"发踵金陵，西游巴蜀，路出河南，道经芮芮，既到于阗。欲度葱岭，值栈道断绝，遂于阗而返获佛牙一枚，舍利十五粒，并观世音灭罪咒，及调达品，又得龟兹国金锤鍱像，于是而还"[4]。法献所经过的河南，已非乞伏鲜卑统治下的西秦，而应是受南朝宋文帝册封为河南王的拾寅（453—481 年）统治下的吐谷浑。法献从金陵（今南京）出发，然后辗转进入四川境内，最后沿吐谷浑道之西蜀分道进入吐谷浑控制的青海地区，然后到达西域的。

三

北魏孝明帝时期，著名僧人宋云开始了西行求法的艰难历程，他的行程有非常明确记载，是由吐谷浑路越柴达木盆地而进入西域。

宋云的出生地敦煌位于丝绸之路南北两道的分合点，是东西方文化的交汇处。作为西域进入中原的门户，佛教由于闐、龟兹等地首先传入这里，再传向中原。北魏初年，莫高窟早已开始开窟造佛，城乡寺院林立，诵经之声不绝于耳。宋云自小就生活在这种经声朗朗的环境里，对佛法非常崇敬，一边识字，一边学习佛经。长大成人后，他听说北魏都城洛阳佛事兴盛，寺院遍地，高僧云集，便不辞辛苦地游学洛阳，并在洛阳城北定居，皈依佛门，潜心修行。北魏末年，皇帝的母亲胡太后专权，她崇信佛教，痴迷佛法。而早期的佛典翻译是在少数西来的外族僧侣和中国信徒之间进行，没有梵本，也就是没有印度语的原版书籍，全靠口传。口传者又多为当时西域广大地区的大月氏人、安息人、康居人、于闐人等，他们当然用的是自己本族的语言。因此，在翻译过程中，口诵的西域人与书写的中原人互相揣摩，译出的佛典往往生涩粗糙。翻译出的佛典有的内涵要义不准确，有的润饰造句不精确，甚至有的内容南辕北辙，谬之千里。鉴于佛典翻译存在的诸多问题，正本溯源即成为弘扬佛法的首要问题。为了博取国内广大佛教信徒的拥戴，表示对佛法的虔诚，巩固自己的统治地位，胡太后从数以万计的僧侣中，选定宋云、慧生等数人，派遣他们前往天竺（印度）求取真经。宋云原本就有西行求法的壮志，希望能亲自去古印度寻找佛典原本，接受梵文的严格训练，翻译出精确的佛典。胡太后派遣他前往印度取经，正合他正本溯源的心意，因此，宋云欣然领命前行。北魏孝明帝神龟元年（518年）十一月，做好一切准备的宋云一行从洛阳出发，迎着凛冽朔风，匆匆西行。宋云的西行路线及所见所闻后来被他详细记录在《宋云家记》一书当中，但这本书早已不幸佚失了。幸好北魏秘书监杨衒之在写《洛阳伽蓝记》一书时，曾依据《宋云家记》《慧生行记》和《道荣传》等书的有关记载，辑成《宋云行记》，附于《洛阳伽蓝记》一书内。我们今天可以通过《洛阳伽蓝记》一书的相关记载探寻这位高僧跋涉西行的足迹。《洛阳伽蓝记》中关于他在青海境内的行止记载如下：

"闻义里有敦煌人宋云宅，云与惠生俱使西域也。神龟元年十一月冬，太后遣崇立寺比丘惠生向西域取经，凡得一百七十部，皆是大乘妙典。初发京师，西行四十日至赤岭，即国之西疆也，皇魏关防正在于此。赤岭者不生草木，因以为名。其山有鸟鼠同穴，异种共类，鸟雄鼠雌，共为阴阳，即所谓鸟鼠同穴。发赤岭西行二十三日，渡流沙，至吐谷浑国。路中甚寒，多饶风雪，飞沙、走砾，举目皆满。唯吐谷浑城左右暖于余处。其国有文字，况同魏。风俗政治，多为夷法。"[5]

以上记载明确说明，宋云一行的路线是从洛阳出发，途经今甘肃兰州、青海乐都、西宁、湟源，出发40多天以后到达日月山。翻过日月山后，又顶霜冒雪，披星戴月西行23天，到达吐谷浑国。从"发赤岭西行二十三日，渡流沙，至吐谷浑国"一句分析，文中的吐谷浑国都在柴达木盆地境内确凿无疑。目前关于其具体位置主要有两种意见，一种认为在今都兰，一种认为在今香日德。宋云到达柴达木盆地虽然是步履匆匆，其步痕迹也早已湮没于历史的尘烟之中，但宋云此行再次证明了柴达木盆地在丝绸南路上的重要地位。

宋云在吐谷浑国稍事休整之后继续西行，沿着今天青海柴达木盆地北缘戈壁西进，翻越阿尔金山到达鄯善国（今新疆若羌地区），过且末、和田、叶城，经塔什库尔干，越葱岭（今帕米尔高原）到钵和国，再过兴都库什山，于公元519年十一月到达波斯。又从波斯折向东南，进入当时的犍陀罗国都城白沙瓦（今巴基斯坦境内）。这里是北天竺著名的佛教中心，早在公元3世纪这里就盛行大乘佛教，宋云一行在此参观佛祖释迦牟尼遗留的圣迹，学习梵文佛经，登坛讲经，交游当地名僧。最终携带求得的梵文佛经，于公元522年二月返回洛阳。

宋云和慧生一行前后历时5年，徒步过雪山、涉流沙、耐饥饿、忍干渴，克服千难万险，足迹踏遍西域诸国，从印度带回大乘佛经170余部，这是对我国佛教文化发展的一个重大贡献。这位高僧西行求法，途经柴达木盆地，也为吐谷浑路的历史增添了浓墨重彩的一笔。

除了西行求法的中国僧人，吐谷浑路上也留下了东来弘法的域外僧人的足迹。北周明帝武成元年（559年），犍陀罗人阇那崛多从本国来到中国长安。其"又达吐谷浑国，便至鄯州，于是西魏后元年也"，"周明帝武成年（559年）初，届长安"。[6] 鄯州是后魏孝昌二年（526年）所置的，即今青海河湟地区。阇那崛多的行走路线就是经由今新疆维吾尔自治区和田，进入柴达木盆地，然后到达西宁以后东行赴长安。

虽然史料中没有详细记载这些东西方佛教徒途径西平地区时在当地的具体宗教活动，但这些高僧大德在传承佛法的取经路途中，必定会给途经地区带来宗教影响。东西方的虔诚佛教徒往返于吐谷浑路，不但推动了东西方文化交流，也在其途经的吐谷浑辖境内植下了佛法的种子。

国学大师季羡林先生曾指出：

"横亘欧亚大陆的丝绸之路，稍有历史知识的人没有不知道的。它实际上是在极其漫长的历史时期内东西方文化交流的大动脉，对沿线各国，对我们中国，在政治、经济、文学、艺术、宗教、哲学等等方面的影响既广且深。倘若没有这样一条路，这些国家的情况究竟如何，我们简直无法想象。"[7]

大量历史事实证明，吐谷浑路的兴盛不仅带来了吐谷浑经济的繁荣，同时对沟通中西经济文化交流，传播人类古代文明产生了深远的影响。

注释：

[1]（唐）房玄龄：《晋书》，卷97《四夷·西戎·吐谷浑传》，中华书局1974年版。

[2]（晋）法显著，郭鹏注译：《佛国记》，长春出版社1995年版，第1—3页。

[3][4]（梁）释慧皎：《高僧传》，卷3《昙无竭》，卷3《法献》，中华书局1992年版。

[5]（北魏）杨衒之：《洛阳伽蓝记》，卷5征引《宋云行纪》，上海涵芬楼影印明如隐堂本。

[6]（唐）释道宣：《续高僧传》第468册，影印宋碛砂藏本，第14页。

[7]季羡林：《丝绸之路贸易史研究·序》，甘肃人民出版社1991年版。

原载于《中国土族》2013年夏季号

藏传佛教在丝绸之路青海道沿线的传播与发展

青海道是丝绸之路的一条重要支线，这条道路的主要走向是由祁连山南，沿湟水至青海湖，再经由柴达木盆地而到达今新疆若羌，与丝绸之路的主路相衔接。青海道是在本区域内许多古老交通道路的基础上，经过无数磨合和探索最后形成的。先后活跃在这一地域的许多民族都为这条道路的开通作出过重大贡献，而道路的形成也对这些民族的政治、经济、文化发展产生了深远的影响。唐宋以来，伴随着吐蕃东扩及藏民族分布区域的扩大，藏传佛教成为丝绸之路青海道沿线许多民族的全民信仰，青海道在藏传佛教发展史上发挥了不可替代的重要作用。

一

公元 7 世纪吐蕃王朝初期，佛教开始传入藏族地区。据记载，吐蕃赞普松赞干布迎娶泥婆罗国王阿姆苏·瓦尔马的女儿赤尊公主为妃。在虔信佛教的阿姆苏·瓦尔马影响之下，赤尊公主入藏时带有释迦牟尼佛八岁等身像，把佛法传入了雪域高原。接着，松赞干布又与唐朝联姻，迎娶文成公主至吐蕃。文成公主也携有释迦牟尼十二岁等身像和360卷佛经。两位公主到逻些（今拉萨）以后，为了供奉佛像，分别建立了大昭寺和小昭寺。这样，佛教便从尼泊尔和中原地区两个方向传入吐蕃。[1] 经过松赞干布的大力扶植，"使如来圣教如白莲花，百瓣盛开，藏地民众，犹如蜜蜂，欢欣鼓舞，歌声远扬，响彻三有之顶首"[2]。松赞干布之后的几代赞普，都曾经建过一些寺院，并从大唐、于阗、泥婆罗、天竺等地延请过一些高僧入蕃弘法。到赤松德赞时期，吐蕃国势臻于极盛，疆域大为扩展。虔心向佛的赤松德赞大力扶植佛教，在他统治时期所建的桑耶寺，是西藏佛教史上第一座剃度僧人出家的正规寺院。这座寺院由印度高僧莲花生大师和寂护大师仿照印度飞行寺的式样主持修建，建成之后，最初有7人出家受戒，被称为"七觉士"。此后又有臣民子弟300余人出家受戒，并由西藏地方政府在寺内建立了一所妙法学校，有教师13人，学生25人，僧人的一切费用由吐蕃王室供给。[3] 赤松德赞建寺译经、剃度僧人的行为，对于藏族地区的佛教广泛传播有着深远影响。兴建桑耶寺的莲花生大师是藏传佛教发展史上一个被神化了的人物，在今青海也流传着许多关于他的传说。如隆务地区就流传："莲花生大师到达该地区以后，制服了隆务寺东南面甲斗龙山前后左右的妖魔鬼怪，使它们接受约束。他降伏这些魔鬼时在石头上留下了许多脚印，至今在角毛水边的岩石上还清晰可见。"[4] 从这则传说可以看出，吐蕃统治时期，佛法的种子既已遍植于其疆域内外，佛教在吐蕃各地都有普遍的发展。正因如此，吐蕃占领青海、甘肃等地以后,这些地区的佛教也发展较快。最为显著的标志就是一批寺院相继出现,作为职业宗教者的僧尼人数不断增加。据日本学者藤枝晃的研究,吐蕃统治末期,沙州有寺院16处,僧尼人数达千人左右。[5] 又据黄颢译注的《新红史》和《贤者喜宴》等文,吐蕃中后期,青海所在的多康地区已经出现了12座寺院,在青海湖附近有德卡玉孜寺等。

但值得注意的是,吐蕃时期的佛教并不是真正意义上的藏传佛教。学术界把经过和本教长期斗争、吸收、接近、融合以后的佛教才称作藏传佛教。它和最初传入吐蕃社会并且获得一定发展的佛教无论在形式上还是在内容上都有很大的不同。它的出现是佛教和本教经过斗争达到融合的一个终结性标志,也是佛教西藏化过程完成的标志。① 关于藏传佛教形成的时间,一般认为应该是西藏佛教史籍所载"后弘期"开始的那一年,据王辅仁先生考证,应为公元978年。[6]

佛教作为外来文化,要在吐蕃这一本教占统治地位的地方安家落户,势必要遭到本教徒的激烈反对。吐蕃王朝后期几代赞普积极推行佛教的政策激化了佛教与本教的矛盾。9世纪中叶,吐蕃赞普朗达玛发起了灭佛运动,许多著名的佛教寺院遭到了封闭,大量的佛教经典被焚毁,大批佛教僧侣被迫还俗或被驱赶狩猎。藏文史籍记载:

> 尔时,常有冰雹,田地荒芜,旱魃饥馑,人畜病疫,恶王之心又为魔鬼所乘,遂以此借口,大肆摧毁佛教。令出家沙门或作屠夫,或改服还俗,或强使狩猎,苟不从者,则受诛戮。其毁坏寺宇,始自拉萨,命将二觉阿像,投于水中……其余小寺,捣毁殆尽。所存经典,或投于水,

---

① 王辅仁:《西藏佛教史略》第66页。不同的藏文史籍对于后弘期开始的具体年份有不同记载。如:《布顿佛教史》认为是911年,《增续正法源流》认为是921年,而《青史》则罗列了949年978年两种说法。

或付之火，或如伏藏而埋之。[7]

朗达玛灭佛使藏地佛教惨遭厄运，受到致命打击，"赞普心中魔障，以各种方式使佛教之根本逐一消灭，以至搞得连僧侣的标志也不复存在了，佛教从根本上被毁灭"[8]。朗达玛灭佛之时，西藏禅僧藏饶赛等三人（后人尊称"三贤哲"）和后来刺杀朗达玛的僧人拉隆·贝吉多杰先后逃到青海。在被称作"玛域"的今黄河流域的尖扎、化隆、循化等地和湟水流域的互助、平安、乐都、西宁等地继续传播佛法。此后藏饶赛等人的弟子喇勤贡巴饶赛建化隆旦斗寺，开始收徒传教，成为西藏佛教"后弘鼻祖"。

到公元10世纪末，随着西藏社会经济进一步的发展，各封建集团势力日益强大，新的统治秩序逐渐确立，佛教作为统治阶级的精神支柱和得力工具获得了复兴的机会。这一时期，卫藏地区的鲁梅等10人曾到河湟一带学习佛法，并返回西藏大力弘传，西藏佛教由此复兴，藏史称之为"下路弘传"。而将印度高僧阿底峡由西藏阿里地区肇端的佛教复兴运动称为"上路弘传"。可以看出，青海在西藏佛教复兴的过程中发挥着不可替代的作用，藏文史籍中记载：

佛教的复兴是指从唐武宗的会昌元年、铁鸡年（841年）赞普朗达玛禁行佛法，到北宋宋太宗赵光义太平兴国三年、土虎年（978年）之间共计一百四十八年中，卫藏地区佛教全部禁废，以后有卫藏十位贤者从多麦地区迎回佛法，使佛教复兴。[9]

佛教在西藏重新崛起以后，更广泛地吸纳融会西藏本土文化内容，从而形成了独具西藏地方特色及民族文化特色的藏传佛教。由于当时西藏社会内部相互隔绝，经济上缺乏内在联系，政治上又分裂割据，加上教法、教理传承上的差异，逐渐形成了不同的派别。正如有的学者所言："藏传佛教后弘期初，各佛教流派与称雄一方的封建实力集团结合，形成了藏传佛教各大宗派，从此，宗派利益与世俗利益混杂不分，它们在争夺'正统'旗号下的封建割据斗争日益激烈。各宗派为了进一步扩大自己的势力，纷纷向外发展，寻求新的'化宇'，于是，藏传佛教文化冲破了内层区域的界限，植根于青藏高原边缘的许多民族中。"[10]

因此，一般认为河湟地区是藏传佛教后弘期的发祥地之一。由于青海成为西藏佛教僧人的避难所，客观上推动了佛教在更大范围内的发展。可以说，正是这个时期起，藏传佛教在青海广为弘传并逐渐形成了它广泛的社会基础。

二

宋代，建立于河湟地区的唃厮啰政权崇信藏传佛教。李远《青唐录》中为我们清晰描述了青唐城（今西宁市区）内佛寺恢宏的盛况以及僧人在唃厮啰政权中的特殊地位。《青唐录》中记载，当时青唐：

城之西有青唐水注宗河，水西平远，建有佛祠，广五六里，缭以冈垣，屋至千余楹，为大象，以黄金涂其身，又为浮屠三十级以护之。

吐蕃重佛，有大事必集僧决之，僧罹法无不免者。城中之屋，佛舍居半。维国主殿及佛舍以瓦，余虽主之宫室，亦土覆之。[11]

在尚佛思想的影响下，佛寺成为唃厮啰政权首府中的一大景观。"佛寺建筑占有重要地位，有商业区，颇为繁荣。其人口连同僧人在内，当不下数万人。"[12]

李远出使唃厮啰政权时，青唐是其首都，因此《青唐录》中主要是对当时青唐城具体情况的记述，对于其他地区则缺乏更多的描述。但当时宗哥城也是唃厮啰政权很重要的一个政治中心，同时也是李远前往青唐的必经之地。因此,《青唐录》当中也有对宗哥地区当时佛教繁荣兴盛景象的零星记载。李远在过星章峡(今乐都老鸦峡)时,曾看到了当地吐蕃人建造的小型寺院,他记载:"崖壁间多唐人镌字,中途过平地,绝广数亩,羌因这卓帐建寺焉。"[13]这个仅有"数亩"大小的寺院早已湮没于历史的尘烟当中而无法考证,而且与青唐城"广五六里"的特大寺院相比,也是小巫见大巫,不可同日而语。但是这座寺院却是在星章峡的悬崖峭壁间仅有的"绝广数亩"的一块平地上建成的,可以想见当时即便是穷乡僻壤之域,吐蕃人为了自己的信仰,也要历尽艰辛,建寺崇佛。我们再联想起家于宗哥城的李立遵本身就是一个僧人,可以想见当时整个河湟地区都应该和青唐一样,庙宇毗邻,香火鼎盛。

正是由于佛教在当时安多地区不可替代的影响力,才成为唃厮啰政权一个重要的统治基础。元符二年(1099年),"青唐主钦毡既为蔺毡等逼逐,移居青唐新城,弃其印于旧城而去。先有蕃字来乞补汉官,寻与妻子削发为僧尼,入城西佛舍。时七月庚午也。盖蕃俗为僧尼者例不杀,瞎征但欲逃死耳"[14]。瞎征为避杀身之祸而携妻避入城西这座寺院出家,间接说明了在青唐吐蕃社会中僧人的特殊地位。除此之外,唃厮啰境内的僧人还享有其他特权"蕃法,唯僧人所过不被拘留,资给饮食"[15]。

这一时期,除青唐城以外,青海道沿线还有不少大大小小的寺院。如丹斗寺、白马寺、炳灵寺、积庆寺等等。甚至在边远的青海湖海心山岛上,也有"习禅者赢粮居之"[16]。佛塔则更是遍及各地。宋元祐二年(1087年),河湟酋豪鬼章勾结西夏举兵反宋。"受要约者以垩本族蕃塔为验,自熙河五郡,秦、渭、文、龙、阶、成等州,及镇戎军、德顺军两军,垩蕃塔而应之者十已七八。"[17]宋代《重建显庆寺碑记》则云："自佛来西域也，河湟实为首被教化之地，琳宫金刹，与大夏水相望者，多如星辰。"[18] 宋《岷州广仁禅院碑》也记载了唃厮啰时代佛教徒的宗教活动，其碑文曰：

> 西羌之俗，自知佛教，每计其部人之多寡，推择其可奉佛者使为之，其诵贝叶傍行之书，虽侏离駃舌之不可辨，其音琅然如千丈之水赴壑而不知止。又有秋冬间聚粮不出，安坐于庐室之中，日坐禅，是其心岂无精粹识理者，但世莫知之耳。虽然其人多知佛而不知戒，故妻子具而淫杀不止，口腹纵而荤酗不厌，非中土之教为之开始提防而导其本心，则其精诚直质且不知自有也。[19]

碑记所云与宋代文献记载相映衬，反映出吐蕃王朝崩溃后佛教在青海道沿线的发展盛况。

与吐蕃王朝时期相比，9世纪中叶以后佛教的传播不只是在统治阶级上层，而是有了较为广泛地群众基础。在当时战火炽热、社会残破的社会历史背景下，佛教"普度众生""众生平等""修来世"等一套说教，不仅满足了统治者的种种需要，而且给予了被统治者以精神上的某种慰藉和希望。因此，佛教得到了广泛的传播，开始扎根于青海各族民众之中，更是深入到了游牧社会的社会基层。

当然，这一时期甘青各地寺院的发展最主要的推动力还是来自当地的部落酋豪。据史载，唃厮啰及其后代"皆施财造像"[20]。黄河南部的部族首领鬼章也曾用马匹和汉族换取写经纸，发展本部落佛教以收慈善之美名。[21] 就连"妄行杀戮"的青唐吐蕃大首领鄂特凌古，也是以"尤好营塔寺，勤于土功"而著称于世的。此外，宋王朝利用佛教作为经营边政的重要辅助手段，曾在西北"敕数州皆建佛寺"[22]。在统治者的大力推动之下，藏传佛教的宁玛、噶丹、萨迦、噶举等派先后传入青海道沿线地区，建立寺院。

三

　　10—13世纪,整个藏族地区处于封建割据的状态,呈现出地方封建部族势力及教派势力林立的局面。13世纪中后期,这种状况随着元朝的建立而逐步得到改变。元代以降,"释如黄金"[23]。这一时期,西藏与内地间的政治、经济与文化关系空前密切,加之蒙古统治者推崇藏传佛教,进一步推动了甘青地区藏传佛教的发展。早已扎下根基的藏传佛教在统治阶级的大力扶植下,一时间处于至高无上的独尊地位。1244年元月,蒙古大汗窝阔台之子阔端与西藏萨迦派宗教领袖萨迦班智达贡嘎坚在凉州赞举行了历史性的会晤。萨班与阔端磋商了西藏归顺问题,发表了致"操蕃语之众"的公开信,明确了蒙古汗国和西藏的关系,即西藏是蒙古汗国的属地。西藏的僧俗官员和百姓都是蒙古大汗的属民,都要履行作为蒙古属民应尽的义务,而西藏各处部众原有之官员仍然加委供职。[24]会晤完毕之后,双方举行了祈愿法会。法会上萨班的座次被排在萨满教巫师之上,萨班"为阔端王及其部属授予喜金刚的灌顶,显示各种神通,得到王的敬信"[25]。蒙古大汗还修了一座幻化寺供其驻锡。[26]"凉州会晤"使阔端等蒙古贵族皈依了藏传佛教,蒙古人的信仰重心开始转向了佛教方面,而萨迦派则借助于蒙古势力的扶持,凌驾于藏传佛教其他诸派之上,成为蒙古帝国在西藏的代理人。1260年,忽必烈即大汗位后,尊奉萨班的侄子八思巴为国师,"授以玉印,任中原法主,统天下教门"[27]。

　　僧人在元代有诸多特权。元世祖忽必烈曾下诏:"对遵依朕之圣旨、懂得教法之僧人,不分教派,一样尊重服侍。如此,对依律之行的僧人，无论军官、军人、守城官、达鲁花赤、金字使者，俱不准欺凌，不准摊派兵差、赋税、劳役，使彼等遵照释迦牟尼之法，为朕告天祝祷，并颁发圣旨，使彼等收执。僧人之佛殿及僧舍，金字使者不可住宿，不可索取饮食及乌拉差役。"[28] 为保障僧人的特权，元政府还进一步规定："凡民殴西僧者，截其手。詈之者，断其舌。"[29] 这一时期，包括青海在内的广大蒙古族、藏族聚居区的一些寺院已颇具规模，史载："法王萨班有大、中、小三种寺院。大寺有具吉祥萨迦寺和北方凉州赛喀寺；中等寺院有桑耶寺、年堆江图尔寺、香色新寺；小寺遍及康、藏、卫等各地。"[30] 为扶植寺院，元政府还"随给附近之高山穷谷，永作香火之需"[31]。经过 13 世纪后半期的一系列政教势力整合，藏传佛教在发展史上迎来了前所未有的机遇，帝师制度的确立、藏传佛教在蒙古以及汉地的大规模传播、僧人社会地位的空前提高，如此等等，将整个藏传佛教的发展推向了一个高峰。[32] 在这种背景下，青海地区藏传佛教寺院有了迅速发展。据藏文史籍记载，元前期帝师八思巴曾在今玉树一带活动，八思巴的四大弟子"把多麦南部的本教，分别予以改宗，在其地建立各自的寺院和基地"[33]。八思巴师徒建立起了以尕藏寺、隆庆寺、东程寺、昂普寺等为代表的众多萨迦派寺院。① 其中尕藏寺是青海最早的萨迦派寺院，位于今天玉树藏族自治州称多县称文乡境内，由八思巴的弟子噶阿宁胆巴始建于元至元五年（1268 年）。噶阿宁胆巴曾任元朝帝师，通称"胆巴国师"。八思巴曾亲临该寺讲经传法，赐佛像、经卷、佛塔、法器和保护寺产法旨。并向噶阿宁丹巴赐象牙、檀木图章，授命其管理当地政教事务，元代最盛时该寺僧众多达 1900 人。[34]

---

① 参见蒲文成：《青海佛教史》，青海人民出版社 2001 年版，第五章《南宋以来噶举派的弘传》、第六章《元以来萨迦派、噶丹派的弘传》。

这一时期,曾被布顿大师誉为"安多一杰"的端珠仁钦自卫藏学成返回青海后,曾在家乡同仁地区修建夏布让寺,并沿隆务河到今尖扎建昂拉赛康。至正九年(1349年),他又在黄河沿岸(今化隆境内)创建夏琼寺。湟水流域的西纳堪布喜饶意希也曾受到忽必烈的封赐,"西纳堪布协货耶协依皇上照明拥有宗喀区域所辖的一切土地和人民"[35],其封地之上原已建成的大批寺院归其领有。第二代西纳喇嘛却帕坚赞又建了一座家寺,史称"西纳寺"。[36]此外,青海地区著名的隆务寺、文都寺等,其前身都是元朝时创建的萨迦派寺院。以上记载均表明了元代藏传佛教在青海道沿线的蓬勃发展之势。据统计,青海境内今天现存的数百座藏传佛教寺院中有数十座的历史可追溯到元代,甚至元代以前。

四

明代是藏传佛教发展历史上的一个重要阶段。明代立国,基于"招徕番僧,本藉以化愚俗,弭边患"[37]的目的,沿袭了元朝推崇和扶持藏传佛教的做法,采取了"因其俗尚,用僧徒化导"[38]的政策。洪武二年(1369年)五月初一,明廷首次派出官吏"持诏谕吐蕃",诏曰:

> 昔我帝王之治中国,以至德要道、民用和睦推及四夷,莫不安靖。向者胡人窃据华夏,百有余年,冠履倒置,凡百有心,孰不兴愤。万岁以来,胡君失政,四方云扰,群雄纷争,生灵涂炭。朕乃命将率师,悉平海内,臣民推戴为天下主,国号大明,建元洪武。式我前王之道,用康黎庶。惟尔吐蕃,邦居西土,今中国一统,恐尚未闻,故兹昭示。[39]

这一诏书,表明明朝已经开始继承了元代的统治,要求藏族地区各地立即归附。但当时明朝的军事力量并未控制西北地区，直到数年以后明朝消灭了蒙古在西北地区的势力。在明朝的武力压力之下，藏族地区区各大宗教势力纷纷望风归附。明王朝立足实际，推行与元朝相类似的藏传佛教政策。所不同的是，元朝崇奉萨迦派一派，使其取得了涉藏地区无与伦比的政治及宗教地位。而明朝采用的是"群封众建"的分方针，对实力大、有影响力的各派首领，根据其教派势力大小及首领地位的高低俱加以封赏。这是因为，元末明初藏区佛教内部的格局发生了很大变化。随着萨迦宗族势力衰落，与之结合的萨迦派佛教僧团势力也失去了昔日的声望和地位，而原来受萨迦派压制的藏传佛教各教派都得到了不同程度的发展。故而明政府采用广行招谕、多封众建、分割统治的办法，对具有实力的各部族、各教派的喇嘛僧首都给予尊号，示以恩信，以表笼络之意。正如有的学者所言："明朝的西藏政策中，最突出的一点，乃是通过政治上的'分封'地方的形式来确立明朝与西藏各教派和地方势力之间的政治隶属关系。"[40] 这样的做法，一是可以维持藏族部落分散的局面，使其难以团聚成势，消除他们对明朝西部边疆的潜在威胁；二是能够与涉藏地区各佛教僧团建立最广泛的联系；三是可以在涉藏地区特别是西北涉藏地区扶持起一批与明朝具有紧密依附关系的藏传佛教寺院，既可向藏人昭示明朝优崇佛教的政策，又可直接利用这些寺院在边地进行宣抚和化导。[41]

明代封号的等级依次有法王、王、西天佛子、灌顶大国师、灌顶国师、禅师等等。而且所封授的大国师、国师等职，不仅仅是一个名号，还有品级。一般是大国师秩四品，国师为五品，禅师为六品。通过名号、品级的区分，建立起了一套较为完善的僧官制度。明代先后封授了三个"法王"（即噶玛派的大宝法王、萨迦派的大乘法王、格鲁派的大慈法王);五个"王"(即帕竹派的阐化王、萨迦派的赞善王、噶玛派的护教王、止贡派的阐教王、萨迦派的辅教王),另外还有九大"灌顶国师"以及大批"西天佛子""大国师""国师""禅师"等。在明代所封的三大法王和五大教王中,几乎无一遗漏地囊括了藏地从东部到西部最有实力的几大派系。翻检《明实录》,僧人被封授名号者不胜枚举。从永乐元年(1403年)到成化二十三年(1487年)的80多年间,都是一年数次地封赐喇嘛,且往往一次封赠,少则一人,多则有数十人同时得封号。[42]据统计,仅明宪宗一朝,"传升大慈恩等寺法王、佛子、国师等职四百三十七人,及喇嘛人等共七百八十九人,光禄寺日供应下程并月米,及随从、馆夫、军校动以千计"[43]。明代统治者长期推行重点经营洮岷、河湟地区的政策,加之这些地区相对距京师较近,贡物、觐见较为便利,各地喇嘛们的封机会更多。到了明成化、正德时期,西天佛子、国师等随处可见。白文固先生曾依据目前所见文献对洮岷、河湟地区的喇嘛封赐情况做过详细考据,兹将他的研究成果引述如下:

河州弘化寺有国师、禅师各一,河州普纲寺有国师、禅师各一,河州马营寺有禅师一,河州显庆寺有大国师一,岷州大崇教寺有法王三、大国师一,岷州圆觉寺有国师一,洮州禅定寺有国师一,洮州马尔寺有禅师一,洮州广福寺有禅师一,西宁瞿昙寺有大国师、国师各二、禅师三,西宁西纳演教寺有国师一,西宁净觉寺有国师一,西宁弘庆寺有禅师一,西宁普法寺有国师一,西宁宝经寺有禅师一,西宁广教寺有禅师一,西宁圆觉寺有国师一,河州永昌寺有国师一,同仁隆务寺有国师一。

除寺院外,明廷又给一些藏族部落头人或散居部落中的喇嘛封给国师、禅师佳号,据《明实录》所载:洮州火把等族有国师一,西宁军东部有国师、禅师各一,西宁巴沙等族有国师、禅师各一,西宁巴哇族有禅师一,西宁隆奔族有国师一,西宁隆卜族有禅师一,西宁申藏族有禅师一,巴沙、巴哇二族又有净修三藏国师一,西宁卫近卫六族中又有灌顶弘教翊善国师、灌顶真修妙慧国师、妙善通慧国师等。[44]

可以看出,青海地区藏传佛教各主要教派的首领,几乎都得到了相当的荣封。

作为笼络藏传佛教僧团的另一措施,明朝还把在内地行之已久的僧司制度移植到了西北地区。而首先接受这种移植的是当时的西宁、河州两卫。洪武二十二年(1389年)八月,朱元璋给僧录司的一道御旨中云:"西(宁)、河(州)、洮州等处,多有不曾开设僧司衙门,凭僧录司差汉僧、番僧去打点。着本处官司就举选通佛法的僧人发来考试,除授他去。"[45]此后,就有了西宁卫僧纲司的设置,《明太祖实录》记载:

(洪武二十六年)立西宁僧纲司,以僧三剌为都纲。河州卫汉僧纲司,以故元国师魏失剌监藏为都纲;河州卫番僧纲司,以僧(端)月监藏为都纲。盖西番崇尚浮屠故,立之。俾主其教,以绥来远人。[46]

明代西北地区的僧司与内地有显著不同,本着"盖西番崇尚浮屠,故立之。俾主其教,以绥来远人"[47]的原则,明朝在西北地区土司与僧纲并重。有时土司与僧纲常由同一家族的成员担任,甚至由一人兼领,集政教权力于一身。他们以宗教的名义,行使世俗的权利,既是一方僧界首领,又是当地政治头目。因此,也有学者将其称之为僧职土司。如甘肃卓尼地区杨土司家族"兄为土司,弟为僧纲"。今青海民和地区的藏族弘化部落,世代由弘化寺国师管领。及至清初,管辖百姓438户,耕地百余顷。[48]明代典籍中,相关记载可谓比比皆是。例如:

宣德八年(1433年)三月:"命河州、西宁番僧喇嘛孔思巴舍剌为国师，远丹巴舍罗藏卜、勺吉扎思巴、锁南坚察俱为禅师。袭其叔及其兄之职。"[49]

正统元年（1436年）："以加儿即族妙慈通慧大国师打巴尔监藏年老，命其侄完卜散丹星吉代为国师，署掌大国师印，管束所部番民。"[50]

正统六年（1441年）："命（瞿昙寺）命灌顶广智弘善国师喃葛藏卜袭其世父为灌顶净觉弘济大国师赐之诰命。"[51]

成化八年（1472年）："命陕西西宁普法寺妙善通惠国师锁南巴侄完卜、锁南而坚措，慧慈弘应国师沙加星吉侄桑尔加坚参，演教寺妙智广惠喇嘛阿节儿侄完卜端约藏卜各袭其叔原职。"[52]

可见，明代的僧纲司带有僧俗共管、政教合一的特征，不仅仅是一个管理佛教事务的单纯僧司机构。这些所授僧职人员，不但作为一寺之主，管辖本寺。而且具有治民权，直接参与藏族地区事务管理。又因为僧纲司都纲不娶妻而无嗣，便多半采取了叔侄相传的方式。

在中央王朝的大力扶持下，明代藏传佛教在青海地区得以迅猛发展。为了笼络青海藏族地区僧众，明廷多次出资在这里"大建梵宇，特赐专敕"[53]。今青海乐都的瞿昙寺就是非常典型的一个例证。

乐都瞿昙寺，藏语称"卓仓多杰羌"，意为"卓仓持金刚佛寺"，位于今青海省乐都瞿昙乡。这座寺院是河湟地区由明朝敕建的第一座藏传佛教寺院。始建于明洪武二十五年（1392年），由噶玛噶举派僧人三刺喇嘛主持修建。寺院建成以后，朱元璋敕赐"瞿昙寺"匾额，并加封三刺喇嘛为西宁僧纲司"都纲"，下管卓仓十三族，并管理西宁卫佛教事务。继太祖之后，太宗、宣宗和景泰朝又多次从京师和西宁等地征调工匠、军夫对该寺进行了扩建和修葺。在明王朝的大力支持下，最终形成了建筑面积1万多平方米的典型汉式宫殿风格建筑群。明太宗、仁宗及宣宗皆曾给这座寺院颁赐护敕、佛像、匾额，诏立碑记，以示优渥。[54]

瞿昙寺的修建是明王朝藏传佛教政策的具体体现，由于获得了中央统治集团的支持，藏族僧俗大受鼓舞，"其徒争建寺，帝辄赐嘉名，且赐敕护持。由是形域势区，尽为番僧所据"[55]。有力地推动了青海地区藏传佛教寺院的兴建活动。据杜常顺先生统计："以西宁卫属为例，明代获'敕赐'寺额的寺院极多。如宁番寺，洪武中土官李南哥重建，奏请太祖赐额宁番。弘觉寺，洪武中建，永乐十年（1412年）赐额'弘觉'。华藏寺，永乐八年（1410年）建，十四年（1416年）藏僧舍刺藏卜奏请赐额'华藏'。永兴寺，洪武中千户张铭建，永乐中藏僧桑尔加朵奏请赐额'永兴'。大乘寺，永乐九年（1411年）建，十年赐额'大乘'。崇法寺，永乐十二年（1414年）建，十四年赐额'崇法'。另外，明《西宁卫志》列有'领有敕书、金银印信、象牙图书'的寺院有20所，这应该都是明廷敕赐的寺院。"[56]

明代藏传佛教发展历程中最为重大的事件就是藏传佛教格鲁派的广泛传播。格鲁派是藏传佛教各派中最晚兴起的教派，也是发展最快、势力最大、对后世影响最大的教派。14世纪，藏传佛教内部开始产生了相当严重的问题。由于西藏政教合一的制度，萨迦、噶举等各派争权夺利的斗争日趋严重。上层僧侣享受种种特权，占有大批农奴，生活豪华奢靡。除了少数高僧大德，多数僧人竟不知戒律为何物。藏传佛教的这种状况引起了僧俗大众的普遍不满，也给藏传佛教带来了"颓废萎靡之相"。

宗喀巴的宗教改革就是在这种情况下进行的。宗喀巴（1357—1419年），本名罗桑扎巴，生于今青海湟中地区。宗喀巴7岁出家习诵经文，16岁时入西藏，遍访名师，广修佛法，终于博通显密，成为名震一时的一代高僧。宗喀巴的著作有百余种之多，其中最著名的有《菩提道次第广论》《密宗道次第广论》《密宗十四根本戒》《中论广释》《辩了不了义论》《五次第明灯》等。在这些著述中，他把西藏流行的诸种显密教法组织成一个以实践和修习为纲目，按部就班、次第整然的系统，形成了自己一套完整的思想体系。创立了藏传佛教中一个新的派别——格鲁派。"格鲁"意为"善规"，它所反映的是宗喀巴最为强调的戒律。可以说，"戒律"是格鲁派存在与发展的基础。宗喀巴认为僧人不分显密，都必须严格遵守戒律。《明史》中记录了当时乌斯藏格鲁派与其他派并存的情况："其地多僧，无城郭。群居大土台上，不食肉娶妻，无刑罚，亦无兵革，鲜疾病。佛书甚多，《楞伽经》至万卷。其土台外，僧有食肉娶妻者。"[57] 戒律，事实上成为格鲁派与其他派别最显著的一个区别。宗喀巴的宗教改革在西藏佛教界引起了很大的震动，扭转了佛教内部散漫、腐化的风气，深受广大僧俗的欢迎。他们认为这样才能恢复佛教的纯洁，挽回藏传佛教发展的颓势。在统治者方面，他们认为僧侣只有严守戒律，苦读经典，才能在官吏民众中树立安分守己、敬业睦群的榜样，起到辅助王政的作用。故而格鲁派同时赢得了封建统治者的大力支持和广大普通百姓的拥戴，相继建成了甘丹、哲蚌、色拉三座久负盛名的寺院。在很短的时间内，这一后起的教派迅速发展起来，成为一个领导时代潮流的教派，转而影响了其他教派。以后宁玛、噶举、萨迦诸派也接受了格鲁派的戒律，面貌焕然一新。由于宗喀巴籍属宗喀（藏语中对青海境内湟水流域的泛称），因此，在宗喀巴创宗之后，格鲁派也在青海及甘肃一带渐有弘布。早期甘青地区的格鲁派寺院知名者有河州弘化寺、洮州禅定寺、西宁静宁寺等。

明朝中后期，格鲁派进入了在青海地区传播与发展的高潮期，大批寺院如雨后春笋般纷纷拔地而起，一些其他教派寺院也相继改宗格鲁派。据统计，目前在青海省内仍存的藏传佛教寺院中始建年代可认定为明代的至少有60多所，其中大多是格鲁派寺院。在格鲁派的发展历史上，格鲁派领袖索南嘉措与鞑靼俺答汗的仰华寺会晤是一个标志性事件。这次会晤，开创了格鲁派与蒙古势力合作的一个新时代，使得藏传佛教文化圈得以大大向东拓展。[58] 此后，格鲁派开始对蒙古各部产生深刻影响，而青海蒙古也不断卷入西藏各种宗教斗争当中，蒙藏关系日益密切起来。因此，这次会晤以后，格鲁派开始在青海地区广泛传播。尤其到了大批寺院如雨后春笋般纷纷拔地而起，并且出现了一些规模宏大，对地方政治、经济有举足轻重影响的著名佛寺。尤其是在公元1642年，格鲁派在蒙古准格尔部首领固始汗的强大武力支持下，建立了以拉萨为中心的格鲁派甘丹颇章政权，更是将格鲁派在藏传佛教各个教派中的地位推向了登峰造极的地步。青海蒙、藏游牧地区的藏传佛教更是得以广泛传播和发展。

及至明末清初，从凉州到卫藏之间"有无数的寺院扎仓"[59]，青海地区已经是"番僧寺族，星罗棋布"[60]，"番下愚民，无日不修庙寺，渐至数千余所。西海境诸民，衣尽赭衣，鲜事生产者几万户"[61]。

五

满族入关之前，藏传佛教格鲁派就与其发生了联系。早在1639年，皇太极就曾遣使与蒙古人一同前往西藏，并向蒙古土默特部宣称："因汝等曾言请圣僧喇嘛甚善，故我等奉命来请。汝等亦宜遣人同往，约至彼国附近地方相会。尔喇嘛等，若至约会之地，附近国主有召见者，即往见之。如不召见，即于约会处相会前行。"[62] 清军入关以后，清政权与格鲁派的关系逐渐密切起来。1653年，顺治帝在北京接见了五世达赖喇嘛，并册封其为"西天大善自在佛所领天下释教普通瓦赤喇怛喇达赖喇嘛"，"达赖归，兴黄教，重建布达拉及前藏各寺院六十二处，又创修喀木、康等处庙，计三千七十云"[63]。清朝对五世达赖的册封正式确定了其与西藏的统属关系。

  清初，鉴于藏传佛教特别是格鲁派在蒙藏地区的广为流布和信仰，清朝统治者对藏传佛教在治理和安抚蒙藏地区方面所具有的巨大价值有着充分的认识。故而继承元明时期"因其俗而柔其人"的统治方略，大力奉行"兴黄教所以安众蒙古"的藏传佛教政策。对于蒙古族崇信的藏传佛教，"不分肤色红黄，随处咨访，以宏佛教，以护国祚"[64]。继续采取羁縻之策以稳定甘青藏区的局势，规定凡明代旧封喇嘛缴回诰敕、印信、札符者，由理藩院查验注册后均予还给清之诰敕、印信。但是"清代的严肃封赠予明代的滥封众建形成明显反差，清政府的封赏原则十分严谨，从顺治五年（1648年）至清后期，仅封赠国师禅师15例，其中国师号3例、禅师号12例。另外，按清代制度，国师禅师封号不可世袭，但其法嗣可以封袭"[65]。乾隆五十一年（1786年），清廷钦定喇嘛班第，共确定了12位在京参班的呼图克图，而"在钦定的十二位驻京呼图克图中，原属于西宁府境内寺庙活佛系统的有九位之多，为75%。并且我们还从清代文献中看出，有清一代，与清政府关系最亲密、受到宠信而常委以重要宗教事权的活佛，大多时期是章嘉、敏珠尔、赛赤、土观、阿嘉、东科尔等，而原出西藏等地活佛系统的两位驻京呼图克图中，仅有济隆活佛颇受重视。所以从某种意义上说，所谓驻京呼图克图，实际上是活跃在京师的一批青海各寺的僧人；驻京呼图克图的形成，标志着青海格鲁派势力的复兴"[66]。

雍正元年（1723年），青海和硕特蒙古亲王罗卜藏丹津发动反清叛乱，得到了青海地区许多藏传佛教寺院和僧人的支持。清廷十分震怒之下，迅速派抚远大将军年羹尧领兵平叛。平叛过程中，以郭隆寺、郭莽寺等为代表的大批寺院便先后被清军焚毁。罗卜藏丹津之乱被平息下去以后，根据年羹尧的奏议，清朝通过额定寺院僧侣人数、推行度牒制度、推行喇嘛衣单粮制度等一系列的整饬活动，将藏传佛教寺院僧团严格置于清朝的监督和控制之下。其核心就是在限定各寺僧额的基础上，由清朝国家供养寺僧。但藏传佛教在青海蒙古族、藏族、土族等民族中的广泛传播和坚实的信仰基础，使清朝除了利用藏传佛教势力统治青海蒙藏地区外，别无选择。鉴于藏传佛教的巨大影响力，清廷整饬的目的在于对其加以控制和监督。实际操作过程中，还必须通过这一宗教来完善其对青海等地的统治，因此清朝的上述措施在实施过程中并不彻底。平叛以后，清统治者认为"凶徒既殄，边境敉宁，梵刹旧基，理宜修复"[67]，遂诏令地方，对在叛乱中毁于战火的郭隆寺、郭莽寺、却藏寺、东科寺、仙米寺、加尔多寺等著名寺院陆续加以重建。这些寺院相继得到恢复和发展，寺僧人数也迅速突破了清朝的定额。而在罗卜藏丹津事件中未受到牵连的寺院，如循化厅属之拉卜楞寺等成为雍正以后发展最为得势的寺院，其势力由原来的大夏河流域扩大到甘、青、川交界地带的大片地方，成为号称具有108座属寺和八大教区的著名格鲁派寺院。

可以说，清代中后期青海地区的藏传佛教进入一个新的兴盛时期，各大寺院不断突破清廷额定的人数，规模不断扩大，数量不断攀升。故有的学者称"青海为佛教繁衍之区，故其佛教之盛，寺庙之多，实不亚于康藏"[68]。有清一代青海地区的塔尔寺、隆务寺、夏琼寺、佑宁寺、广惠寺、东科尔寺等寺院都是享誉一时的著名宗教圣地。这些寺院不仅规模庞大，僧人众多，而且名僧辈出，影响广泛。例如被誉为"湟北诸寺之母"的佑宁寺，在康熙年间已发展成拥有7000余名僧人、2000多所院落，属寺众多的超大型寺院。再如隆务河流域最大的藏传佛教寺院——隆务寺，经过有清一代的发展共拥有18座静修院。分别是扎西奇寺、叶什郡寺、戎务寺、意尕寺、洒尕尔夏日寺、图摩寺、谢贡寺、格当寺、查加寺、达香寺、多日卡索寺、亚昂德庆寺、宗噶尔寺、宗完寺、宗赛尔寺、宗玛尔寺、曲麻日寺、卡尔贡勒当寺。发展到民国时期，据1940年的有关调查统计："青海省境内较正规的藏传佛教寺院约有650座，加上规模较小的日朝（静房）、参康（修行处）、拉康（佛堂）、噶尔卡（活佛驻地）、贡扎（修行院）等，不下千座。"[69]

特定的地理环境既构成了人们对世界的认识基础，也决定了人们的行为规范与宗教范围。[70] 藏传佛教是青藏高原独特地理环境的产物，它的产生、发展过程与丝绸之路青海道沿线各民族的历史发展密切相关。在藏传佛教的发展历史上，青海地区的蒙藏等民族发挥了不可替代的作用。尤其是藏传佛教后弘期以后，藏传佛教在青海路沿线的蒙藏民族中拥有了广泛而坚实的信仰基础，得到了突飞猛进的发展。藏传佛教在青海的蒙古、藏、土等民族中广为传播以后，对于这些民族的影响可以称得上是无处不在。这些民族的政治、经济、文化乃至思维方式、行为方式都被深深地烙上了宗教的印痕。即所谓"牧畜农业，人民所资以为生者，而恒遭造物之摧毁。藏族竭其智能不足以争，于是将所祈求之愿望与要求，寄托于宗教神幻世界，以求于鬼神"[71]。这既是藏传佛教在青藏高原植根之因，也是其蓬勃发展，对民众施加影响之果。

注释：

[1] 王辅仁编著:《西藏佛教史略》,青海人民出版社1991版,第24页。

[2] 阿旺罗桑嘉措著,郭和卿译:《西藏王臣记》,民族出版社1993年版,第29页。

[3][41][42][44][54][56][65][66] 白文固等:《明清民国时期甘青藏传佛教寺院与地方社会》,青海人民出版社2009年版,第222页,第18页,第173页,第172—173页,第19页,第23页,第179页,第196—197页。

[4] 吉迈却特:《隆务寺志》(藏文版),青海人民出版社1986年版,第42页。

[5]（日）藤枝晃:《敦煌的僧尼籍》,转引自荣新江:《敦煌学十八讲》,北京大学出版社2001年版,第26页。

[6] 王辅仁:《西藏佛教史略》,第69页。

[7] 索南坚赞著,刘立千译:《西藏王统记》,民族出版社2000年版,第141页。

[8] 班钦·索南查巴著,黄颢译:《新红史》,西藏人民出版社1984年版,第32页。

[9] 蔡巴·贡噶多吉:《红史·吐蕃简述》,西藏人民出版社1998年版。

[10] 扎洛:《藏传佛教文化圈》,青海人民出版社1997年版,第4页。

[11][13][16]（宋）李远:《青唐录》,载杨建新主编:《古西行记选注》,宁夏人民出版社1987年版,第171页,170页,第171页。

[12] 祝启源:《唃厮啰——宋代藏族政权》,青海人民出版社

1988年版，第228页。

[14][17][21]《续资治通鉴长编》，卷514，卷402，卷344，中华书局1995年版，第12222页，第9777页，第8266页。

[15]（宋）周辉：《清波杂志·唃厮啰》，转引自汤开建：《唃厮啰统治时期青唐吐蕃政权历史考察》，载《宋金时期安多吐蕃部落史研究》，上海古籍出版社2007年版。

[18][31](清)龚景瀚：《循化志·寺院》，青海人民出版社2017年版，217页，215页。

[19](民国)张维：《岷州广仁禅院碑碑文》，载张维：《陇右金石录》，民国三十二年甘肃神文献征集委员会排印本，卷3，第37页。

[20][22]汤开建：《宋岷州广仁禅院碑浅探》，《西藏研究》1987年1期。

[23]（元）陶宗仪：《南村辍耕录》卷5，中华书局1958年版。

[24]王尧译：《萨迦班智达贡噶坚赞致蕃人书》，《元史及北方民族史研究集刊》1978年第3期。

[25][33]智观巴·贡却乎丹巴绕杰著，吴均等译：《安多政教史》，第26页，第26—27页。

[26]王辅仁、陈庆英：《蒙藏关系史略》，中国社会科学出版社1985版，第20页。

[27]王磐：《八思巴行状》，载《佛祖历代通载》卷21。

[28]陈庆英译注：《萨迦世系史》，《西藏研究》1986年第1期。

[29]《元史·释老传》，中华书局1976年版。

[30]阿旺贡嘎索南，陈庆英等译：《萨迦世系史》，西藏人民出版社1989年版，第98页。

[32]石硕：《西藏文明的东向发展——13世纪西藏与中原政治关

系形成的必然性》,《中国社会科学》1994年第6期。

[34] 青海省地方志编纂委员会编:《青海省志·宗教志》,西安人民出版社2000年版,第173页。

[35] 罗桑崔臣嘉措,郭和卿译:《塔尔寺志》,青海人民出版社1986年版,第204页。

[36] 陈庆英、蒲文成:《西纳家族、西纳喇嘛和塔尔寺西纳活佛》,《青海社会科学》1985年第1期。

[37][38][57]（清）张廷玉:《明史·西域传三》,中华书局1974年版,第8577页,8572页,8571页。

[39]《明太祖实录》,卷42,台湾"中央研究院"历史语言研究所影印校勘本1966年版。

[40] 石硕:《西藏文明东向发展史》,四川人民出版社1994年版,第253页。

[43]《明孝宗实录》,卷4,台湾"中央研究院"历史语言研究所1962年版。

[45] 葛寅亮:《金陵梵刹志·钦录集》,洪武二十二年条,天津人民出版社2007年版。

[46][47]《明太祖实录》,卷26,台湾"中央研究院"历史语言研究所影印校勘本1966年版。

[48] 秦永章:《弘化寺历史概述》,《青海民族研究》1990第2期。

[49]《明宣宗实录》,卷100,中华书局2016年版。

[50][51]《明英宗实录》,卷25,卷82,中华书局2016年版。

[52]《明宪宗实录》,卷100,中华书局2016年版。

[53]（明）陈子龙:《明经世文编》,卷404,中华书局1962年版,第4377页。

[55][61][67]（清）杨应琚：《西宁府新志》，《祠祀志·番寺》，《艺文志·条议附》，《艺文志·御制》，青海人民出版社1992年版。

[58] 石硕：《西藏文明东向发展史》，四川人民出版社2016年版，第231页。

[59] 黄颢译：《青海史》，《西北民族文丛》1984年第2期。

[60] 李淳：《上兵部奏罢西宁喇嘛寺之厮养军书》，载杨应琚：《西宁府新志·艺文志》，青海人民出版社1982年版，第965页。

[62][64]《清太宗实录》，卷51，卷64，中华书局1985年版。

[63]（民国）赵尔巽：《清史稿》，卷525《藩部八·西藏》，中华书局1977年版，14533页。

[68]《边事研究》第12卷第4期。

[69] 蒲文成主编：《甘青藏传佛教寺院·前言》，青海人民出版社1990年版，第2页。

[70] 王开队：《康区藏传佛教历史地理研究》，四川大学出版社2011年版，第165页。

[71] 周止礼：《西藏社会经济研究蠡测》，北京财贸学院1979年编印本，第12页。

原载于《丝路文化研究》第四辑

藏传佛教寺院与甘青地方艺术的发展

  藏传佛教艺术是以艺术形象和艺术手段为其信仰服务的宗教艺术。佛教以宣扬"佛的至高无上,法的无所不能"为宗旨,艺术是佛教宣传中最有效的手段和方式之一。"佛教宣传调动艺术上的形象思维,通过佛、菩萨等的艺术形象,以期引起人们的惊奇、畏惧、崇敬和信仰,这就需要采取艺术夸张的手法,把佛、菩萨等的形象加以极度的神秘化、理想化,如所谓释迦牟尼佛的三十二相、八十种好,以使人们对佛产生无限庄严伟大的神秘感和美感。"[1]为了达到佛教宣传的目的,藏传佛教在艺术创作上极尽财力、物力,尽力使得展示在信众面前的佛教形象庄严、肃穆,具有引人神往的艺术魅力和感染力。历史时期,甘青地区一座座大大小小的藏传佛教寺院同时也是一座座大大小小的艺术宝库,保存了多种艺术成果,充分体现了地方艺术的发展水平,代表了地方艺术发展的主流,并渗透到民众生活的方方面面,对整个社会艺术的发展产生了重大而深远的影响。

一、藏传佛教寺院的雕塑艺术

佛教雕塑是指在寺院或石窟中雕刻、塑造的尊像,以及以金、石、玉、木、陶瓷和其他材质雕刻、塑造的与宗教有关的器皿或艺术品,是宗教宣传的重要方式。在汉传佛教艺术体系中,以栩栩如生的木雕泥塑尊像最为典型。[2] 甘青地区的藏传佛教雕塑艺术主要包括金属工艺、泥塑、木雕、砖雕、石刻、酥油花等几个门类。金属工艺和泥塑主要用来制作佛陀、菩萨和诸神的造像;木雕多体现在寺院殿堂的柱头、梁枋、斗拱、门饰、佛龛、宝座、灵塔、背光、飞檐、窗棂、回廊栏板等方面;砖雕则多用于砖墙、砖垛、八字墙、院墙、屋檐封瓦、照壁、门顶装修等方面,有透雕、浮雕、阴刻、阳刻等几种形式。在甘青地区,上列诸多藏传佛教艺术门类中而以酥油花和石刻最为典型,体现出高超的艺术成就。

酥油花是藏传佛教宗教艺术中的奇葩,因其制作材料以酥油为主而得名。酥油在藏族民众日常生活中用途极为广泛,不仅是一种重要的营养食品,而且可以点灯供佛,入药治病。另外还可用酥油塑造出山川景色、人物佛尊、花鸟走兽、亭台楼阁等各种造型,这便是举世瞩目,独具风格的中国藏区酥油花工艺。酥油柔软细腻,色泽纯正,可塑性极强,所以在藏传佛教中将酥油花视为礼佛的珍品。塔尔寺、拉卜楞寺等规模较大的藏传佛教寺院中均有艺僧专门从事酥油花作品的创作。以这些寺院为基地,通过一代代艺僧的创造和发展,酥油花艺术在塑造方式、内容和花色等方面取得了不断的创新和进步。

甘青地区各大藏传佛教寺院在每年正月十五进行酥油花展的习俗由来已久。据考证，拉卜楞寺的酥油花工艺最早始于乾隆三十三年（1768年），当时二世嘉木样官却晋美旺布依照西藏拉萨大型神变祈愿法会创立了拉卜楞寺的正月毛兰木法会，正月十五的酥油花展从此成为定制。塔尔寺的酥油花艺术始于何时现已无法考证，但一般认为，它比拉卜楞寺更为悠久，至少有四五百年的历史。为了促进酥油花艺术的发展，塔尔寺还成立了上下两个酥油花院，专门培养捏塑酥油花的艺僧。[3] 这些艺僧怀着对佛教的虔诚和对酥油花艺术的执着追求，不畏天寒冰冷，潜心钻研，使塔尔寺酥油花成为代代相传的艺术绝技，享誉海内外。一年一度的酥油花展也成为地方民众观景的盛大节日，"塔尔寺展出酥油花时，先在大经堂南面空地搭设棚架，以布围幛，棚内悬挂众多唐卡佛像，酥油花架前的木架上排放千百盏酥油灯，入夜后千灯点燃，瞻礼观花者常达数万人至十万人之多，川流不息。棚内灯火辉煌，人头攒动，酥油花和唐卡彩色汇呈,形成一个绚丽的佛土世界"[4]。早在清光绪十一年（1885年），有法国传教士古伯察目睹了当时塔尔寺酥油花节的盛况，并在其著作《鞑靼西藏旅行记》中进行详细描述说："我们看到这些花就感到惊诧。我们从未想到在这些沙漠地区和这些半蒙昧的民族中会遇到如此高明手艺的艺术家。我们在几个喇嘛寺中遇到的画家和雕刻家远不会使自己怀疑在这些酥油作品中欣赏到的全部美。这些花都呈现着规模很大的浅浮雕状，代表着取自佛教史的各种内容。所有的人物都具有一种使我们目瞪口呆的表情。人物造型都生动而充满活力。它们的姿态都很自然，衣服穿得雅致且没有任何拘束。我们第一眼就能区别出其衣服所代表的植物特征和质量，那些皮货衣服尤其使人赞不绝口，羊皮、虎皮、狐皮、狼皮和其他各种动物皮都表现得惟妙惟肖，栩栩如生，以至于使人试图用手去触及以证实它是不是真的。"[5]

石刻艺术是甘青地区另外一种影响较大的藏传佛教艺术形式，最常见的是经文石刻和嘛呢石刻。

经文石刻是藏传佛教佛事活动的一个重要组成部分，到公元18世纪初，在甘青涉藏地区已相当普遍。[6]经文石刻主要是在挑选出来的石板上凿刻藏文经文，并饰以佛像人物和装饰性图案，刻出的文字和图案分为阳凿和阴刻，分别呈现凸出和凹入两种艺术效果。甘青地区的经文石刻文字线条流畅，字体讲究，浮雕佛像精工细刻，神态逼真，具有很高的艺术价值。经文石刻的加工工艺较为简单，加工工具也比较简陋，艺人们使用铁锤、钢凿，根据石板的大小和文字的多少，在石板上进行凿刻，但却能以数量众多，规模宏大而达到震撼人心的艺术效果。20世纪发现的青海省泽库县境内的和日石经墙是甘青地区经文石刻艺术的典型代表。

该石经墙从清嘉庆年间开始雕刻，历时100余年至1955年方告完成，是迄今为止发现的全国规模最大的藏传佛教经文刻石。所刻佛经为藏文大藏经《丹珠尔》和《甘珠尔》各两套，另有《般若波罗蜜多经》《贤劫经》等5部佛教经典，此外还有大量反映文法、诗歌、艺术、天文、历算、医学、法律等方面的作品，充分展示了藏传佛教的博大精深和藏文化的无穷魅力。据调查，和日石经的总字数约为2亿多字，用去石料3万余块。除此之外还有大约2000多块佛教造像、寺院图案及宗教人物故事的刻石。刻经字体工整，构架准确，线条自然流畅，展示出极高的艺术水准。

甘青藏族地区比经文石刻更为普遍的是嘛呢石刻。据藏史记载，藏族嘛呢石的镌刻开始于松赞干布时期。松赞干布即位后，为"饶益诸有情,摄集诸佛密意之本体,于拉萨红山岩石前演六字明咒,作诸供养"。于是"岩石中现出诸种光明,照射对面岩石,彼此毫光"。"于如虹色相连……岩石上又自然现出诸佛身佛和六字明咒。"[7] 此后,松赞干布又请尼泊尔工匠在拉萨大兴摩崖造像,雕刻经文和六字真言。佛法后弘后,随着藏传佛教的迅猛发展,在各地寺院主持倡导之下一座座大大小小的嘛呢堆渐次遍布于甘青各地,成为佛法兴盛的历史见证。

位于今青海省玉树藏族自治州结古镇新寨村的嘉那嘛呢堆,被誉为"世间第一大嘛呢堆"。其创始人便是玉树结古寺活佛嘉那智叩多顶松却帕文,他在清康熙时曾赴五台台、峨眉山等地朝圣,历20余年,精通汉语、汉文,被当地民众称为"嘉那智叩"(汉活佛)。嘉那智叩多顶松却帕文晚年定居于玉树结古镇新寨村,开始修造嘛呢石刻堆,在他的带动和影响下,当地民众持续修造了200余年,新寨嘛呢石刻堆也成为我国藏族石刻经济的最大景观,估计约达25亿片之多。[8]

三、藏传佛教寺院的绘画艺术

绘画对于引发信众的宗教情感、扩大佛教的影响有重要作用。把佛画挂在寺院殿堂或信徒家中礼拜、敬奉,可以形象地传播佛教教义。因而在印度和汉地都十分重视佛画的宣传作用,不论是印度僧人传法还是中国僧人取经,都把取回佛像作为一项重要内容。印度佛教绘画一经传入藏地,便迅速与本土传统绘画艺术结合,并获得高度发展。明清民国时期,甘青地区藏传佛教寺院的壁画和唐卡艺术,均达到了相当高的艺术水平,成为这一地区佛教绘画艺术的代表门类。

　　壁画是非常普及的一种绘画艺术形式，广泛应用于寺院、宫殿的墙壁装饰。壁画内容多取材于佛经故事、神话故事以及释迦牟尼、宗喀巴等佛教宗师的生平故事等，包括各种佛像、菩萨像、明王像、罗汉像、本生图、香巴拉乐园画面、阴间地狱画面、生死轮回场景和高僧大德的形象等。除了占据主导地位的宗教题材之外，也有历史、经济、文化、科技及山水风景、花卉飞鸟等方面的内容。藏传佛教寺院绘制壁画所用的颜料均为名贵的矿物颜料，主要有石绿、石黄、石青、朱砂等，在使用时还要调入一定比例的骨胶和牛胆汁，以防止壁画褪色，保持其色彩的鲜艳。[9]甘青地区的塔尔寺、瞿昙寺、拉卜楞寺等各大寺院都保存了大量明代至民国时期的壁画，成为地方艺术宝库中不可多得的珍品。

　　塔尔寺的主要殿堂、檐廊、回廊等处的墙壁上都绘有多彩绚丽的壁画。这些内容丰富的精美壁画与酥油花和堆绣并称为塔尔寺艺术"三绝"。其中最为珍贵的是弥勒佛殿内外墙壁上所绘的明代壁画，这是塔尔寺最早的壁画之一。弥勒佛殿内壁正面绘制的是16尊者环绕佛祖释迦牟尼听法的画面，佛祖平静而安详地端坐于画面正中，面部透出一种雍容高贵的丰满感，坐姿挺拔而自然，身段窈窕，双腿相盘，凝目生辉，戒相庄严。其一招一式的形象动态，用流畅的线条勾饰，尤其是身后的佛光，以一根根纤细的金色线条密密排列，弯曲自然、柔润飘洒。16尊者均以三五成群的构图组合环围于佛祖下部，周围饰以碧天祥云，使整个画面显得自然生动而有立体感。这一巨幅壁画的每一个细小的局部都绘制得十分精致，无论是衣锦纹饰，还是花草叶脉均用细致的工笔勾线交代得清楚利落，栩栩如生，体现了绘图者高超的工艺水平。除了这一幅壁画外，弥勒佛殿内还绘有宗喀巴师徒三尊画像、塔尔寺创建者贡色哇·仁钦宗哲坚赞画像、塔尔寺第一任大法台沃赛嘉措画像以及佛教护法神吉祥天女画像等，都称得上是塔尔寺壁画中的精品。塔尔寺的大金瓦殿、小金瓦殿、大经堂等各大殿堂也都保存了数量不等的壁画，甚至各活佛居室门道两面的墙壁上和室内的墙壁上也往往绘有内容各异的各种壁画。20世纪30年代，国画大师张大千曾从甘肃敦煌慕名来到塔尔寺，考察了这里的壁画艺术。大师对壁画等塔尔寺艺术"三绝"赞不绝口，在这里搜集了许多资料，其对大师的艺术风格产生过重要影响。[10]

青海现存壁画中艺术水平最高的还有瞿昙寺的壁画。瞿昙寺画廊起自隆国殿右侧，环绕大小鼓楼、金刚殿、大小钟楼到隆国殿左侧，共78间，总面积大约400多平方米。瞿昙寺壁画主要是明清两代绘制的，内容为佛祖释迦牟尼生平事迹，这些壁画历数百余年仍色泽艳丽，光鲜如初，精美绝伦。据考证，在瞿昙寺修建过程中，曾有一些明代宫廷画师奉旨主持了寺院的壁画绘制，故体现出了极高的艺术水准。[11]

甘青地区寺院绘画艺术除壁画外，唐卡的绘制也有很高的艺术价值。唐卡既是赏心悦目的艺术品，又是佛教、苯教信徒修行的一种重要辅助工具，对于信徒而言，绘制和供奉唐卡是一种积功德的行为。据《西藏王统记》记载，佛教造像的目的在于即使佛祖涅槃之后，亦可供佛门弟子永瞻其面容，万世朝拜。"有圣者曼殊师利出白佛言：'世尊在世，凡诸有情，观惟观佛，供惟供佛，积集福田，亦惟依此。若佛涅槃即诸有情，无积福处。故将依何为诸有情积福德处，愿座训示。'于是，佛祖谕我令大梵天、罗延天、帝释天诸神造像三身：法身像、报身像、化身像，以供后人朝拜。"[12]因年代久远，文献湮没，唐卡的缘起目前众说纷纭，难以稽考。但从宗教意义上讲，唐卡的缘起，亦应同此理。随着藏传佛教的发展，在寺院推动下，唐卡艺术逐渐得以发扬光大，这该是一个不争的事实。

唐卡的结构一般可分为三个部分，中央为本尊，即信徒供养的对象，本尊的上方为空界，下方为地界，亦称凡界。每幅唐卡都有一定的故事情节，布局中有以单幅表现一个主题的，也有几幅甚至几十幅联成的整套故事。唐卡画中的人物形体各部分必须遵照《造像度量经》的规定按比例绘制。绘制唐卡所用的颜料，多为矿物质颜料。在颜色选择方面，藏族画家表现出对红黄蓝三色的特别偏爱。此外，白色和绿色也受到一定的青睐。[13]唐卡的大小不受尺寸的限制，最常见的长1米左右，宽六七十厘米。较小的只有几十厘米，最大的长度可达五六十米，宽度达到三四十米。拉卜楞寺一年一度瞻佛节，就是将分别绘有释迦牟尼佛、无量光佛及宗喀巴大师的3幅巨幅唐卡逐年轮换展示，供信众瞻仰。这3幅唐卡画面宏大，层次分明，色泽明亮，是甘青地区唐卡中的珍品。塔尔寺的释迦牟尼像、狮子吼像、弥勒佛像和宗喀巴大师像等4幅唐卡宽约20多米，长约30多米，其面积可遮盖一座小山丘，也是公认的堆绣唐卡精品。

四、藏传佛教寺院的音乐、舞蹈艺术

佛律的八戒和十戒中，虽然都有不得观听歌舞的戒规，但是为了投合广大信众对文化生活、艺术欣赏的要求，为了宣传佛教教义和募集布施的需要，社会僧团也十分重视佛教音乐、舞蹈的创作。在藏传佛教的宗教仪式和法事活动中，更是要配以法乐、法舞以渲染宗教气氛，增强弘扬佛法的效果。这是因为宗教的播布流传，是一系列因素合力的结果，仅靠其自身的教理和仪轨是远远不够的。在宣讲教义的过程中，生动、形象、直观的演唱手段往往更能吸引信徒。据传，莲花生不远万里到达吐蕃后，首先以"歌唱镇伏鬼神之道歌"，接之又"在虚空中作金刚步舞"以祛除一切恶之念。[14]由于这种既歌且舞的佛法传播方式非常有效，遂被藏传佛教各教派广泛效法。甘青地区的藏传佛教寺院在发展过程中也形成了各具特色的佛教音乐和舞蹈艺术形式，成为地方音乐舞蹈艺术的重要组成部分。

藏传佛教寺院的佛教音乐主要包括佛殿乐、法器乐、诵经咏唱调和"嘛呢"调等几种形式，其中佛殿乐是其最主要的组成部分。明清民国时期，在甘青地区中等以上的藏传佛教寺院中几乎都设有专门的完整乐队，各寺院乐队的演奏者，大多属于职业表演人员。"他们都是由寺院统一挑选出来的聪明、机智、具有天才的青年僧侣，以师带徒的方法进行学习音乐知识和乐曲演奏。学成者，就担任寺院的专职演奏员。"[15]拉卜楞寺、塔尔寺等甘青格鲁派大寺都在法会音乐领域取得了引人注目的艺术成就，这些寺院在进行法会朝拜、坐床典礼、开光大典、受贺摸顶等重大佛事活动时都用不同的宗教音乐进行渲染，把气氛推向高潮。甚至一些活佛的日常起居、迎送出行也离不开法乐的伴随。拉卜楞寺法乐传统曲目有50多首，流传至今的有《姜怀优索》《万年欢》《五台山》《孝卡麻尔》《喇嘛达真》《智布钦加居》《仁钦恰尔帕》《堆彭》《巴华尔》《投金千宝》等数十首。这些寺院音乐曲目都是出于宗教需要，在寺僧的努力下创作出来的。佛乐曲目《桑格尔达》就是拉卜楞寺四世嘉木样大师葛藏图旦旺徐亲自创作的，这位大活佛还先后创作了《阿玛来》《玛霞》《米拉格尔达》等一系列旋律优美的法乐，深受僧俗民众的喜爱，至今仍广为流传,盛唱不衰。四世嘉木样大师还广泛吸收汉传佛教音乐的精华,使拉卜楞寺逐渐成为藏传佛教音乐与汉传佛教音乐的交流点。[16]《五台山》《万年欢》等曲目就是当时分别从五台山及清宫中引入拉卜楞寺的。

寺院舞蹈,又称法舞,是指舞者戴上具有佛教象征意义的面具,在法器节拍下演示佛教教义和佛经故事。寺院舞蹈的历史非常悠久,据藏族史料记载,8世纪中叶在桑耶寺落成以后举行的开光仪式上就有跳神驱鬼的内容。莲花生大师的传记中也记载"桑耶寺在每部经典翻译完毕后,由高僧手持翻译的经卷,绕大佛殿三周,排列成行,戴上面具,击鼓钹铙手舞足蹈,为所译经典开光庆贺"[17]。后弘期以后,随着藏传佛教在甘青地区的发展,寺院舞蹈逐渐成为这一地区藏传佛教寺院普遍采用的弘法形式之一。为了培养、训练法舞表演者,许多寺院都设有专业化的"欠巴札仓"(法舞学院),一些未设法舞学院的寺院,也要由"喜金刚学院"负责法舞演员的培养,以备在法会上演出。

艺术一旦被纳入佛教文化体系,佛教思想必然会给艺术的内容与形式打上深刻的烙印,使之不同于一般的世俗艺术。可以说,历史时期藏传佛教寺院是甘青地方民族艺术最有力的推动者和实施者。一座座大大小小的寺院就是大小不等的地方艺术中心,僧人们的创造活动将地方艺术的发展不断推向高峰。但我们也应该看到在藏传佛教艺术体系中,无论是建筑艺术风格、设计和材料,还是其他艺术门类的内容和形式,均无法超脱固定的成式,无数座佛寺、佛塔几乎是同样的样式,同样的装饰,同样的意蕴。藏传佛教寺院在推动地方艺术发展的同时也为甘青地方艺术营造了一个封闭保守的神秘氛围,限制了它的进一步发展。

注释：

[1][2] 方立天：《中国佛教文化》，中国人民大学出版社2006年版，第287—288页，第294页。

[3][4] 陈庆英：《青海塔尔寺调查》，载《藏学研究论丛》第六辑1994年版，215页。

[5]（法）古伯察著，耿升译：《鞑靼西藏旅行记》，中国藏学出版社1991年版，第382页。

[6] 蒲文成：《青海佛教史》，青海人民出版社2001年版，第327页。

[7][12]（明）索南坚赞著、刘立千译注：《西藏王统记》，北京民族出版社1992年版，第17页，第16页。

[8] 青海省地方志编纂委员会：《青海省志·人物志》，第64页。

[9] 马建设：《青藏民族工艺美术》，青海人民出版社1999年版，第221页。

[10] 陈亚艳、先巴：《黄教圣地——塔尔寺·鲁沙尔镇》，三秦出版社2003年版，第210页。

[11] 谢继胜：《瞿昙寺回廊佛传壁画内容辨识与风格分析》，《故宫博物院院刊》2006年第3期。

[13] 张云：《青藏文化》，辽宁教育出版社1998年版，第299—300页。

[14] 古兰丹姆：《从藏传佛教到寺院宗教舞蹈》，《舞蹈》1998年第5期。

[15] 共确降措：《藏族文化的摇篮——寺院》，载《藏学研究论丛》第八辑，西藏人民出版社，1996年版，第196页。

[16] 陈霓：《拉卜楞寺佛教音乐对汉族音乐的保存与流传》，《内蒙古大学学报》2005年第2期。

[17] 共确降措：《藏族文化的摇篮——寺院》，载《藏学研究论丛》，

第八辑西藏人民出版社1996年版,第195页。

与王永宏合著,原载于《青海师范大学学报》(哲学社会科学版) 2012 年第 6 期

清代甘青地区藏传佛教寺院高僧的史志创作

　　藏传佛教各教派形成以后，宗教历史教育在各教派的僧伽教育体系中均占有比较重要的地位，历史也成为寺院教育中颇受重视的学科。正如藏族学者阿华所言："从 11 世纪到 15 世纪这一阶段，是藏传佛教的学术系统的形成期，也是一个学术的繁荣时期。这一时期的学术比较重。视历史，尤其是宗教的历史和宗教大德的个人历史及寺院的历史，有丰富的作品。"[1] 寺院历史教育的主要内容是讲授那些德行高超的前辈僧人传记，这些传记所记载的历代高僧的行为和思想是后学者需要系统学习和继承的。明清时期是甘青地区藏文历史著述非常兴盛的一个时期。各种体裁的历史著作纷纷涌现，教法史、世系史、寺院志、人物传记层出不穷，为今天的学术研究留下了大批弥足珍贵的历史资料。

一

明清时期甘青地区藏文历史著述的成就首先体现在教法史的创作之上，这种著述体裁是藏族史学史的一个著述传统，在写作手法、谋篇布局、运笔修饰等方面都极具特色，对于后世的史学著述影响深远。这一时期，甘青地区涌现出的最为重要的教法史著作是三世松布·益希班觉尔的《如意宝树史》与三世土观·洛桑却吉尼玛的《善说一切宗派源流晶镜》两部作品。

松布活佛是青海佑宁寺五大转世系统活佛之一。三世松布活佛益希班觉尔出生于清康熙四十二年（1703年），3岁时被拉卜楞寺一世嘉木样活佛认定为二世松布·罗桑丹贝坚赞的转世灵童，遂于清康熙四十八年（1709年）在塔秀寺受近事戒，正式出家。康熙五十年（1711年）被僧众迎请入佑宁寺坐床，师从二世章嘉·阿旺洛桑却丹和二世土观·洛桑却吉嘉措学习经论。清雍正元年（1723年），20岁的松布·益希班觉尔赴西藏入哲蚌寺郭莽札仓修习深造，并获得林赛格西学位。

三世松布·益希班觉尔是一名学养丰厚、勤于著述的大学者，他一生创作的著作达68部之多。其中的《历算母子三部》《诗歌词藻》《青海史》《松布堪布自传》《甘丹新历》等都是在藏族地区颇具影响的名著。其代表作《如意宝树史》更是藏族史学发展史上继《红史》《贤者喜宴》《汉藏史集》等综合性史书之后的又一部扛鼎之作。

《如意宝树史》著成于清乾隆十三年（1748年），其全称是《印藏汉蒙教法史如意宝树》。作者在该书的开篇赞词和跋语中介绍了撰写这本书的缘由:"当他博览群书时,发现前人著述中存在许多问题,有的是记载有误,有的是没把事情叙述清楚,有的过于简略,由此他立志要写一部能纠正传统的错误的著作。"[2]

《如意宝树史》全书共两大部分,第一部分的标题为《简论佛陀出世说法以及佛法往世情形》,下设3章,分别是《总说佛于何劫出世》《分说于此贤劫中佛陀于何时何地出世》和《释迦牟尼出世说法情形》。在这一部分中作者主要介绍了佛教《俱舍论》和《施设论》中有关宇宙构成的宗教知识和佛教的天体循环理论,并对佛陀活动的年代进行了解释和考证,将释迦牟尼的身世与创教历史归纳为12功行和125件大事。第二部分标题为《详说法王持教及学派等的形成情况》。这一部分是本书的重点,共设了《印度佛教史》《藏地佛教史》《摩诃汉地法王、佛教大师、佛教宗派之历史》和《霍尔地区法王、佛教大师、佛法源流概述》四章。详细记述佛教在印度、藏地、汉地及蒙古地区的弘传过程。《如意宝树史》内容广博,叙述翔实,大到佛教的整体宇宙观,小到一个家族的世系传承,都有完整而清晰的交代。该书在体例的编排上也非常令人称道,两大部分架构合理,详略适宜,对一般性内容的介绍简洁明确,而对重点内容的著述则显得全面、深刻。该书称得上"是一部历史百科全书,对于研究藏族史、蒙古族史及藏传佛教史具有极高的价值,受到国内外藏学研究者的一致推崇"[3],是清代甘青地区一部具有重大影响的历史巨著。

三世土观·洛桑却吉尼玛是清乾隆时期甘青地区的著名史学家、文学家和佛学家。他于清乾隆二年(1737年)出生于今甘肃天祝藏族自治县松林乡,6岁时被认定为二世土观·洛桑却吉嘉措的转世灵童,迎至佑宁寺坐床,开始了自己的学经生涯。在19岁时赴西藏朝觐了七世达赖噶桑嘉措,并在哲蚌寺四月法会期间拜会了二世嘉木样活佛，开始跟随其学习佛法。此后他又聆听了众多佛学大师的教诲，勤勉不懈，博通诸论。清乾隆二十六（1761年）他返回青海，任佑宁寺第36任法台。

三世土观活佛的主要著作有《善说一切宗派源流晶镜》《三世章嘉·若贝多杰传》《佑宁寺志》《喇钦贡巴饶赛传略》《甘丹派美饰诗集珍珠束》《阿旺曲吉嘉措传记》《智者珍藏篇》《教法史·入佛教之海巨舟》等。其中《三世章嘉·若贝多杰传》《佑宁寺志》等著作在整个藏传佛教界影响颇大，他的代表作《善说一切宗派源流晶镜》更是一部被后人所推崇的史学名著。

三世土观活佛在《善说一切宗派源流晶镜》一书的开篇赞辞中明确表示了他撰写这部著作的宗旨："遍观一切宗派的差别处，破除邪说宗派的谬论，揭示正确宗派的真实义，向宗派之主一释迦能仁前敬礼。""流经虽异而同归一海的江河，解释虽异而同归一佛的旨趣，在此藏土宏传的各种不同宗派，外表虽异而本质为一者，诸圣贤大德前敬礼。""本书特别对于梵藏汉地等所有宗派源流及其理论，加以简略的叙述。"[4]这说明作者希望通过对历史上曾经存在并具有影响力的各教派源流及其宗教理论进行概括性介绍，以便读者对教法史获得整体的感受，进而提高其对佛教理论的分辨能力。

这部著作共分为五大部分。第一部分简要叙述了印度的宗教源流，先对于外道各派进行概要追述，之后阐述了早期佛教四大宗派（说一切有部、经量部、瑜伽行派和中观派）的源流。第二部分是该书的重点，主要对藏地本教的源流理论和前后弘期的佛教源流、不同宗派的产生、各教派在显密教法上的理论等内容进行了详细介绍。第三、第四部分主要对汉地儒、道、释三教以及蒙古、于阗、旃婆罗等地区的教法源流进行介绍，甚至对伊斯兰教也作了简单的介绍和评论。该书的最后一部分以诗文的形式进行了总结，阐发了作者许多独到的见解。

三世土观活佛在创作《善说一切宗派源流晶镜》一书的过程中态度公允，治学严谨，正如作者自己所说的那样："抛弃偏见而用公正之心，找出正确错误和胜劣之差别。"在历史科学的价值观上，三世土观活佛认为历史著作属于善知识，可以永久地启蒙和传布佛祖以及显密洁净的格鲁派教法正道。

二

明清时期，由于获得国家力量的直接支持和推动，甘青地区藏传佛教寺院数量急剧增长，佛教僧团势力得到了前所未有的扩展。一些地方志中记载当时的情况说："番僧寺族星罗棋布"[5]，"琳宫金刹与大夏水相望者，多如星棋"[6]。在这种局面下，寺院修志成为一种风尚。据有关学者考证，在涉藏地区独立的志书体裁产生于元明时期。明代以后甘青藏区佛教发展，大型寺院遍布各地，因此为寺院撰写志书也成为一时的风尚，先后出现了《隆务寺志》《夏琼寺志》《瞿昙寺志》《塔尔寺志》《佑宁寺志》《凉州四部暨天祝寺志》《天祝铁东寺志》《安多古刹禅定寺》等较为有名的寺院志。阿莽班智达·贡却坚赞撰写的《拉卜楞寺志》就是这一时期在甘青地区出现的寺院志中的一部上乘之作。

阿莽班智达贡却坚赞于清乾隆二十九年（1764 年）出生于今甘肃省夏河县境内的察尔察家族。他 6 岁时由拉卜楞寺二世嘉木样官却晋美旺布认定为一世阿莽·罗桑端智的转世灵童，被迎入拉卜楞寺阿莽仓坐床，取法名贡却坚赞。贡却坚赞天资聪颖，加之学习勤奋,很快就精通诸论,获得了然坚巴学位,令二世嘉木样大师极为满意,认为他会为佛法做出成绩。[7]贡却坚赞一生致力于研习经典、撰述论著,是一位著作等身的大学者。他的代表作《藏汉蒙历史概论》《拉卜楞寺志》《密宗四续部总义简述》《贡唐贡却丹白仲美传记》等都是具有较高学术价值的传世名作。

《拉卜楞寺志》是阿莽班智达·贡却坚赞诸多著述中最重要的一部。该书藏语全名是《拉章扎西琦寺法嗣志·梵天大鼓》,是作者在担任拉卜楞寺密宗学院法台期间完成的。该书内容共分六大部分,第一部分为摄颂,相当于《拉卜楞寺志》一书的序言,主要阐述了作者的写作目的。第二部分为历辈嘉木样大师世系,详细介绍了一世嘉木样和二世嘉木样的出身及生平事迹。第三部分称之为伽蓝谭概,是本书的重点内容,从建寺历史、讲修制度、胜乐密宗的产生、续部下院始建由来等12个方面详细介绍了拉卜楞寺的基本情况。第四部分为典章仪轨,全面概括了拉卜楞寺的典章、尊者供奉仪轨、神变祈祷的由来、岭赛的产生、五供节、说法辩法会等方面的基本情况。第五部分是大法台和各学院法台传承世系,详细介绍了拉卜楞寺从第一任至第22任大法台以及该寺下属各学院众多法台的基本情况。第六部分为佛身语意之宝库,简略介绍了拉卜楞寺各大佛殿、佛像及内藏圣物、舍利灵塔、经卷典籍等方面的情况。

由于阿莽班智达·贡却坚赞写作《拉卜楞寺志》的时间距该寺的创建仅有不足百年的时间,作者本人又接触过二世嘉木样大师,并担任过该寺的大法台等职,所以他对拉卜楞寺的创建历史和寺院基本情况十分熟悉。因此,这部《拉卜楞寺志》充分体现出材料丰富,翔实可靠的特点,是藏文史籍中的一部精品之作。

三

在明清时期持续不断的史学创作过程中，甘青地区藏传佛教史学著作精品不断出现。智观巴·贡却乎丹巴饶杰的《安多政教史》则被后人公认为这一时期史学创作的巅峰。

智观巴·贡却乎丹巴饶杰于清嘉庆六年（1801年）出生于今甘肃省夏河县合作丹增部落，6岁时被认定为惹卜察多合日寺桑丹林静修院智观巴洛桑喜饶的转世灵童。他从9岁起开始在拉卜楞寺研习显密教法和其他学科，并先后两次赴西藏等地深造，又遍访安多各大丛林，求师访友，讲辩经义，学问大增。尤其师从阿莽班智达贡却坚赞以后，他深受恩师的多年教诲，具备了较高的史学素养。其后历任夏河多噶尔却典夏寺、拉卜楞寺、阿木却乎寺、泽仓寺、杂义寺等寺院的堪布，所到之处，促进讲学，整饬清规，建树颇多。

智观巴贡却乎丹巴饶杰所处的时代，正值拉卜楞寺发展的鼎盛时期，高僧辈出，名师如林，著述论说蔚然成风。有鉴于人们当时对安多地区政教发展情况知之甚少，他的老师阿莽班智达·贡却坚赞敦促他承担起"弥补这一缺陷"的责任，编写一部安多地区教法史。在老师的指导下，加之精通五明论的华丹特俄活佛和华热欧科阿旺勒协尼玛活佛也再三鼓励和督促，智观巴贡却乎丹巴饶杰在33岁时毅然开始了《安多政教史》的写作，历经32个寒冬暑夏，几易其稿，终于在他65岁时完成了这部皇皇巨著。

《安多政教史》全书共分三卷（函），包括书末的祝愿辞和尾跋在内共有18章。该书第一卷主要叙述河湟流域的教法历史；第二卷则专门对拉卜楞寺的兴建和传承进行了详细介绍；第三卷对洮河到康区金川一带的宗教发展情况进行了概述。在总体架构上，第一卷和第三卷篇幅相垺，而第二卷则显得非常突出，表明作者的写作重点是拉卜楞寺的历史沿革和宗教传承。

在创作《安多政教史》之前，智观巴·贡却乎丹巴饶杰曾广泛搜集资料，系统查阅了佛教源流、史鉴、纪事、族谱、传记、本生、世系、王统、法嗣纪、圣地志、寺庙志、故事记、目录等方面的著作530多种。并曾亲赴玛曲、碌曲、桑曲、格曲、白龙江、隆务河、宗曲等许多地方进行实地考察，征集了大量第一手资料。因此该书对于河湟洮岷地区大小寺院建立和发展过程，大小政教合一实体的形成，中央政府对这些地区主要寺院的敕建及其历史作用，青海与卫藏的关系以及各大寺院的建立情况，各寺院所属豁卡庄园等内容都考证翔实，叙述完备。

《安多政教史》付梓面世，即被誉为"史海"，称颂其"史料十分可贵，概括性强，叙述完满，是一部值得信赖的卓越的政教史"[8]。成为研究明清两代安多地区民族宗教史最为重要的资料之一。

明清时期，甘青地区的汉文历史著述同样取得了较大的成就，涌现出了李铭汉的《续通鉴纪事本末》，刑澍的《寰宇访碑录》，张澍的《五凉志》《凉州府志备考》，以及官修的《万历临洮府志》《乾隆甘肃通志》《乾隆皋兰县志》《乾隆直隶秦州志》《光绪甘肃新通志》《西宁府新志》等多部史志作品。尤其清代后期，西北之学兴起，产生了徐松的《西域水道记》、张穆的《蒙古游牧记》、何秋涛的《朔方备乘》等一大批关于西北史地方面的传世名著。但这些汉文史籍中关于甘青地区藏蒙社会的记载均较为简略，很多方面只有只言片语的叙述，从中难以探寻当时的历史全貌。与这种情况相对应的是，这一时期甘青地区寺院僧侣的历史创作也出现了前所未有的繁荣，诸多的寺院僧侣们的史学创作，不仅推动了地方民族史学的发展，而且在他们的著作中保存了大量珍贵的历史资料，为今天的学术研究提供了极大的便利。

注释：

[1] 阿华：《论藏文文献的开发和利用》，《中国藏学》2000年第4期。

[2] 孙林：《藏族史学发展纲要》，中国藏学出版社2006年版，第403页。

[3] 孔繁秀：《藏学历史文献发展简述》，《西藏民族学院学报》2000第2期。

[4] 土观·洛桑却吉尼玛著，刘立千译注：《土观宗派源流》，民族出版社2002年，第1页。

[5]（清）杨应琚：《西宁府新志》，卷36《文艺》，青海人民出版社1988年版，965页。

[6]（清）龚景瀚：《循化志》，卷6《寺院》，青海人民出版社1981年版。

[7] 杨贵明、马吉祥编译：《藏传佛教高僧传略》，青海人民出版社1992年版，第341页。

[8]（清）智观巴·贡却乎丹巴绕吉著，吴钧译：《安多政教史》，甘肃民族出版社1989年版，第740页。

原载于《青海师范大学学报》（哲学社会科学版）2009年第2期

《艽野尘梦》文史价值述评

《艽野尘梦》是民国时期"湘西王"陈渠珍"追忆西藏青海事迹"而写的一册笔记。在书中，作者详细叙述了自己1909年从军，奉川滇边务大臣赵尔丰之命随四川新练陆军一协，由协统钟颖统带进藏的前后经历。"艽野"一词出自《诗经·小雅·小明》"我征徂西，至于艽野"之句，可视为"远荒之地"，本书中意指青藏高原。"尘梦"，则带有一些凄凉的意境，因为作者在书中还叙述了与藏女西原的一段缠绵悱恻的爱情故事。青藏川边地区地处偏远西南边陲，交通不便，各种文献资料相对缺乏，除史籍中的零星记载以外，历代至此的官宦、文人所留下的文集、笔记等文献资料，便成为区域史研究中的重要史料。《艽野尘梦》一书，从文学角度看，其文字优美，笔墨生动传神。尤其作者与藏女西原的爱情描写，可称得上感天动地，细致入微。从史学角度看，笔记作为一种私人记述，可补正史之不足。而《艽野尘梦》所记述的是清末民初川边、西藏、青海等地的具体情况，其涉及的时间与地点均颇为特殊，其史料价值更是弥足珍贵。正如著名藏学家任乃强先生所言：但觉其（《艽野尘梦》）人奇、事奇、文奇，既奇且实，实而复娓娓动人，一切为康藏诸游记最。尤以工布波密及绛通沙漠苦征力战之事实，为西陲难得史料。[1]

一

陈渠珍（1882—1952年），字仲谋，号玉鬋，湖南省凤凰县人。清光绪三十二年（1906年）毕业于长沙武备学堂兵目班，任湖南新军四十九标队官。曾加入同盟会，后因遭到怀疑而弃职离湘投入时任川滇边务大臣的赵尔丰麾下。宣统元年（1909年）7月，在英国加紧对我国西藏侵略的背景下，清政府调拨四川新练陆军一协作为援藏军，由协统钟颖统带进藏，后赵尔丰又亲自赴藏督师。陈渠珍任援藏军一标三营督队官，随钟颖一同入藏。西藏地方当局生怕中央派遣军进驻后会带来像川边藏族地区一样的改革，公然调集武力阻抗川军西进。在进藏过程中，陈渠珍以其忠勇机智得到赵尔丰的赏识，被擢为管带，并率部先后参加了工布、波密等战役，屡立战功。在取得了对藏军的决定性胜利以后，陈渠珍部驻防于工布，对于稳定西藏局势、巩固西藏边防发挥了重要作用。1911年10月，武昌起义的消息传到西藏，进藏川军中的哥老会组织（袍哥）积极响应，杀死协统罗长椅，迅速控制了军队。在袍哥的操控下，入藏川军与西藏地方政府关系急剧恶化，西藏局势日加混乱。最终，西藏地方政府以达赖喇嘛的名义发布文告，号召各地僧俗驱逐川军，川军在西藏已难以立足。陈渠珍出于个人安全考虑，于当年年底"率湘中子弟一百五十人东归。误采传说，取道绛通草原，途中绝食者七月，茹毛饮血,生还者仅七人,所娶藏女西原与焉。西原卒于西安,陈痛悼下绝意仕宦,返乡里"[2]。返回湘西以后,陈渠珍并未心灰意冷,归隐田园,而是在湘西镇守使田应诏属下任职中校参谋,并在军阀混战的局面下不断壮大其实力。1926年,陈渠珍被湖南省省长赵恒惕任命为湘西屯边使,次年被唐生智任命为第十独立师师长,回驻凤凰,成为赫赫有名的"湘西王"。1935年春,湖南省主席何键逼迫陈部接受改编,陈以湖南省政府委员虚职移居长沙。1936年,赋闲在家的陈渠珍"费时两月,著为《艽野尘梦》一书"[3]。

清末宣统年间的川军入藏是清代西藏地方与中央关系中的一件大事。这一事件的发生有两处重要的历史背景。

其一,驻藏绿营兵的腐朽导致作战能力严重退化。清朝在西藏的驻军始于康熙朝,最初目的是保护西藏不受准噶尔的侵扰。其后经过两次反击廓尔喀入侵西藏的军事斗争,清朝最终形成了在西藏的驻军制度,并写进乾隆五十八年(1793年)颁布的《钦定西藏章程》,成为定制。从那时起,清朝在西藏共驻绿营兵1300名,分布在前藏、后藏、边防隘口以及川边至拉萨沿途的各粮台、塘汛。在其后的约100年间,绿营兵迅速腐朽,以至于宣统年间的驻藏大臣联豫表示:"窃查藏中现下无兵,以前驻防队营(指绿营),已腐败不堪;而藏军涣散无几。纵有之,实不堪用。如其训练新军,调官招兵筹饷购械等项事,非二三年后不能成军。"[4]从光绪二十五年(1895年)开始,清朝就先后以德国和日本军制为蓝本开始编练近代化新军。内地各省为节省费用,也早已纷纷开始裁撤绿营。而驻藏绿营军由于地处偏远,承平懈怠已久,到光绪年间已"久成弩末",联豫称其为"无用之兵,坐耗薪粮"[5]。早在其宣统四年(1912年)的上任伊始就提出"裁去制兵,招练新军",驻藏绿营军被裁撤替换已经是大势所趋。

其二，英帝国主义对我国领土的觊觎。西藏在光绪十八年（1888年）和光绪三十三年（1903年）先后两次遭到英国的武装入侵，清政府被迫签订了一系列有利于英国势力深入西藏的不平等条约。第二次侵藏战争结束后，英国逐步从以前的单纯军事施压走向对西藏地方政府的拉拢和引诱。英国新的侵略策略使西藏问题日益复杂和微妙，也使清政府开始重新审视对西藏地区的统治方略。

鉴于西藏复杂的形势，清政府在光绪三十六年（1906年）任命张荫棠"前往西藏查办事件"。张荫棠在光绪三十七年（1907年）的《致外部电陈治藏刍议》中，全面提出了西藏政治改革、经济开发、兴办教育等各项方针，其中提到"拨北洋新军六千驻藏"[6]的具体措施。同年，驻藏大臣联豫也在上奏中提出："为今之计，自非改设行省不可，万无疑义。然政贵实行收效，不尚虚声，事以积久而渐非，难期骤革。藏中之事，唯有徐徐布置，设官驻兵，借防英、防俄为名，而渐收其权力。"[7]联豫在奏稿中的这段话基本阐明了清政府当时对西藏的方针，即不能像在川边那样进行疾风骤雨的改革，而应先行设官驻兵，巩固中央的地位与权威，遏制外人窥视之心，等待条件成熟再改革其政治。而这一时期《中英藏印通商章程》的签订则为川军入藏提供了直接契机。自光绪三十四年（1904）英国第二次入侵西藏的战争结束后，英军主力便撤出了西藏，但在亚东、江孜、噶大克三处商埠以商务委员卫队的名义继续留驻部分军队。光绪三十四年（1904年）二月签订的《中英藏印通商章程》第十二款中规定："凡英国官商在商埠内，及往商埠道中之身家财产，应随时由巡警局及地方官实力保护。中国允在各商埠，及往商埠道中筹办巡警善法。一俟此种办法办妥，英国允即将商务委员之卫队撤退，并允不在西藏驻兵，以免居民疑忌生事。"[8]章程中规定，英军撤走的先决条件是中国"办妥巡警"。为了尽快使英军撤走，迅速派兵进驻各商埠就成为当务之急。清政府反复权衡之后，决定委派协统钟颖率领四川新练陆军一协，于宣统元年（1909年）六月由成都拔队西行入藏。在清末英国加紧对我国西藏侵略的背景下，此次川军的入藏对巩固中央在西藏的地位，加强国防、遏制帝国主义的侵略势头具有重大而深远的意义。陈渠珍作为入藏川军的一名中级将领，自始至终参与了川军入藏的全部过程，其作为当事人所著的《艽野尘梦》一书，也就成为复原这一重大历史事件的必读史料。

二

在《艽野尘梦》一书中，陈渠珍详细地记载了入藏川军所经历之山川形胜、道里远近、村镇站卡、民情风俗、气候变异、物产种类等。同时作者还参考有关文献资料，简单记叙了由川入藏的途径、沿途的重要关隘、西藏的疆域及其与邻省的关系，历史上西藏与内地政治、经济、文化交流等情况。文中记述："自成都四日而至雅州，风景与内地同，自是以后，气象迥殊，山岭陡峻，鸟道羊肠，险同剑阁,而荒过之。沿途居民寥寥。师行于七月，时方盛暑。身着单服，犹汗流不止。过雅洲，则凉似深秋，均着夹衣。愈西愈冷，须着西藏毡子衣矣。""行六日至泸定桥，为入藏必行之道，即大渡河下流也。""又行二日至打箭炉（今康定）……打箭炉，为川藏交通枢纽也。"[9] 川军先头部队到打箭炉以后，陈渠珍部奉命集中于此待命一周，以等候钟颖所率的大军。《艽野尘梦》详细记录了当地的民情风俗。"一入炉城，即见异言异服之喇嘛，填街塞巷，闻是地有喇嘛寺十二所，喇嘛二千余人。居民种族尤杂，有川人，滇人，陕人，土人，回人。又有英法各国传教士甚多。土人迷信喇嘛教,家有三男必以二人为喇嘛,甚或全为喇嘛者。"[10] "康藏一带,气候酷寒,仅产稞麦,故僧俗皆以精粑为食,佐以酥茶,富者间食肉脯,以麦粉制为面食者甚少也。"[11] "藏民男子皆衣宽袍大袖之衣,腰系丝带,头戴呢帽,或裹绒巾,足着毡子长靴。女子衣长衫,长裙,系腰带,头戴八柱,顶围珠串。"[12] 寥寥数句,陈渠珍便为我们清晰勾勒出了百年以前的康定风情。

川军出发之时,西藏地方当局已经闻讯而动,调集重兵于昌都一线布防,以阻抗川军进藏。联豫奏请调边军(即川边军队)增援川军,川滇边务大臣赵尔丰亲自率军由北道进剿德格叛匪,令钟颖所率川军由北跟进,两军会师于昌都。《艽野尘梦》中记录了由打箭炉到拉萨的具体行军路线,为研究当时川藏交通状况提供了难得的史料。"由打箭炉出关,即属川边境。其入藏大道,至巴、里塘,昌都,恩达、硕板多,丹达、拉里、江达,至拉萨,为川藏大道,驻站人户甚多,是为康藏南路驿传大道。""赵尔丰以陆军初入藏,情形不熟,恐猝遇战,乌拉不继,故令我军走北路,为策安全也。"[13] 于是,陈渠珍部随大部队由打箭炉出发,经道坞(道孚)、霍尔章谷(炉霍)、甘孜,"行五十余日,始至昌都"。"昌都,亦名察木多,为打箭炉至拉萨之中心地。有居民六七百户,大小喇嘛寺甚多。汉人居此者亦不少。设有军粮府治理之。"[14] 宣统元年(1909年)十月二十八日赵尔丰亲率边军赴昌都督师。十一月初,川军、边军分路而进,藏兵纷纷不战而退。川军取道藏北的三十九族地区西进,边军则沿大路进至硕般多。宣统元年(1909年)十二月,川军进至江达,击溃了前来劫营的藏兵。宣统二年(1910年)正月初三,川军先头骑兵抵达拉萨,其他各部也随后陆续进驻拉萨。川军到藏部队虽然仅有1700余名,但均为编练新军，装备先进，战斗力极强。而被西藏地方当局征调为兵的百姓普遍有厌战情绪，即使是部分上层人士也不赞成与清廷公开对抗和决裂，所以川军才能一路势如破竹直抵拉萨。在川军进藏后的第二年正月，驻藏大臣联豫即裁撤原西藏绿营驻军，川军成为清王朝在西藏的正式驻军。

川军入藏以后，面临的一个重大问题是当时西藏东南部的波密地区处于英帝国主义的再次图谋之中。波密在很早时由西藏地方派来的"总管"进行管辖，但该部"嗣因叛不归藏，各立自雄，其子孙即世代相传，垂为衣钵。其他尚有营官各色，乃强横自称"[15]。而此时，英印当局多次派人潜入波密境内收集情报，并向当地人宣扬"投诚英国，自有许多便利之处"[16]。宣统二年（1910年）二月，边军程凤祥部进驻察隅后，把这些情况向赵尔丰作了汇报。赵尔丰一面要求程凤祥加强对察隅地区的经营，一面致电清中央政府："唯有波密在杂（今察隅）以北，与桑昂曲宗毗连，向为不化之野番，如今不收，将为后患。可否请旨：饬驻藏大臣乘机收抚设治，以绝英人之望，俾便固防，不陷于瓯脱之地。"[17]在这一背景之下，收服波密地区成为川军进藏后的首要任务。宣统二年（1910年）正月，联豫命陈渠珍所率的入藏川军第三营驻防波密西面的工布以招抚波密。

《艽野尘梦》中对工布、波密等地的地理、民俗以及收复波密的具体过程进行了详细记载。"工布在江达之西南，纵横八百余里。东接波密,西南接野番……民情朴厚,气候温和,物产亦尚丰富。"[18]"（波密）其地出产尚多。除旱稻竹藤外，尚产肉桂、麝香、鹿茸、野莲。"[19]"工布民风淳朴，经余安抚后，人心大定。汉番感情，日增淡洽……唯波密民族强悍，性残忍，时借通商为名，窥探情形，辄乘虚入境，肆行劫掠。凡接近波密之工布及硕板多至拉里一带，常被蹂躏。工布受祸尤深。唐古特屡次用兵，因其地险兵强，终难征服。"[20]陈渠珍部驻防工布以后，派人前往波密"开导"，却"被波番杀矣"。当年腊月，波密番兵大股出动，"抢掳居民牲畜财物无数"，"风声所播，居民震惊，商贾裹足"[21]。面对这种局面，陈渠珍一部势单力薄，难以独立完成收复波密的任务。于是钟颖带步兵一标，炮工各一队，前往工布与陈渠珍部汇合，并相机对波密进行剿抚。最终，由于波密番兵占据人数上的优势且据险而守，川军损兵折将败退鲁郎。川军进剿失利，"拉萨得报，大震惊。联豫调钟颖回藏，以左参罗长椅出而代之"[22]。宣统三年（1911年）四月，罗长椅率步、马、炮各队前往征讨，并电请赵尔丰派边军三营协同作战。在驻藏川军和边军联合打击下，到当年的闰六月初，波密基本被平定。波密总管白马策翁逃至波密南面的白马冈，以求聚兵反抗。随川军而行的西藏喇嘛诺那前往白马冈劝说当地头人投诚以免战祸，当地头人杀死白马策翁赴军前投诚。"长椅以波密全境平定，乃筹划善后，分全波密为三县，仿川边例，设理事官治理之。"[23]至此，在清王朝统治行将寿终正寝的最后一年，西藏东南角的国防得以确立和巩固。

　　此次波密之战对西藏历史影响深远，其后的历史证明，入藏清军及时收复波密对于遏制英帝国主义对我国西藏领土的进一步侵略野心是非常关键和必要的。

　　就在川军稳定波密和白马冈的边防之后不久，英国间谍威廉森便窜入察隅地区进行非法侦察活动，结果被当地珞巴族人杀死。1911年10月，英印政府以此为借口，派遣三支远征队进入察隅、洛渝、门隅等地"武装讨伐"和勘测。[24]英总参谋部依据这次考察和勘测结果，提出了一份备忘录，强调封堵中国影响，修改印度与西藏的"战略边界"走向的必要性。在1914年的西姆拉会议期间,英国背着中央政府代表陈贻范,与西藏地方政府代表夏札秘密换文,人为制造出一条非法的麦克马洪线。麦克马洪线全长约850英里,把中印传统边界北移了100余英里,而此线就逼近今天西藏的波密地区。可以设想,如果没有清末入藏川军在白马冈和波密地区的经营与驻防,这一地区也很可能会被英国纳入其非法的领土要求之内。

目前,随着藏学研究的不断升温,清末入藏川军对波密的收复与管辖这一重大历史事件也引起了一些研究者的关注。但关于这一事件,大多数研究者所依靠的主要史料是当时驻藏大臣联豫的奏稿。而联豫本人并未亲临战争的第一线,在奏稿中的记载自然有其局限性。陈渠珍作为波密战役的亲身参与者,其在《艽野尘梦》中的相关记载所具有史料价值自不必待言。

三

清末川军在当时西藏动荡险恶的局势下入藏、驻藏,对维护国家的主权,巩固国防有着重大而深远的意义。但此时清政府的统治已处于风雨飘摇之中,在波密被平定不久,内地即爆发了武昌起义。消息传入西藏,入藏川军由此陷入了动乱,军队一度被袍哥势力控制。袍哥,系四川方言,即指清代著名江湖帮会哥老会。江湖秘密社团的勃兴与蔓延是清代的一大社会现象。而清末袍哥传布区域之广,在下层社会号召力之强,人数之众都是史无前例的。

《艽野尘梦》也为我们提供了有关清末哥老会组织的珍贵史料。书中记载,早在罗长椅接管军务后,就有亲信曾向其进言:"哥老会势力,已布满全藏,军队尤甚。前此败退鲁郎,乃军队不服从官长命令,而唯彼中会首意旨是从，致有此败。今兵气益鹀张，官长拥虚名而已。"[25]而就在此时，波密驻军发生了一起袍哥士兵在郊外"传堂"罚跪排长的事件。罗长椅闻之大怒，"排长处罚一士兵，而正目挟哥老会之力，竟可使排长长跪，尚成何军队耶！"嗣后展开调查竟发现官兵入袍哥者已占95%，其重要首领13人。罗长椅"令管带保林，执甘、张等六人杀之。驻波密首领七人，则密令春林五日后捕杀。此十二月二十七日事也"[26]。而恰在此时，武昌起义的消息传入西藏，川军随即哗变并被袍哥势力控制。

内地急剧的政治变化把一个政治上何去何从的问题摆在所有驻藏官兵面前。在当时的几位军政长官中，联豫、钟颖皆为满族贵族，罗长椅在兵变发生后即被乱军杀害。而陈渠珍早年曾在湖南新军中加入过同盟会，入藏时又曾只身前往藏军防区侦察，被俘后智勇回归，在军中有一定威望。所以少数主张革命者频繁与他联系，希望能以他为首起事。而陈本人却"因武昌情势不甚明晰，不敢主张，唯唯而已"[27]。陈渠珍对当时情况有这样的回忆："有主张革命者，皆官长职员，及少数部队；有拥护钟颖者，皆哥老会之流……虽革命派拥余甚力，然势力远不及哥老会之盛。"[28]其后，陈渠珍因为担心哥老会势力会危及自身安全，私自率领100多名部属和其藏族妻子西原，携带在藏收集的大量麝香等物取道青海返回内地。而川军则失去约束和纪律，在钟颖的纵容下开始大肆劫掠拉萨商民。随着局势的混乱，西藏地方开始谋求驱逐驻藏川军，最终川军被全部缴械，逐出藏境。由于此时陈渠珍已经脱离了川军，故《艽野尘梦》中没有提及川军被驱逐的过程。但其对辛亥革命之初西藏的形势记载，为我们今天研究那段历史提供了不可多得的第一手资料。

四

　　值得一提的是,《艽野尘梦》还记载了陈渠珍与藏族女子西原之间一段感人至深的爱情故事,对于两人与部属在藏北无人区中断粮七月,"疾病日多,死亡日众"的痛苦经历也是颇费笔墨。陈渠珍部驻扎工部时,曾纳藏女西原为妾,"(西原)年十五六,貌虽中资,而矫健敏捷……余(陈渠珍)亦甚爱之"[29]。陈渠珍出藏之时共召集部属一百一十三人,加上他与西原两人共一百一十五人。原计划四十日行至青海柴达木,"由此经青海入甘肃境,不过十日"[30]。结果在经酱(绛)通沙漠(羌塘草原)入青海的过程中因气候恶劣,风沙迷道,历时七个多月才到达柴达木。由于对道路里程的判断失误,入普通无人区不久,陈渠珍等人便粮草告罄,"牛马饿疲难行"。而普通之地"天寒地冻……黄沙猎猎,风雪扑面,四野荒凉,草木不生"[31]。"终日狂风怒号,冰雪益盛。士兵多沾寒成疾,或脚冻肿裂"。陈渠珍等人陷入绝境之中,士兵纷纷死亡。行进酱通腹地时"已死去四十二人,亡失及屠杀牛马一百九十头矣。粮食将罄,食盐亦已断绝"。"道路迷离,终日瞑行,无里程,无地名,无山川风物可记。但漫天黄沙,遍地冰雪而已。"[32] 幸而无人区内野生动物颇多,陈渠珍等人得以射猎为生,不至于饿死于道。但"行雪地久,士兵沾寒,肿足,不能行。日有死亡"。陈渠珍"右足矣沾雪肿矣",这在当时的情形之下是随时可至毙命的。幸而"西原恒以牛油烘热熨之,数日后,竟完好如初"。而此时"又病死十三人。足痛死者十五人。经病随军跛行者,尚有六七人"[33]。此后,陈渠珍等人处境越发艰难,甚至有些部属人性尽灭,出现了令人发指的人相食现象。陈渠珍此时已无力约束,只能与西原相依为命,但求自保。历经九死一生以后,陈渠珍等人终于穿越酱通沙漠,到达了青海柴达木,此时出发之时的一百一十五人仅余七人。劫后余生的陈渠珍等人在此休整数日,"遂忘北来之疾苦矣"[34]。故而《艽野尘梦》也为我们留下了当时柴达木地区的相关史料。

"柴达木译音"柴丹,昔为青海王庭。清初,岳钟琪破罗卜藏丹津十余万众,即此地也。为内外蒙及新疆入藏要道。盖由哈喇乌苏而北有三道,中东二道至西宁,西道至柴达木,再东进约千里方至西宁,此路甚迂远,且经酱通大沙漠,数千里无人烟,征行至苦。中道瘴疫甚盛,魏唐北伐,皆遇瘴而返。东道则石堡一城,素极天险。故吐蕃峙之,凭陵华夏。"[35] 柴达木当地的居民"皆以游牧为生,居则支幕,衣则毛裘,食则牛羊,行则骡马。逐水草,饮湩酪,水草既尽,又卷帐他去。居无定址,行无旅舍,其贫富即以牛马多少定之。富者每一帐幕,必有牛羊骡马千余头。贫者亦有百数十头,盖非此不能生活也"[36]。柴达木内盐湖密布,距今湟源以西 350 里的茶卡是当时青海最主要的食盐产地。该地旧为和硕特蒙古南左次旗札萨克管辖。"旧例,唯准蒙民之穷者,由该管王公领照,驮运至湟源,与汉番人民换易布匹、口粮等。蒙民纳薄礼于郡王,便可装载六七驮,约六日可至湟源。"[37] 再转售甘肃的骆驼队驮运到兰州、天水、宝鸡、汉中等地出售。《艽野尘梦》一书对当地盐贩取盐的具体过程也作了较为详细地记录。"初以铁栏掘冰,深数尺。再以铁杵凿之,碎冰四溅,久之,成小孔,深二三尺,冰洞穿矣。既有海水一线,喷起数尺。然后覆以革囊,以冰块压其四周,即归。""次晨早起,随商人等入海取盐。至则昨日空囊委地,今已卓立冰上矣。推倒视之,囊中青盐充盈,粒粒如豆,莹洁有光,色微青,即吾乡药市所售青盐也。"[38]

在柴达木地区养精蓄锐数日之后，陈渠珍等人又踏上了回乡的归途。他与西原经湟源、西宁、兰州等地，最终到达了西安。就在陈渠珍以为苦尽甘来，准备与西原返回故里凤凰之际，西原却因忽发天花而撒手人寰。所谓祸福无常，乐极而悲，转瞬间陈渠珍便从幸福的天堂坠入了痛苦的深渊。经历了人生大悲大喜急剧转换之后的陈渠珍，在《艽野尘梦》的结尾中写道："余述至此，肝肠寸断矣。余书亦从此辍笔矣。"[39]

青藏地区由于地理环境关系，其史实见于汉文文献记录不多，记录社会生活之作更为稀少。《艽野尘梦》虽然是一部原来并不怎么"知名"的私人记述，但它较为详尽地记载了西藏以及四川、青海藏区的山川、风俗、物产和社会生活，尤其为我们勾勒出了清末民初这一重要历史时期西藏的政治、军事局势。故此书是研究当时涉藏地区社会历史状况的重要资料，具有不可湮没的重要文史价值。

注释：

[1][2][3][9][10][11][12][13][14][18][19][20][21][22][23][25][26][27][28][29][30][31][32] [33][34][35][36][38][39] 陈渠珍著，任乃强校注：《艽野尘梦》，西藏人民出版社1999年版，第1页，第1页，第1页，第7页，第8页，第9页，第9页，第10页，第16页，第39页，第42页，第45页，第46页，第57页，第72页，第74页，第75页，第75页，第81页，第47页，第82页，第88页，第93页，第94页，第113页，第94页，第114页，第115页，第127页。

[4][15][16][17] 四川省民族研究所：《清末川滇边务档案史料》，中华书局1989年版，（上册）第189页，（下册）第189页，（下册）第569页，（下册）第584页。

[5][7] 吴丰培:《联豫驻藏奏稿》,西藏人民出版社1979年版,第160页,第46页。

[6][8] 吴丰培:《清季筹藏奏牍》(三),西藏人民出版社1979年版,第31页,第49页。

[24] 吕昭义、李志农:《麦克马洪线的由来及其实质》,载《世界历史》2005年第2期。

[37] 周希武编著,吴均校释:《玉树调查记》,青海人民出版社1986年版,第143页。

原载于《西南边疆民族研究》2010年第1辑

土族的生命周期调查
——青海互助县东沟乡大庄村调查报告

通常，人的一生划分为几个阶段。不同阶段的人具有不同的社会身份，在履行社会责任、行为、生活习惯和礼节等方面，各有不同的要求。在多数社会中，人的一生分为婴儿、儿童、成年、老年等阶段。每一个民族在生命的不同阶段都有相应的过渡仪式，如出生礼、成丁礼、婚礼和葬礼等。这些过渡仪式是一个民族最基本的特征，也是民族文化中最为活跃的因素。土族作为中国西北一个特有的民族，有着悠久的历史和独特的文化传统。但由于土族人口较少，分布地域不广，加之本民族只有语言而没有文字，其他文字的史料中对土族的记载又零散不全，因此学术界对土族的研究相对较少，已有的研究又基本集中在历史和语言等方面。2003年7月16日至8月17日笔者参与了云南大学211工程重点科研课题"第二次全国少数民族村寨调查中的土族村寨调查"。调查过程中，我与调查点青海省互助县东沟乡大庄村的村民同吃同住,用最快的时间掌握了有关土族民俗文化的大量资料。一个月的近距离生活体验,使我对大庄土族的生命周期有了深刻的认识了解,并在此基础上形成了本篇调查报告。希望能引起有关研究者的兴趣与关注,起到抛砖引玉的作用。

一、大庄村基本情况

本调查报告的完成,是建立在对青海省互助县东沟乡大庄村的田野调查基础之上的。因此,有必要对调查对象的生活环境,即大庄村的基本情况加以简要说明。

1.地理概况

互助土族自治县位于青海省东北部,地理坐标为东经101°46′—102°45′,北纬36°36′—37°39′之间。北倚祁连山脉达坂山,与海北州门源回族自治县相接;东北与甘肃省天祝藏族自治县和永登县相毗邻;东南与青海省乐都接壤;南以湟水为界,与平安相望;西靠大通县;西南与西宁市相接。全县东西长86公里,南北宽64公里,总面积3360平方公里,县政府所在地威远镇距青海省省会西宁市40公里。

东沟乡位于互助县东部,距县城11公里。东倚丹麻乡,西靠东和乡和威远镇,北接祁连山支脉达坂山,南连东山乡,总面积95.62平方公里。大庄村位于东沟乡中部,距乡政府所在地塘拉村5公里,距县城威远镇7公里。全村可耕地面积8625亩,林地2808亩,平均海拔2600米左右,年平均气温2—3摄氏度,年平均降水量550毫米左右,属于青海省自然条件比较好的农村。全村分为黑泉、拉日、拉东、寺背后、实盖莫合、大庄一社、大庄二社等7个生产合作社。平（平安）大（大通）公路穿村而过，交通较为便利。

2. 人口情况根据大庄村2003年人口情况调查表，截至2003年7月底，大庄村的总户数为493户，总人口为2375人，其中男性有1213人，占人口总数的51.1%；女性有1162人，占人口总数的48.9%。其中土族男性1109人，土族女性1072人，汉族男性106人，汉族女性90人。

3. 大庄土族姓氏源流

根据历史记载及在我们在村中的调查，大庄村的土族是由吐谷浑后裔在长期的发展过程中逐渐融合蒙古、藏、汉和裕固等民族而成的。这里的土族在1943年以前都是没有姓氏的，只有一个小名。1942年，青海军阀马步芳为扩充军队，按三丁抽二丁的办法在土族聚集地区征兵，为满足部队训练的需求，才根据来源地或本民族特征确定了姓氏。据说胡姓人家原来是蒙古族，是成吉思汗的部将格日利特部属的后裔，是从哈拉直沟索布滩（意为蒙古滩）迁移而来，土语称之为"索胡昆"，取"胡"音而姓胡；何姓人家和刁姓人家原是裕固族，是由甘肃地区迁移而来，被称为"其卡昆"，是河谷地带人之一，取河音而姓何，何姓人家初来时居住的西湾里，至今这里一直被称为西热裕固湾，土族亦称裕固族为"西热裕固"族。何姓人家的另一个来源是一直被土语称为"藏江昆"的家族，"藏江昆"是"好"的意思，因《百家姓》中无"好"姓，而取"何"为姓。刁姓人家初居乐都，后迁至这里，土语称之为"群沙昆"，意为"雕"，因《百家姓》中只有"刁"姓而无"雕"姓，故取"刁"为姓。东姓人家原来是藏族，在土语中被称为"让东昆"，是"山羊"的意思，大概是因为东姓人家养山羊而得名，取"东"字而得"东"姓。

大庄村的董姓人家来源于两个部分，一部分来自丹麻，被称为"什董加昆"，取"董"音而成董姓；另一部分，则来自西藏，他们自西藏迁移到这一带后零散地分布着，来到大庄的只有一户人家，与后来董姓人家联姻后成了亲戚而改成了董姓。这一部分来自西藏的董姓人家，他们至今仍以"朵娃"人自称，"朵娃"是藏语"最好"的意思，"朵娃"的称呼大概来源于他们优秀的骑马射箭本领。麻姓人家原是蒙古族，叫"麻世郡"，为元朝贵族军队的意思，取麻字而得麻姓。拉东地区的牛姓人家原来就是这里的土族，是吐谷浑的后裔，土语称之为"霍尔拉西"，也称之为"然西昆"，然西即"牛"的意思，因此而得牛姓。李姓则是唐朝时沙陀部李晋王李克用的后裔。

大庄村土族姓氏来源说明，这一民族在漫长的历史发展过程中吸收了多种其他民族成分。互助地区，作为一个多民族的融合地区，生活在这里的土族和附近各民族是相互影响，共同发展繁荣起来。

二、大庄村土族的生命周期仪式

大庄村的土族在生命的每一阶段都有相应的过渡仪式，生育、婚姻、丧葬等人生重要时期尤为隆重，体现了土族所特有的民族性格和民族文化内涵。

1. 生育

求子。土族传统观念中，久婚不育是一件羞于启齿的事情，同时也是对祖先最大的不敬。为了传宗接代，延续香火，形成了独特的求子习俗。青年男女如果婚后数年，女方仍未怀孕，便会去佑宁寺或塔尔寺背经求佛，即背负着寺院的经卷绕寺三圈，在佛前许愿，祈求佛爷赐给自己子嗣。

降生。大庄村里有在婴儿降生后忌门的习俗，小生命问世后要在门上挂松树枝，贴一张大红纸，生的是男孩贴在门的左侧，如生的是女孩则贴在门的右侧。一般忌门一个月左右，谢绝外人探望、拜访。如果是家中头一个孩子，降生三天后，女婿要拿一包茯茶、两个馄锅馍馍、两包冰糖到岳父家磕头表示感谢。但现在已不再正式磕头，只是做做样子。大庄人过去全是在家中生育，而且多半是由家人接生，产妇如遇难产和大出血往往丧失性命，婴儿死亡率也比较高。有时婴儿降生后不出声息，家人便要举行一种称为"塔浩亥拉"的仪式。"塔浩亥拉"是土语鸡鸣的意思，俗称"公鸡叫命"。具体方式是捉来一只大公鸡，使劲拍打让公鸡对着婴儿啼叫。婴儿听到外界强烈声音后，猛一挣扎，便吐出含在口腔中的污秽黏物，发出正常的哭声。新中国建立以后，由于对妇女保健宣传到位，村民们对产妇的健康关注程度也大大提高，20世纪80年代后期开始有人到县医院生育，近年则全部产妇均到医院生育，使产妇和婴儿的健康与生命安全得到了保障。目前，"塔浩亥拉"仪式已基本在村中绝迹。据我们调查，2002年全村共有32名婴儿出生，没有一个举行这一仪式的。

起名。大庄土族在新中国建立以前大多仅取一个乳名，20世纪80年代以前起官名的人也并不太多，现在则有官名和乳名之分。由于近年来外出求学、经商、打工的人越来越多，20世纪80年代以后出生的村民基本上乳名均用土语或藏语命名，而官名则大都用汉语命名。所谓"官名"是指在正式场合使用的名字，往往在上学的时候才取，在村民心目中最看重的还是自己的乳名。由于人名要伴随人的一生，大庄土族把取名看作十分严肃庄重的事情。孩子满月之日的清晨，家里人要打扫庭院，点灯煨桑，求神灵恩赐给孩子一个吉祥的名字，保佑孩子一生平安。名字一般由家中的长辈起，也有请村里广福寺供奉的龙王取的。龙王取名的形式是四个青壮年男子将龙王座轿抬起，家中的长辈将心中想好的名字一个个念给龙王，如果龙王的轿子前倾则表示同意，如果后倾则是不同意。

大庄土族的名字，往往附加某些特定的后缀成分，以区别男女。男性多缀"保""子""儿"等字，女性多缀"花""索""吉"等字。有用本民族语言命名的，如萨仁（月亮）、娜仁（太阳）；有用藏语命名的，如仁前措、才让、索南坚措等；也有用汉语命名的，如三龙保、海龙保等。还有很多村民以出生时爷爷的岁数取名，如我们在村中访谈过的便有胡六十九、董五十五、何四十六、麻五十三等人。下面是村民东福寿保一家四代的谱系，能够充分反映大庄村土族的取名习俗。

互助县东沟乡大庄村东福寿保一家四代谱系：

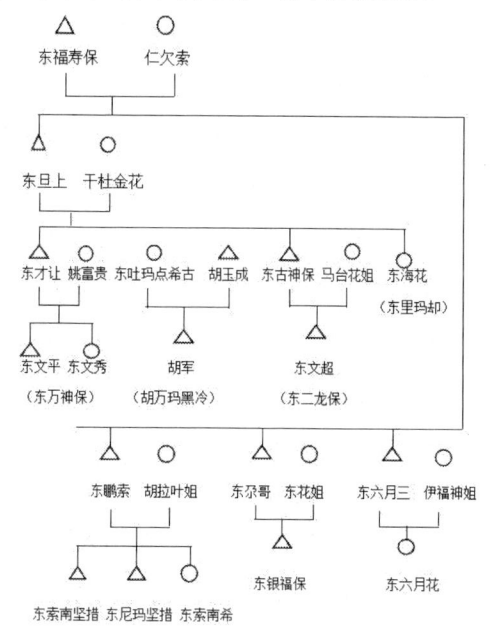

```
              △        ○
          东福寿保    仁欠索
              │
         ┌────┴────┐
         △         ○
       东旦上    干杜金花
         │
   ┌─────┬──────┬──────┬─────┬─────┐
   △ ○   △  ○   △ ○   △  ○   △ ○  ○
 东才让 姚富贵 东吐玛点希古 胡玉成 东古神保 马台花姐 东海花
                                              (东里玛却)
   │              │              │
 ┌─┴─┐           △             △
 △  ○          胡军           东文超
东文平 东文秀  (胡万玛黑冷)    (东二龙保)
(东万神保)
   │                           │
 ┌─┴─┬─────┬─────┐
 △ ○  △  ○    △  ○
东鹏索 胡拉叶姐 东尕哥 东花姐 东六月三 伊福神姐
   │              │              │
 ┌─┴─┐           △             △
 △ △ ○        东银福保         东六月花
东索南坚措 东尼玛坚措 东索南希
```

从以上谱系可以看出，东福寿保一家四代在中华人民共和国成立以前出生的第一代及第二代人几乎全部都是土语或藏语名字。20世纪70年代出生的第三代人汉语名字的比例开始增加。20世纪90年代出生的第四代人则全部都有汉语"官名"。

满月。大庄村土族在男孩29天时过满月，女孩则在30天时过满月。过满月时要摆满月酒，亲朋好友前来恭贺，从长辈到晚辈轮流抱着孩子喊为孩子起好的名字，给孩子的包袱中塞压岁钱。由于旧时土族地区婴儿死亡率很高，特别是男孩的死亡率更高，很多村民在生了男孩后只好寄希望于神佛，逐步形成了独特的保拉仪式。为保证婴儿日后平平安安，无灾无祸，婴儿满月之日，请龙王卜定祛灾避祸的期限（3年、5年、7年、9年不等，甚至有10余年的）。在"保拉"期间，禁止为婴儿剃头发，忌穿他人衣服，忌吃其他人家的食物，不能到外祖父家认亲，也不能随便串门。这一仪式目前在村中仍较为普遍，前面谱系中的东万神保就"保拉"了整整9年，东三龙保则"保拉"了6年。"保拉"期满，在当年的农历二月二举行剃头仪式。要设案供神，点灯煨桑，虔诚膜拜，孩子跪在神像前，怀抱一只大公鸡，由家中的长者净水剃头。剃完头后，要将剃下的头发妥善保管，孩子抱的公鸡或者放生，或者在家养至老死，不能宰杀。剃头之后，"保拉"期间的各种禁忌随之解除。

周岁。新中国建立以前，大庄土族没有周岁仪式。新中国建立以后，受汉族影响，大庄土族开始在婴儿周岁举行抓周仪式，20世纪80年代以后这一仪式已在村中普及。抓周时在炕桌上摆上两个锟锅，锟锅周围放上钢笔、钱币、算盘、尺子等，任小孩随意抓取，以测其生平从事何种职业。抓钢笔者为"念书人"，抓锟锅者为"庄稼人"，抓算盘者为"买卖人"，抓尺子者为"裁缝"……不同职业的人家以及婴儿性别不同，抓周时则摆放的物件则有侧重或不同。

三、婚姻习俗

婚姻关系是社会关系中较为突出的一种，它较多地涉及民俗及文化，大庄土族婚姻关系建立的过程尤具特色。

提亲。目前大庄土族提亲仍几乎全由父母做主，有的男、女青年在成婚前甚至没见过面。如前面谱系中的东占神保从提亲到完婚完全是由父母一手操办，直到结婚时才和自己的新娘见了第一面。提亲时男方家要请一个媒人，媒人拿上三瓶酒、四个馄锅、1—2套从头到脚的衣服到女方家提亲。女方家如果不同意则将东西全部退还男方。如果同意，则留下两瓶酒，1瓶酒当天喝完后装满麦子、柏树枝回给男方。此后，男、女双方便可以正常交往，接触了。

订婚。男方家请媒人拿上给女方的衣服（目前一般为6—8套），给未来的岳母拿1套衣服料子，给未来的嫂子拿一条裤子，然后带上四个馄锅、3瓶酒到女方家商议彩礼。每个馄锅以及每瓶酒都要放1颗枣，酒瓶上要系一撮羊毛。议定好具体的彩礼数额后，媒人要替男方家当场送一部分，其他彩礼择日全部送完。彩礼全部交清后，媒人代表男方与女方家商定完婚的日子。

婚礼。大庄土族的婚礼热闹、喜庆，婚礼场面欢乐壮观，持续三天，大致可分为四个阶段。

第一阶段：嫁女宴

姑娘和小伙子的婚事在经过提亲、定亲、送礼等程序后，最后选定吉日，准备迎娶。男方迎娶的前一日，女方家要设嫁女宴，女方的亲朋好友、左邻右舍都携带礼物前来恭贺，为新娘送行。礼物普遍是布料、蒸馍、礼钱等。姑姑、姨等亲近的亲戚还要贺以花鞋、袖筒、布衫等服饰用品。中午在庭院里设"圈圈席"款待来宾。设圈圈席时，地上铺一层麦草或胡麻草，用墙板支撑"条桌"，大小宾客在"条桌"旁围坐成圆圈就餐。席上以具有地方特色和民族风味的面食为主，主要有馄锅、薄适左、烧麦、熬饭等。宴席后举行摆嫁妆仪式，将新娘的嫁妆以及新娘准备抬送男方亲朋的"针线"（主要是一些刺绣品）一一摆开，供众宾客观赏。这时，两位妇女要挽出盛装待嫁的新娘，由新娘的舅父将那些陪嫁一一点给她看过，随即交由旁边的姐妹收入嫁妆箱内。接着舅父要对新娘进行嘱咐，大体意思为"你父母已尽最大努力，为你备办了许多嫁妆，他们想办得更好更多些，可是他们已尽心了。你应该理解父母的一番苦心，也应该知道满足，你舅父和你全家永远站在你后面……"嘱咐终了，新娘要在嫂子、姑、姨等女性亲属陪伴下，唱起《哭嫁歌》。歌词内容为叙说父母养儿育女即繁衍后代的天职之理，赞颂兄嫂姐妹的深厚情谊，女儿痛感未报答父母恩德，却出嫁异地他乡，深感心内有说不出的苦楚。歌曲委婉动情，催人泪下。在村民们看来，新娘哭得越伤心，表明与家人的感情越深，越真诚。

摆嫁妆仪式不久，男方家的媒人便会代表主人赶来给女方家送"麻泽"，大庄村民的"麻泽"一般是一条猪腿。媒人要说明"麻泽"肉礼的数量以及娶亲的确切时辰，并表明女方家的关心和体贴。"麻泽肉礼"是大庄土族婚礼上的一道重要程序，女方家事前通知亲戚朋友参加新娘的婚礼时就要说"欢迎你到我家吃麻泽"（即请你参加我家姑娘的婚礼）。

第二阶段："纳什金"迎亲

土族将娶亲的使者称为"纳什金"。纳什金一般是一名或两名。

常由新郎的姐夫或表兄担任，有时也会特意请一些能歌善舞、能言善辩的人来承担。迎亲前，男方要到村中的广福寺请示龙王，新娘的发型是在娘家改，还是在婆家改。如果是在娘家改，则新郎要随纳什金一起去迎亲，如果在婆家改，由新郎留在家中等候纳什金将新娘接来。

婚礼前日下午，新郎家派纳什金携带迎亲礼物到新娘家迎娶新娘。大庄土族的迎亲礼物一般为新娘上马穿戴的服装、首饰、4个馄锅馍馍、3瓶酒以及肉、茶等。此外还要拉上一只白母羊，土语称"央立"，即替身羊，意思是作为姑娘的替身留在娘家繁衍后代。馈赠白母羊，象征婚嫁双方家族兴旺、郭事吉祥。过去的娶亲工具一般是马，现在则基本上全是用手扶拖拉机迎娶新娘。

傍晚时分，当纳什金来到女方家时，女方家早已大门紧闭，将他拒之门外。阿姑们（女方同村的姑娘）在门内唱起土族歌曲《唐德格玛》，质问纳什金从男方家带来了什么礼物？途经敖包时用什么物品祭祀？女方家的大门是用什么木料做成的？上面刻有哪些图案？纳什金只有一一对答，而且必须准确无误，阿姑们才为他打开大门。

大门开启后，纳什金进门时阿姑们将早已准备好的凉水泼向大门，纳什金如果躲闪机灵则不会被淋着，但常常被淋得狼狈不堪。女方家的阿姑则一拥而上将手扶拖拉机的摇把，新娘上手扶拖拉机的毡垫、靠被等物抢来藏好。纳什金进门后向女方家的知客献上所带的礼物，然后被迎入堂屋炕上，以丰盛的茶饭招待。而阿姑们则站在窗外唱起《纳什金斯果》，嘲弄纳什金，说他走路像母猪，声音像毛驴，头像破背第，嘴像破庄廓，包头布像抹布……一曲又一曲，"骂"得纳什金坐立不安，啼笑皆非，围观者则喜形于色，捧腹大笑。纳什金酒足饭饱后,女方的阿姑又故意端来一碗热气腾腾的面条,无奈纳什金已实在吃不进去,只好苦苦哀求主人方得以解围。纳什金喘息未定,又会被阿姑们拖到院中和在场的男女老幼跳安昭舞,人们彻夜不眠。

黎明时分,新娘的姐姐们开始为新娘梳妆打扮。如果新郎来迎亲,则将新郎请到厨房灶神下为新娘改变发型,将做姑娘时的一股发辫分为做媳妇时的两股辫。纳什金则要寻找被藏起来的手扶摇把、毡垫、靠被等,苦苦哀求女方家的阿姑们,求她们拿出藏匿的东西,别误了新娘的行程。常常是塞上若干红包后才能找到阿姑们藏好的东西。新娘梳洗打扮完毕后,纳什金要在房门口放声歌唱,赞美新娘,催她起程。女方家的伴娘等人则用红毡把新娘抬起来,让其母坐到方桌上,抬着新娘在母亲左右各绕三转,接着抬到院中绕院槽左右各三转。纳什金则唱《依姐》,向女方的家人和亲朋宣告新娘离家时,并没有带走家中的财运和福贵。新娘出大门后,由一位长辈亲戚抱上手扶拖拉机,纳什金则唱起《谢玛罗》,提醒新娘不要留恋娘家。之后,新娘在纳什金和送亲的喜客护送下,向男方家进发。大庄土族一般送亲客为十三四人,其中只有1名女性亲属(姐姐或姑姑、嫂子),其余全部是男性。

第三阶段:完婚

当送亲队伍来到男方村口时,送亲的喜客们开始唱《拉隆罗》,摆出上亲贵戚的架势,要求男方家隆重相迎。男方家要专门先后三次派代表拿着酒壶酒盅相迎,并向女方喜客敬迎宾酒,分别称作"箭酒""羊酒""门酒"。当送亲队伍来到男方家门口时,男方家知客等人早已在大门口设案相迎,案头陈列西买日、馄锅、枣盒等。案旁放一个装满粮食的方斗,方斗上放置一只宝瓶以及被称作"扬达尔"

的神箭，宝瓶里装着一双用红布包好的筷子。新郎家的知客向喜客频频敬酒，喜客们则一方面赞许男方相迎的隆重，一方面不断显示出贵宾的傲慢。与此同时新郎家的执政要给负责嫁妆箱的压箱人敬酒，塞红包以示答谢，新娘的哥哥拿起方斗中的扬达尔神箭插在自己的衣领上，表示护送新娘有功，让男方家重重奖赏，扬达尔神箭则要带回女方家中。

嫁妆抬进新郎家后，由新郎家早已选定的一位子嗣双全的妇女上前扶新娘下车。先在车下放一张方桌，让新娘站在方桌上，桌前铺上象征吉祥如意的白毡，新娘腋下夹着宝瓶，在新郎和伴娘左右搀扶下缓步进入院中。但在跨过大门门槛时，新娘、新郎则互不相让，争先而入，大庄土族认为谁先跨入大门则在以后的生活中就会占主导地位。到院内后，男方家的人将白毡在庭院中间铺好，新郎、新娘并肩站在白毡上，家人在院槽四周各点燃一堆神火，同时也要在院槽中央点上一堆三角形柴堆，煨桑拜神后为新人举行结婚仪式。婚礼的主持人由一位德高望重的长者担任，如果新娘在家中已改过发型，便立刻举行仪式，如果尚未改过发型，则要在厨房的灶神画像下，由新郎为她改好发型后再举行仪式。仪式上主持人一面频频举杯祝诵词，一面不断向烈火中浇酒，象征小两口今后的日子兴旺发达，并让新娘、新郎行跪拜礼。新人一拜天地诸神、国王、汗王，二拜家神、灶君，三拜父母、尊长。第二拜时，要从厨房里泼出一勺清水，表明灶君为新娘行洁净礼，承认她是家庭的新成员了。三拜过后，伴娘与新郎搀新娘入厨房，新娘在灶君像前行跪拜礼，将宝瓶供在灶君神案上，随后进入洞房。

新娘入洞房后，主持人主持谢媒仪式，感谢媒公大人，知客们一面唱《谢媒歌》，一面向媒人脸上贴酥油，嘴里塞炒面，灌青稞酒。

弄得媒人浑身炒面，满脸酥油，哭笑不得，狼狈不堪。其后，举行抬送针线仪式，女方的喜客中选一人代表女方家向男方家及众宾客交代新娘的嫁妆。将所有嫁妆饰物一一数说一遍后，按男方家尊长顺序给众人一一送上一份礼物。收完嫁妆，男方家摆起圈席大宴宾朋，知客们向喜客敬酒献歌，喜客们也放开歌喉称颂男方家殷实富裕，热情大方，双方竞歌对唱，猜拳行令，直至通宵达旦次日清晨，新郎家再次设宴款待喜客，称为饯行宴，说明婚礼程序圆满完成，嫁娶双方称心满意。宴席的最后一道饭是臊子面，俗称"启发面"。知客们手执酒碗，放声唱起《依姐》表示欢送："西宁城里炮响了，兵马已经行动了。太阳已经下山了，客人就要出发了。热酒还在热着哩，你的儿孙等着哩。"边唱边为喜客敬上"出门三杯酒"，喜客们出门上车后再饮下知客们敬的"上马三杯酒"后满意而去。

下面、回门姑娘出嫁的第三日，新娘的父亲要第一次去正式探望女儿及亲家。清晨，男方家在院门外准备好两桶水和一张方桌，桌上摆上两个馄锅，一碗牛奶，以及一瓶酒。新娘的父亲到来时，新娘将水挑入院内，新郎为岳父敬下马三杯酒，并请岳父将馄锅端入院中，家中其他人则将牛奶用手指弹洒在新娘父亲的身上。新娘的父亲进入院中后，主人即设宴款待。当天下午，新娘的父亲在女儿、女婿陪同下到厨房里将准备好的面下到锅里，男方家的人则死死捂住锅盖，任由汤滚溢出，新娘的父亲不断地在锅盖上放钱，直到大家满意后才让他揭开锅盖。面捞出后，小两口将面端入房中，按尊长顺序敬给每位长辈，并且开始"改口"。长辈们吃完面后，要在自己吃过的碗中放钱，旁人如果觉得放得少了，就会让新郎、新娘拒绝收碗，并将碗塞入他的怀中。新娘的父亲当晚住下，第二天一早带着新娘回门，大庄土族一般是新娘的父亲带着新娘和其婆婆一道回门，极个别的也有带着新郎一道回门的。当天新娘从家中返回婆家后，大庄土族的整套婚礼程序才算正式完成。

大庄村婚俗的变迁现在的大庄土族婚嫁活动，从提亲、定亲到完婚依然完好地保留着传统程序和习俗。但随着社会的进步，经济的发展，其内容也悄悄地发生了一些变化。

迎娶工具：以前纳什金娶亲时是牵着马去迎娶，现在由于手扶拖拉机已经在村民家庭中越来越普及，目前基本上都是开着手扶拖拉机去迎亲，少数用汽车迎亲，已见不到用马迎娶。

彩礼：十年前大庄村的彩礼数额平均在2000-3000元之间，现在已普遍达到2万元左右。在调查过程中，村民普遍反映彩礼负担过重，日常生活中，建房和娶亲是最大的两个支出项目。

嫁妆：随着彩礼数额的增加，大庄村的嫁妆也水涨船高，十年前的嫁妆大部分人仅仅是两个油漆彩绘木箱，现在多半为手扶拖拉机、彩电、摩托车等物。

贺仪、礼金：由于大多数村民实际生活水平提高不大，大庄村民参加婚礼的贺仪变化也不大。十年前多为被面、茶杯等物，现在则多半是毛毯、暖瓶等，礼金也仅仅由10元钱上升为20元钱左右。

3.丧葬习俗

老人过世后，子女要按传统习俗进行殡葬，并且不遗余力，尽其所能办得隆重一些。在大庄村的村民看来，丧礼办得越隆重，表明子女孝心越大。

报丧家中老人去世后，大庄村民即请左邻右舍共同商议治丧事宜，选出丧官，厨子等，全盘负责丧事。同时分派村民前往亲友处讣告，由丧官携馍馍、茶、酒等前往亡故者的舅家（或女性娘家）报丧，禀告丧仪规模，亡故者衣着，下葬日期以及灵轿的准备情况。

征求外家对丧仪的具体意见，外家所提的意见必须尽力办到，并且要在追悼之日当面禀报办理的情况。

入殓大庄土族在老人到一定岁数时要提前置办灵轿，用以火葬。灵轿一般用柏木制成，外形似一座三间式两层殿堂，精雕细绘并以油漆着色。灵轿顶盖中央镶嵌着日月模型，显得富丽堂皇，轿内空间很小，仅供亡人蹲坐，当人咽气后，用5寸宽的白布条将尸体捆绑成蹲坐的姿势，双手合一，穿上斗篷式罩衣（土语称"布日拉"，老年人用黄布缝制，年轻人用白布缝制）置于灵轿之中。然后将灵轿供在家中的堂屋，停尸守灵。停尸时间一般为3、5、7日不等，停尸期间邀请数名喇嘛念经超度亡灵，请吹鼓手吹奏哀乐以寄托哀思。孝子贤孙们要在灵堂草铺上点灯烧纸，昼夜守灵，女性亲属还要唱起深沉悲戚的丧歌，整个丧礼显得肃穆庄严。

出殡在出殡的前一日，接到讣告的亲友一律按亲疏远近关系以及丧礼规模备礼奔丧。丧仪一般是12个馒头，7个油饼以及哈达、茯茶等物，前来悼祭的亲友在拜祭亡灵后，丧主家要设宴款待，并为每人回赠30厘米左右的白布1块、馒头2个，其中1个馒头必须是本人带来的。在死者外家前来吊唁时，孝子要跪地禀报丧事办理的情况，并要追忆亡故者一生的功德，介绍自己在亡故者生前所尽的孝心等。如果亡故者的子女在其生前不孝，外家就会揭丑，奚落孝子在老人生前如何不孝，使老人备受虐待，吃尽苦头等。孝子不仅当时无地自容，日后在众人面前也抬不起头。吊唁当日，丧官要派人垒砌焚尸炉，如果是秋收以后焚尸炉没有地域的限制，在青苗生长期则必须在村里指定的区域垒砌。焚尸炉通常用120块土坯砌成，呈钟形，四周底部置4个风门火口，以备添柴之用。出殡之日的清晨，孝子贤孙要烧纸祭祀，并请僧人诵经超度亡灵，随后，孝子以及亲朋将灵轿抬往焚化处。到达焚化地点以后，将亡故者尸体从灵轿从抱出，面朝西方，放入炉内，众人再次祭拜后向炉内投入酥油以及五谷，将灵轿砸烂，作为烧材放入炉内，然后点火焚化尸体。

下葬尸体焚化三日后，死者的家人来收拢骨灰（现在越来越多的大庄村民当天便收拢骨灰），并按尸骨部位拣入柏木制成的骨灰盒内。收敛的骨灰不能直接埋入祖坟，必须暂时在其他地方埋1年后，来年的清明才能移葬到祖坟中。剩余的骨灰及碎骨则撒在高山之巅或河流之内。送葬以后，死者家人要向寺院施舍亡故者的衣服、用具以及钱财、粮食等，并要服孝49天。服孝期间，孝子不得走亲访友，不得饮酒唱歌，不得参加娱乐活动，不得办婚嫁喜事，不得打新庄廓，不得穿新衣服，不得理发等等。49天以后，孝子的生活方式能恢复正常。

四、结论

纵观大庄土族从出生到死亡的种种生命周期仪式，无不展现出独特的民族文化风貌，从中可以得出以下几点结论。

1.在外界影响越来越大的情况下，大庄土族的传统生命周期仪式仍基本完整地保留了下来，没有发生大的变化。其中最主要的原因就是大庄村土族人口占90%以上，基本上是一个纯土族村落，民族文化认同感极强。我们在村中调查时发现，在村中处于少数的汉族等其他民族村民几乎都会说土语，许多习俗也趋同于土族。同时，大庄周围的姚马、塘拉等村也基本上是纯土族村落，土族的民族文化风貌十分鲜明，为土族的传统生命周期仪式延续提供了土壤。

2.土族目前虽然是一个农耕民族，但在其风俗中仍保留着较多的游牧民族文化痕迹，土族是古代鲜卑人的后裔。三四世纪间，鲜卑族的一支从辽东西迁到青海，其势力发展壮大后，建立了吐谷浑汗国。7世纪中叶吐谷浑汗国由盛而衰，最终在唐蕃角逐中灭亡。其部众散居河湟，融合汉族、蒙古族、裕固族等民族而形成土族。元明以后土族由畜牧业生产为主逐步转向以农业生产为主，最终彻底成为一个农业民族。这段独特的历史使其民族文化中保留了较多的游牧民族特质，在其生命周期仪式中尤为明显。如婚礼中纳什金迎亲时要拉上一只白母羊作为姑娘的替身留在娘家繁衍后代，新娘的哥哥在送亲后要将新郎家的"扬达尔"神箭插在自己的衣领上带回女方家中，这些都是游牧文化的遗存。

大庄村民大多信仰藏传佛教，但其他宗教的影响仍随处可见，土族先民的最初信仰，是具有北方游牧民族特征的萨满教。大约在5世纪中叶，土族开始接受汉传佛教和道教。7世纪中叶以后，藏传佛教及苯教开始在土族地区广为传播。其中，藏传佛教对土族的影响尤为显著，到了明代以后，随着藏传佛教的发展，土族几乎全民信仰藏传佛教，并延续至今。沿着这样一条独特的宗教信仰发展轨迹，诸种宗教信仰相互吸收，"你中有我""我中有你"，汇集一体，呈现出多种宗教信仰文化积淀融合的风格。如龙王信仰在大庄村民的精神生活中占有重要地位。从一个人出生后的取名到婚礼日期的选定乃至新娘发式的改变地点等均须请示广福寺供奉的龙王。但对于龙王这位道教神灵的供奉完全是按藏传佛教的仪式来进行，而且大多数村民称龙王为佛爷，完全是藏传佛教的称谓。此外，婴儿出生后的"塔浩亥拉"仪式，儿童的"保拉"仪式等都体现出萨满教的特征，但在具体的操作过程中又夹杂了许多藏传佛教的因素。

4.土族文化深受汉、藏文化的影响，呈现出一种复合型的文化面貌[1]。一个民族的文化，往往折射出这个民族的特殊历史。土族是鲜卑族的直系后裔，其传统文化是以鲜卑文化为核心，融会汉文化以及藏文化整合而成。在其生命周期仪式中汉藏文化的影响随处可见。如降生后的"忌门"仪式，周岁时的"抓周"仪式，老人亡故后的"服孝"仪式等等均是受汉文化影响而形成的文化现象。而婚后的"求子"仪式乃至婴儿的"命名"仪式则受藏文化影响较多。

综上所述，正如钟敬文先生所说："民俗是民族文化中最基础的部分，它与我们每个人都休戚相关。一个人从出生到死亡都离不开民俗，如果说一个人的身体所反映的是他与本民族的血缘联系的话，那么，一个地区的民俗所反映的则是这里的每一个人与他的族体之间所具有的文化联系。"[2] 大庄土族的生命周期仪式折射出土族多元一体的文化构成，它为中华民族文化繁荣提供了丰富的文化源泉，是一笔珍贵的民族文化遗产，对此，我们必须百般关爱，并加以认真保护。

注释：

[1] 吕建福：《土族史》，中国社会科学出版社 2002 年版，第 529—531 页。

[2] 李炳泽：《多味的餐桌》，北京出版社 2000 年版，第 3 页。

原载于《西北民族论丛》第 3 辑

一个土族村庄的人口发展轨迹
——青海省互助县东沟乡大庄村的田野调查报告

土族是生活在青海省湟水流域的一个有着悠久历史文化的民族在长期的生产生活历程中,创造了绚丽多姿的民族文化。但土族人口在新中国成立之前增长缓慢,甚至出现急剧减少的现象。据《西宁府新志》记载,清雍正、乾隆年间,土族人口有45910多人,当时的土族人民遭到土司头人、官府和僧侣的重重压迫,极度贫困、艰难的生活境况使得土族人口长期处于低增长或停止发展阶段。再加上后来马家军阀割据甘青40年间,曾多次下令土族人民改变服饰和语言,企图同化和消灭土族,致使土族人口再次急剧下降,到1933年就只有28000人。1949年青海海解放时,土族人口逐渐发展到了47891人,与清雍正、乾隆年代相比,仅增加了近两千人。

中华人民共和国成立以来,随着社会经济的发展,党的民族政策的贯彻实施以及少数民族生活卫生条件的改善等方面的原因,土族人口死亡率的不断下降和出生率的相应提高,使得土族人口呈现明显的增长趋势。1953年,土族人口为53227人;到1990年,全国第四次人口普查时,土族总人口为192568人,37年间增加了2.6倍多,年均递增率达3.5%。横向比较来看,土族人口的增长速度,不仅快于汉族和全国水平,也在前三次人口普查中高于全体少数民族人口的平均增长率。不过1982年以后,由于实行计划生育及其他方面的原因,土族人口增长速度明显放慢。总体而言,自清代以来,土族人口发展经历了增长缓慢—停滞—快速增长—适度增长这样一个过程。2003年7月16日至8月17日笔者参与了云南大学211工程重点科研课题——第二次全国少数民族村寨调查中的土族村寨调查。通过对调查点——青海省互助县东沟乡大庄村这一土族村庄人口状况的深入调查。清晰折射出中华人民共和国成立以来土族人口的发展轨迹。

一、背景资料

本调查报告的完成,是建立在对青海省互助县东沟乡大庄村的田野调查基础之上的。因此,有必要对调查对象的生活环境,即大庄村的基本情况加以简要说明互助县位于青海省东北部,地理坐标为东经101°46'—102°45',北纬36°36'—37°39'之间。北倚祁连山脉达坂山,与海北州门源回族自治县相接;东北与甘肃省天祝藏族自治县和永登县相毗邻;东南与乐都接壤;南以湟水为界,与平安相望;西靠大通县;西南与西宁市相接。全县东西长86公里,南北宽64公里,总面积3360平方公里,县政府所在地威远镇距青海省省会西宁市40公里。

东沟乡位于互助县东部，距县城11公里。东倚丹麻乡；西靠东和乡和威远镇；北接祁连山支脉达坂山；南连东山乡。总面积95.62平方公里。

大庄村位于东沟乡中部，距乡政府所在地塘拉村五公里，距县城威远镇七公里。全村可耕地面积8625亩，林地2808亩，平均海拔2600米左右，年平均气温2—3摄氏度，年平均降水量550毫米左右，属于青海省自然条件比较好的农村。全村分为黑泉、拉日、拉东、寺背后、实盖莫合、大庄一社，大庄二社等七个生产合作社。平（平安）大（大通）公路穿村而过，交通较为便利。

二、大庄人口的自然构成

（一）年龄状况

人口总是由不同年龄的个人所组成。不同年龄的人在社会和经济生活中，以及人口再生产过程中所处地位不同，需要不同，作用不同。所以当我们对某一地区或某一民族的人口现状、类型和发展趋势进行分析、研究时，人口年龄状况是一个非常重要的表征。

根据互助县东沟乡大庄村2003年人口情况调查，截至年2003年7月底，该村共有人口2375人，年龄状况为：0—14岁有658人，占人口总数的27.7%，其中男性有358人，女性有300人；15—64岁（女性为59岁）有1599人，占人口总数的67.3%，其中男性为809人，女性为790人；65岁（女性为60岁）以上有118人，占人口总数4.9%，其中男性为46人，女性为72人。

按国际标准，老年人的年龄起点一般定为60岁或65岁，随着人们寿命的延长和衰老的推迟，国际上越来越多地以65岁作为老年起点。大庄村的老年人口比重为4.9%，属于低于5%的年轻型人口。但是当地村民从事的是比较繁重的体力劳动，衰老得也比较快，寿命又都不是很高，因此按照大庄村村民们的划分标准，一般来说，男子年龄在50岁以上就被视为老年人，而40岁以上的女子就要穿老年妇女的服装了。据村民们介绍，在20世纪90年代以前，六十岁的人就已经算高寿了，七十岁的人非常少见。直到20世纪90年代中后期以来，七十岁的老人才逐渐多起来。

大庄村的人口年龄状况可用表1："人口金字塔"来表示

表1　2003年7月底大庄村人口金字塔

单位：人

男	年龄	出生年份	女
	80岁以上	1923年以前	
	75～79	1924～1928	
	70～74	1929～1933	
	65～69	1934～1938	
	60～64	1939～1943	
	55～59	1944～1948	
	50～54	1949～1953	
	45～49	1954～1958	
	40～44	1959～1963	
	35～39	1964～1968	
	30～34	1969～1973	
	25～29	1974～1978	
	20～24	1979～1983	
	15～19	1984～1988	
	10～14	1989～1993	
	5～9	1994～1998	
	0～4	1999～2003	

180 160 140 120 100 80 60 40 20　　20 40 60 80 100 120 140 160 180

图中每一条横线代表一个年龄组。自下而上的第一条横条为0—4岁组，即1999年—2003年7月以前出生并存活到2003年7月底的人数。第三条横条和第四条横条分别为10—14岁组和15—19岁组，即1989年—1993年和1984年—1988年出生并存活到2003年7月底的人数。10—14岁组的条形较长，表明20世纪80年代后期到20世纪90年代初期，大庄村经历了一个生育高峰期。1993年以后，直到2003年7月底，人口金字塔的第一、第二条横条呈现出急骤缩短的态势。这与大庄村计划生育工作从20世纪90年代初期开始进入良好运行状态有着极大的关系，也与大众传媒，特别是电视于此时大量出现在大庄村民的生活中有很大的关系。因为科学的人口意识和观念，诸如男女平等、生男生女都一样、少生优生等，随着大众传媒的传播得到村民们的广泛接受，对他们的生育观产生了重要的影响。

从图中，我们还可以看出，20世纪60年代末期到80年代中后期，大庄村的生育状况呈现出比较稳定的生育高潮，这不仅表明这一时期，大庄村的经济逐步发展，同时也暴露出该村计划生育工作还没有得到村民的广泛认可。

（二）性别状况

大庄村人口的整体构成中，男女性别比率基本上是持平的。但男性占总人口的比率总的说来高于女性。这是因为大庄村村民主要从事农业生产劳动，因此对壮劳力的需求较多，为了生计所迫，村民们对男孩的喜爱程度要胜于女孩；再加上受传统文化的影响，所以重男轻女的观念在大庄村是十分普遍的，以上的原因必然对该村男女性别产生了一定的影响。

表2 大庄村人口统计中性别状况表

年份	总户数	人口总数	男	占总人口比例	女	占总人口比例	性别比
1952年	152	1042	561	53.8%	481	46.1%	116.6
1956年	129	676	346	51.1%	330	48.8%	104.8
1964年	184	1009	507	50.2%	502	49.7%	100.9
1982年	266	1669	818	49.0%	851	50.9%	96.23
1990年	364	2060	1031	50.0%	1029	49.9%	100.19
2003年	493	2375	1213	51.0%	1162	48.9%	104.3

注：上表根据互助县档案馆大庄村人口统计资料和2003年大庄村人口统计资料绘制

表3 1964年—2002年大庄村人口自然变动情况表

年份	年初总人口	年末总人口	出生人口（人）	出生率（%）	死亡人口（人）	死亡率（%）	自增人口	自增率（%）
1964	1003	1009	17	16.9%	11	10.9%	6	5.9%
1982	1635	1669	55	33.3%	21	12.7%	34	20.6%
1997	2240	2282	52	22.9%	10	4.4%	42	18.6%
1998	2288	2302	20	8.7%	6	2.6%	14	6.1%
2000	2286	2276	22	9.6%	12	5.2%	10	4.3%
2001	2282	2323	50	21.7%	9	3.9%	41	17.8%
2002	2367	2346	32	13.6%	11	4.7%	21	8.9%

注：上表根据互助县计划生育局和档案局提供资料绘制

（三）历年来人口自然变动情况

上表显示出20世纪60年代和80年代，大庄村人口情况是高出生率高死亡率，而从 90 年代末期开始，出生率和死亡率比起 80 年代有了很大程度上的下降。出生率在 2001 又有了较大的回升，但是，死亡率却一直保持较低水平。造成上述现象的原因与我们在上文所提到的大庄村社会经济水平的发展，医疗条件的改善等有着密切的关系。

三、大庄人口的社会构成

（一）民族状况

2003 年 7 月底，大庄村总人口 2375，其中土族人口有 2060 人，占总人口的 86.7%，女性有 1022 人，占土族总人口的 49.6%；男性有 1038 人，占土族总人口的 50.3%。汉族人口有 315 人，占总人口的 13.3%，其中女性人口 140 人，占总汉族人口的 44.4%；男性 175 人，占总汉族人口的 55.5%。

年份	总产量	总人口数	土族	所占比例	汉族	所占比例	藏族	所占比例
1952 年	152	1042	717	71.7%	325	31.2%	/	/
1964 年	184	1009	850	84.2%	259	15.8%	/	/
1982 年	266	1669	1434	85.9%	234	14.0%	1	0.05%
1990 年	364	2060	1754	85.10%	302	14.7%	4	0.02%
2003 年	493	2375	2060	86.7%	315	13.3%	/	/

注：上表根据互助县档案馆大庄村人口统计资料和 2003 年大庄村人口统计资料绘制

从上表的统计数据，我们可以看出大庄村主要的民族构成是土、汉两个民族，其中土族占最主要的成分，比率最低的是1952年71.7%，最高是2003年达86.7%，其中汉土通婚，子女在民族一栏上的填报大多根据父亲一方来填，入赘到女方家所生子女则大多数以母亲为准。藏族的比例非常低，全部都是婚嫁迁入的。

由此可推知，大庄村民多年来处于较为闭塞的生活之中，其联姻范围狭窄，血缘性和地缘性的婚姻，有利于本民族文化的传承，但不利于子孙后代身体素质及智力的提高，就长远来看，也不利用整个人口素质的提高。

（二）婚姻家庭

1.婚姻

历次人口普查资料显示，土族婚姻比较稳定，早婚较多，终身不婚率低，特别是妇女的早婚率较高，未婚率低。据1989年调查资料，土族低年龄组（15—19岁）妇女的曾生子女数为0.112人。假定15—19岁妇女是在已婚状态下生育且均有生育的前提下，那么土族妇女的早婚比例至少不少于11.2%。

根据2003年7月底大庄村人口统计资料，该村人口总数有2375人，其中处于初婚状态且配偶健在的有1221人，占人口总数的51.4%；处于离异状态且未婚的有12人，占人口总数的0.5%，其中男性有9人，女性有3人；处于丧偶状态的有84人，占人口总数的3.5%；处于再婚状态的有38人，占人口总数的1.6%。

表5 大庄村平均初婚年龄对照表

单位：岁

年代	1970年		1980年		1990年		2000年	
性别	男	女	男	女	男	女	男	女
平均初婚年龄	22.0	20.92	20.3	18.4	20.6	19.8	21.66	20.6

2.家庭

土族家庭构成的形式比较简单，以大中型为主，多代际家庭占较大比重。1990年青海土族平均家庭户规模为5.64人，比同期青海和全国平均水平多1人和1.68人，位居青海省六个主要民族第二位（仅次于撒拉族），家庭类型构成中以两代户比重最高，占62.19%，比青海汉族两代户比重低，7.32个百分点。居于其次的是三代户及以上户类型，达26.48%，比汉族高10.78%。

根据2003年7月底大庄村人口统计资料，该村共有493户，其中4口之家为最多，共有178户，占总户数的36.1%；10口之家和一口之家最少，共有6户，占总户数的0.12%。大庄村平均家庭户规模为4.81人。

表6 大庄村家庭规模表

单位：户

户规模	1人	2人	3人	4人	5人	6人	7人	8人	8人	10人
户数	3	8	46	178	119	92	29	12	3	3

（三）生育状况

1. 大庄村历年生育状况

根据笔者在大庄村实地调查采访的资料显示，由于当地妇女接受教育的程度低，从事的大多是农业生产，文化生活单调，受传统"重男轻女""多子多福""养儿防老"等陈旧观念的影响较深，导致了她们早育、多育的现象较多。但是，从20世纪90年代末以来，随着大庄村文化教育水平的提高，经济水平的增长，村民们的人口意识有了明显的提高，"生男生女都一样""少生优生"等科学的人口意识广泛地得到大家的认可。

针对大庄村民们的生育观，笔者随机抽取了100人做了问卷调查，调查结果显示如下表：

表7 大庄村历年生育情况

单位：人

年份	合计	计划内			计划外		
		小计	一孩	二孩	小计	二孩	多孩
1991年	45	36	23	13	9	/	9
1992年	46	33	18	15	13	8	5
1993年	42	24	15	9	18	14	4
1994年	42	24	22	2	18	15	3
1995年	31	20	13	7	11	9	2
1996年	35	25	19	6	10	9	1
1997年	52	32	22	10	20	20	0
1998年	20	20	9	11	/	/	/
2000年	22	22	9	13	/	/	/
2001年	50	50			/	/	/
2002年	32	32	16	16	/	/	/

注：上表根据互助县计划生育局提供资料绘制

表 8 对下列生育政策的看法

单位：%

项目	了解程度			是否开展		看您看法				
	了解	了解一点	不了解	是	否	很好	较好	不好	无所谓	不知道
晚婚晚育	65.2%	26.0%	8.7%	91.3%	8.6%	60.9%	26.0%	0	4.3%	4.3%
少生优生	50%	27.3%	22.7%	86.4%	13.6%	50%	9.0%	0	22.7%	13.6%
奖励独生子	63.6%	22.7%	13.6%	88.6%	13.6%	45.5%	18.2%	0	9.0%	27.3%
惩罚超生	95.5%	4.5%	0	100%	0	59.0%	27.3%	4.5%	0%	9.0%

表 9 大庄村 2003 年人口文化构成及比较

年份	大学	中专	高中	初中	小学	文盲
1964	0.09%	0	0.59%	3.7%	7.8%	49.4%
1990	0	0.38%	0.92%	6.21%	26.8%	49.1%
2003	0.29%	0.08%	2.4%	19.8%	37.9%	31.2%

注：上表是根据互助县档案局人口普查资料和 2003 年大庄村人口统计资料绘制

（四）文化素质

大庄村的文化素质与建国初期相比，已经有了非常大的提高，

20世纪80年代中期出生的孩子基本上都接受了小学以上的教育，文盲问题主要集中在80年代以前出生的女性身上。

1. 大庄村人口文化构成情况

表中的数据显示出大庄村文化程度从1964年至今有了很大的变化，特别是文盲率的减少是非常明显的，而主要的变化体现在20世纪90年代和21世纪初期之间，下降了18.1%，而且这部分人很大程度上集中在1980年以前出生的妇女和1970年以前出生的男性身上。可以预见，随着大庄村经济文化各方面的发展，该村的文盲率将会越来越低。与此同时，小学和初中文化程度的发展也是比较迅速地，小学的比率从1964年到1990年提高了19%，到2003年则又提高了11.1%。如此的变化与当地村民对文化素质的重视有很大的关系，也与我国普及义务教育有着密切的联系。

表10　2003年大庄村文化程度性别比较

文化程度	总数	男性	所占比率（%）	女性	所占比率（%）
小学	899	557	61.8%	342	38.5%
初中	470	314	66.8%	156	33.2%
高中	56	36	64.3%	20	35.7%
大学	7	4	57.1%	3	42.9%
中专	2	1	50%	1	50%
文盲	743	247	33.2%	496	66.8%

注：上表根据2003年7月大庄村人口统计资料绘制

从数据中，我们还可以看出一个非常有意思的变化：从1964年到2003年，中专文化所占的比率有了一个升降的变化。1964年在我国，中专教育不是很广泛，大庄村没有一个中专生，到了1990年，从全国的发展形势来看，这一时期的中专教育可以说是非常繁盛的，大庄村出现了8个中专生。据我们的调查了解，在20世纪90年代，大庄村出了许多中专生，只不过他们取得文凭后都到外地工作了，户口都不在大庄村，所以我们收集到的人口资料上没有显示出来；而到2003年，数据上的中专人数又有了较大的下降，这与近年来高校的扩招，中专教育的萎缩有着一样的发展轨迹。

2. 大庄村文化程度性别比较

大庄村与中国许多少数民族村寨一样存在着根深蒂固的"重男轻女"思想，这与当地主要生活基础是农业经济有着极大的关系，因为男性和女性在劳动力素质上还是存在着较大的差别的。这种思想在男女性受教育的比率上有着比较明显的表现。从小学到大学的比率上来看，男性都占60%以上；文盲率上女性是遥遥领先，占66.8%。

针对男孩和女孩受教育所持态度，笔者随机做了100分调查问卷，结果显示：91.7%的人都表示女孩子应与男孩子一样尽力培养；4.2%的人认为女孩子不用上学，上学也没有用；4.2%的人在这个问题上选择的是"不知道"。不管怎么说，村民们对于女孩读书的态度是肯定的，只是仍旧存在许多的怀疑态度，毕竟女性在大庄村的社会地位还是处于男性之后的。

（五）家庭从业人员行业结构

按照国际标准，就业人口在三大产业部门的构成状况分为传统型、发展型和现代型，其中传统型，即就业人口在第一产业占50%

以上,第二产业和第三产业各占25%左右。以这样的标准来看的话,大庄村人口的产业构成属于低层次的传统型。根据2003年7月大庄村人口统计资料,大庄村97%以上的人都是农业人口,全村80%以上的收入都是依靠农业收入。但是,每年的农闲季节,大庄村大多数成年男性和一部分成年女性都会到省会西宁,以及新疆、广东等省、市打工。他们从事的大多都是"站大脚"(即搬运工)、建筑工人、餐厅服务员等等行业的工作。

表11　2002年大庄村家庭从业人员行业分析表

2002年劳动力资源：1200人		
行业	从业人员	比例
1.农、林、牧、渔业	1089	90.8%
2.工业	6	0.5%
3.运输业	19	1.6%
4.建筑业	24	2%
5.批零贸易及餐饮业	12	1%
6.其他从业人员	60	5%
7.外出临时工、合同工	58	4.8%

注：表中数据由东沟乡统计站提供

从上表可以看出,大庄村人口行业构成的不发达特点较为突出,体力型行业特别是农、林、牧、渔从业人员占全部从业人口的90.8%,而其他所有行业的从业人员的比率为15%左右,农业与其他行业的从业人员有交叉现象,而且在其他行业的从业人员中智力型工作的比率十分少。可以推断,低水平的教育程度是导致其绝大多数从事体力劳动和农业生产的重要因素。行业分布的不发达特点对整个大庄村人口的发展将会产生许多不利的影响，例如农业生产对较强、较多的劳动力的需求将阻碍大庄村妇女早育，多育现象的转变，也不利于教育的发展。

窥一斑而知全豹，通过对大庄村土族人口发展状况的调查分析，我们可以看出中华人民共和国成立以来尤其是改革开放以来，土族人口低婚龄、早育、多育等现象均得到了不同程度的改变，文化素质显著提高，土族人口正走上一条稳步健康的发展道路。

原载于《青海民族研究》2004 年第 4 期